政府の大きさと社会保障制度

国民の受益・負担からみた分析と提言

橘木俊詔［編］

東京大学出版会

The Size of the Government and the Social Security System

Toshiaki TACHIBANAKI, Editor
University of Tokyo Press, 2007
ISBN 978-4-13-040232-3

はしがき

　日本国民が抱いている最大の不安の1つは，年金や医療といった社会保障制度の行方である．社会保障制度を持続できないのであれば，国民は一挙に生活不安の谷底に落ち込むことになる．将来にわたって信頼できる社会保障制度を得るために，改革が必要であることは言うまでもない．

　一方，日本の財政は大幅な赤字の状態にある．財政再建は緊急の課題である．しかし，少子・高齢化の時代にあって，高い経済成長率を望むことは困難であるし，少子・高齢化そのものが社会保障制度の維持を難しくしている面もある．

　このような状況の下，政府はどのような社会保障制度の改革を行えばよいのだろうか．成長と公平の両方を満たす最適な政府の規模・大きさとは，どの程度のものだろうか．最適な税・社会保障の国民負担率はいくらであると言えるのだろうか．財源をどこに求めるのが望ましいのだろうか．このような問題意識に応えるために，本書の研究が経済産業研究所で企画され，2004-05（平成16-17）年度に同研究所で実施された「最適な租税・社会保険料負担率」研究プロジェクトの成果として出版されることとなった．

　この課題に立ち向かう方法として，本書は次の2つを採用した．1つは，国民にアンケートを実施して，国民がこれらの問題に関してどのような意識を持っているのかを問うてみた．アンケートの分析結果から，いくつかの率直でかつ重要な知見を得ることができた．

　2つ目は，ライフサイクル一般均衡モデルを作成し，そのモデルを用いて様々なシミュレーションを行い，経済学の立場からこれらの問題をどのように理解したらよいのかを探求した．いわば，科学的な手法を用いて，論理的な解答を求めたのである．

　これら2つの接近方法は大規模な作業量を要するので，多額の資金と多人数の研究人員を必要とした．経済産業研究所に私たちの希望を受け入れていただき，ほぼ初期の計画通りの研究プロジェクトの遂行が可能になった．吉冨勝前所長（現特別顧問）をはじめ，及川耕造理事長，前副所長田辺靖雄氏，前研究

調整ディレクター細谷祐二氏，それにスタッフの方々のご支援に心から感謝したい．

さらに，本書の出版を可能にし，かつ的確な編集の仕事をされた，東京大学出版会の佐藤一絵氏に感謝したい．

本書の内容は著者たちの個人的な責任で書かれたものであり，経済産業省や経済産業研究所の意向とは無関係である．もし内容に不備があったり，主張に不合理な点や政府の意向と矛盾があるとすれば，その責任は一重に私たち著者にすべてが帰されるべきものである．

橘木　俊詔

●── 目　次

はしがき ……………………………………………………………………………… i

序　章　国民の倫理的志向と政府の大きさに対する考え方　　橘木俊詔

1. はじめに ……………………………………………………………………… 1
2. アンケート結果と国民の意識 ……………………………………………… 2
3. 公共哲学・倫理学の立場 …………………………………………………… 4
   3.1　リバタリアニズム　4
   3.2　リベラリズム　6
   3.3　コミュニタリアニズム　9
4. 公共性と社会的連帯 ………………………………………………………… 12
5. 福祉国家 versus 非福祉国家 ……………………………………………… 21
6. おわりに ……………………………………………………………………… 27

1 章　国民の受益・負担と政府の大きさ
　　　──アンケート調査の結果と計量分析
　　　　　　　　　　橘木俊詔・岡本章・川出真清・畑農鋭矢・宮里尚三

1. はじめに ……………………………………………………………………… 31
2. アンケート結果とその解釈 ………………………………………………… 32
   2.1　公共政策への評価　32
   2.2　年金・医療・介護への評価　36
   2.3　社会資本への評価と費用負担　43
   2.4　国民負担や財源徴収方法についての考え　45
3. 主成分分析による計量分析 ………………………………………………… 48

3.1　主成分分析の概要　48
　3.2　データの詳細　49
　3.3　主成分分析の基本結果　49
　3.4　国民の現状認識と政策選好の属性別相違　61
4. おわりに ……………………………………………………………… 63
補論：主成分分析の計算方法　64

2章　少子高齢化と国民負担率　　　　　　　　　　　　　岡本 章

1. はじめに ……………………………………………………………… 67
2. モデル ………………………………………………………………… 69
　2.1　家計の行動　70
3. シミュレーション分析 …………………………………………… 74
　3.1　シミュレーションの方法　74
　3.2　ケース分け　74
　3.3　パラメータの設定　79
4. 国民負担率と社会厚生 …………………………………………… 81
　4.1　シミュレーション結果とその解釈　81
　4.2　留意すべき点　85
5. おわりに ……………………………………………………………… 86
補論A：家計の効用最大化　87
補論B：企業・政府の行動と市場均衡　88
補論C：アンケートによるパラメータの推定　91

3章　望ましい財源調達手段
　　橘木俊詔・岡本章・川出真清・畑農鋭矢・宮里尚三・島俊彦・石原章史

1. 一般均衡モデルと政府支出の便益評価 ………………………… 95
2. 政府支出の便益を含む一般均衡モデル ………………………… 97
　2.1　家　計　97
　2.2　企　業　100
　2.3　政　府　100
　2.4　市場均衡　103
3. モデル構造を規定するパラメータの設定 ……………………… 104

3.1　家　　計　104
　3.2　企　　業　107
　3.3　政府部門　107
4．シミュレーション分析 ……………………………………… 109
　4.1　厚生の比較　110
　4.2　マクロ経済指標　110
　4.3　高齢化の影響　111
　4.4　弾力性パラメータ等の影響　112
5．財源調達手段の展望：消費税へのシフト ………………… 113
補論A：一般政府支出のウェイト　114
補論B：医療支出の年齢プロファイル　115
補論C：介護支出の年齢プロファイル　115
補論D：公的医療保険の国庫負担割合　118

4章　基礎年金・最低保障年金の分析
　　──スウェーデン方式との比較・検証（1）　　岡本章・島俊彦

1．はじめに ……………………………………………………… 121
2．基本モデル …………………………………………………… 123
　2.1　家計の行動　123
3．シミュレーション分析 ……………………………………… 127
　3.1　シミュレーションの方法　127
　3.2　ケース分け　127
　3.3　パラメータの設定　135
4．基礎年金方式と社会厚生 …………………………………… 137
　4.1　シミュレーション結果とその解釈　137
　4.2　留意すべき点　145
5．おわりに ……………………………………………………… 146
補論A：家計の効用最大化　147
補論B：企業・政府の行動と市場均衡　149

5 章　所得比例型年金の是非
——スウェーデン方式との比較・検証 (2)　　宮里尚三

1. はじめに ………………………………………………………………… 155
2. スウェーデンと日本の年金改革 …………………………………… 156
   - 2.1　スウェーデン：みなし確定拠出年金制度の導入　156
   - 2.2　日本：保険料固定方式とマクロ経済スライド　159
3. モデル …………………………………………………………………… 161
   - 3.1　家　計　162
   - 3.2　生産関数　164
   - 3.3　市場均衡　164
4. シミュレーション分析 ……………………………………………… 166
   - 4.1　パラメータの特定化　166
   - 4.2　シミュレーション結果：社会厚生低下の可能性　167
5. おわりに ………………………………………………………………… 169

6 章　公共資本と公的年金の世代間厚生比較　　川出真清

1. はじめに ………………………………………………………………… 173
2. 関連研究 ………………………………………………………………… 175
3. モデル …………………………………………………………………… 176
   - 3.1　家　計　178
   - 3.2　企　業　180
   - 3.3　政　府　180
   - 3.4　市場均衡　181
4. シミュレーション分析 ……………………………………………… 182
   - 4.1　データ　182
   - 4.2　パラメータ値　185
   - 4.3　計算方法　185
5. 基準シミュレーション結果と世代間格差 ……………………… 186
   - 5.1　マクロ変数　186
   - 5.2　財政・年金変数　189
   - 5.3　世代間の受益と負担　190
6. 財政政策と世代間再分配 …………………………………………… 191

6.1　公共投資削減の効果　191
　6.2　公的年金政策の評価　193
　6.3　財政再建の効果　194
　6.4　政策の評価——社会厚生関数の応用　194
7. おわりに ……………………………………………………………… 199

7章　家計行動と公共政策の効果
——構造パラメータの検証と推定　　畑農鋭矢・山田昌弘

1. シミュレーション分析と実証分析の隔絶 ……………………………… 203
　1.1　問題の所在　203
　1.2　2つの接近方法　204
　1.3　既存研究の推定値　206
2. 家計行動の分析モデル ………………………………………………… 207
3. データ加工と一般均衡モデルへの接近 ………………………………… 209
　3.1　データ加工の重要性と単位の選定　209
　3.2　労働時間の計測　210
　3.3　選択可能時間の設定と余暇時間の計測　212
　3.4　世帯単位と個人単位　213
　3.5　基礎データ　213
4. 構造パラメータの推定 ………………………………………………… 214
　4.1　データの定常性　214
　4.2　GMMによる推定結果　216
5. 推定結果の含意 ………………………………………………………… 218
　5.1　構造パラメータの設定に対する含意　218
　5.2　公共政策の評価に対する含意　219

終　章　国民の受益・厚生と「大きな政府」の意味　橘木俊詔 …… 223

資料:「公共支出と最適負担に関する国民の意識調査」概要と調査票　229

索　引　237

編者・執筆者紹介

序章 国民の倫理的志向と政府の大きさに対する考え方

橘木　俊詔

1. はじめに

　政府がどこまで公共支出を行うべきか，政府はどこまで国民の生活保障にコミットすべきか，といったことを分析するために必要なキーワードは，(1) 公共財，(2) 公共哲学・倫理学，(3) 公共性，(4) 社会的連帯，(5) 福祉国家，といったものである．

　日本は他の先進国と比較すれば，公共支出のGDPに占める比率は最低水準にあるにもかかわらず，政府・国民ともに公共支出を減少させ，かつ生活保障はほどほどにという政策（すなわち「小さな政府」）を目指している．このことの是非はともかく，なぜ日本において公共部門の役割が小さいのか，そしてそれをますます小さくする政策をなぜ多くの国民が望むのか，ということを探求するのが本章での目的である．

　そのためにここでは2つのアプローチを採用する．第1は，国民にアンケートを実施してその意識を探索する．国民の現状認識を知ることは，政府の規模と社会保障を議論する上で重要である．アンケートから得られた1次資料に基づいて，国民がどのように判断しているのかを明らかにする．どのような種類の公共支出に期待し，その支出のための負担をどうしたらよいのかに関して，国民の下した評価を概説的に説明するように努める．

　第2は，公共財，公共性，社会的連帯，福祉国家といったキーワードに関し

て，日本人がどう理解，評価しているかを，公共哲学と倫理学の立場から明らかにする．換言すれば，公共支出や生活保障に関して「小さな政府」を志向するに至った日本人の公共哲学・倫理観を明らかにすることにある．人の生き方，経済制度のあり方，公共性への見方，等々を決定するに至った背後にある日本人の価値意識を探求することは重要である．確かに経済合理性に基準をおいて公共政策を評価することも重要であるが，人は合理性のみによって経済行動をする訳ではない．

個人のリスクへの愛好度（回避度）は異なるし，他人への思いやり（すなわち利他性）の程度，家族間や社会構成員の間の親密性の程度も異なる．こうしたことからわかるように，社会では様々な人が生きている．異質性が非常に高い人々から成る国家において，最適かつ人々の納得する経済政策・公共政策を決定・実行することはそう容易ではない．

これら混沌とした状況をまとめる哲学・倫理観として有力だったのが，Bentham流の功利主義，すなわち「最大多数の最大幸福」の原理であった．もしこの思想を大多数の国民が支持するのであれば，公共政策や福祉政策は比較的容易に決定しやすい．民主主義による多数決原理に従うことにより，政策決定がやりやすいのである．

しかし，現実には功利主義の支持者ばかりではない．公共哲学・倫理学には多種・多様の思想がある．例えば，(i) リバタリアニズム，(ii) リベラリズム（ユニバーサリズム），(iii) コミュニタリアニズム，(iv) マルクシズム，等々である．国民の思想も様々である．これらの思想が日本人にどう根付いているかを議論することによって，公共政策や福祉政策を評価してみたい．

2. アンケート結果と国民の意識

私たちの行った「公共支出と最適負担に関する国民の意識調査」（巻末の資料参照）というアンケートでわかったことを箇条書きにすると，以下のように要約される．ここでは，結果だけを示しておく．

(1) 潜在的な国民負担率は 40〜50％ の範囲が望ましいと判断している．

(2) 国民がもっとも望む政府による公共政策は，充実した社会保障制度である．
(3) 種々の社会保障政策のうち，優先順位をつければ，1＝年金，2＝医療，3＝介護，の順である．
(4) 社会保障政策に次いで支持が高い公共政策は，治安と教育である．
(5) 逆に支持の程度が低いのは，国防と公共事業である．
(6) 社会保障の財源としては保険料方式への支持が高く，所得税や消費税を財源とすることへの支持は低い．
(7) (2)から(6)をまとめれば，自己の利益となる政策への支持は高いが，純粋公共財への支持は低い．さらに，負担に関しても自己の利益となる政策の財源を，自分で負担するという選好度が強い．
(8) 貧富の格差を是正する政策への支持はさほど高くない．
(9) アンケート結果による国民の意識は，回答者の年齢や所得水準によって微妙に異なるので，国民全体としての見地から評価するには慎重を要する．

　以上で述べたことを簡単にまとめると，次のようになる．社会保障制度を充実すべしとする福祉国家への支持はかなり高い．かといって，必ずしも「大きな政府」を求めている訳ではなく，負担率を40～50％の範囲に抑えたいとしているので，政府の規模は他の先進諸国と比較すれば，大きくもなく小さくもなく，中間程度をベストとみなしている．すなわち，公共部門が果たす役割として，自己の利益に直接つながる福祉への期待は大きいが，公共事業や軍事への期待は小さい．ちなみに，自分の利益にもなる治安や教育への支出はそこそこの水準を求めている．公共支出の内容に対する関心が高いと解釈すべきである．
　これを日本人は公共性の低い国民であり，自分が利益を受ける分野（代表的には社会保障）にしか公共性を支持しない国民である，と決め付けてよいのかどうかは，大きな論争点である．貧富の格差を小さくする強力な所得再分配政策への支持も大きくないことをどう理解するかを含めて，公共性をどう捉えるかは，現代でも大きな課題なので，後に本格的に議論する．

ところで，社会保障給付の負担方式として，税方式よりも保険料方式を選好していることは，後に論じるように人称性による社会的連帯なのか，それとも非人称性（すなわち匿名性）による社会的連帯なのか，という論点に大きなヒントを与えていることを述べておこう．

3. 公共哲学・倫理学の立場

前節において，リベラリズム，リバタリアニズム，コミュニタリアニズムという言葉を用いたが，これらの公共哲学・倫理学をもう少し詳しく議論しておこう．

国家が福祉に関与することについては，福祉国家論として経済学，倫理学，社会学，政治学の立場から大々的に議論されてきたし，今でもそれは進行している．その哲学的基礎として，例えばリベラリズムに関しては，政治的リベラリズム，進歩的リベラリズム，あるいは社会契約主義を中心として議論されている．なお塩野谷（2002）はRawls（1972）の正義論による「リベラリズム」という言葉よりも，「社会契約主義」という言葉を好んで用いているので，ここでは社会契約主義という言葉を併記した．リベラリズムに対立する思想として，ユーティリタリアニズム（功利主義），リバタリアニズム（自由至上主義），コミュニタリアニズム（共同体主義）について，社会保障の哲学的基礎として論争が重ねられてきた．

3.1 リバタリアニズム

もともとリバタリアニズムは「福祉の権利はすべての人が保有する」という考え方を否定する．福祉の権利というのは，Beverigeに始まる福祉国家の考え方を学問的に基礎付けた社会学者Marshall（1950）による，「市民権」「政治権」「社会権」の3つのシティズンシップの諸権利をさしていると理解してよい．すなわち，すべての市民は福祉を受ける権利があると理解する．これに対して，リバタリアニズムは反対するのである．

反対する最大の理由は，人間にとって最高の価値は自由権なので，福祉の権利は自由の侵害につながるとみなすからである．自由が最も尊ばれる社会であ

れば，福祉の権利をすべての人が有するとはいえないので，自由至上主義と訳される理由でもある．いわば，（国の用意する）福祉を拒絶する自由が人々にはあるとされる．具体的に言えば，公的年金や医療保険制度に加入しない自由も保証されねばならない，と考えるのである．

このような自由尊重論は代表的には Nozick（1974）で示されているが，経済学者でもこの思想を支持する人は多い．例えば，シカゴ学派の代表者である Friedman（1979）は，社会保障のみならずほとんどすべての分野において，自由経済，すなわち政府の関与を否定する考え方を主張している．例えば Friedman は政府による規制を排除して，自由競争のもたらすメリットに全幅の信頼をおくので，できるだけ小さい政府がよいとしている．したがって，福祉政策もミニマムに抑えることを主張している．

なぜ，福祉や社会保障をミニマムにすればよいのか，リバタリアンは次のような理由を挙げる．(1) 個人の自助努力を無駄にしない．(2) 家族や共同体，あるいはボランタリー組織による互助体制の方が望ましい．(3) 政府の施策は非効率なので，できるだけ排除する．(4) 政府は大きな施策を行えば権力を持つことになる．結局，得をするのは権限を保有する官僚組織で，それが君臨することになるのを防ぐ．第 4 番目の考え方はリバタリアニズムというよりも，Buchanan を中心とする公共選択学派に近い．

以上をまとめれば，政府の行う社会保障政策は非効率であるし，民間の自助努力を阻害する恐れが大である．自由を尊重する立場から，福祉は個人（の自立），家族，共同体にまかせるのがよいとするのである．

ここで興味深いのは，リバタリアニズムは家族や共同体の役割を重視する点である．この考え方は政府の関与を否定することが第 1 目的である．しかし誰かが福祉を担う必要性があるので，個人（自立）だけでは限界があることに注目して，家族や共同体を重視するのであろう．一方，家族の役割を義務としない思想，例えば成人した子供が老親を扶養する義務はないとする English（2002）の考え方もある．これに関して森村（2004）も，子供による強制的な親の扶養を法制化することを否定している．リバタリアンも一枚岩ではない．

Friedman に話を戻せば，福祉に関して現代でも参考となる考え方を提供している．それは「負の所得税」構想である．Friedman は貧者を救済する手段

として，非常に低い所得しかない人に政府が税を還元する政策を主張している．これは"勤労しても"低所得しかない人の生活を保証するためであるが，政府が生活保護費のような給付金を支給するよりも，働くことを条件に負の所得税を政府が支払うとする思想である．

福祉を手厚くすると，人はモラル・ハザードを起こして勤労しなくなる恐れがある．これを現代流に言えば，ワーク・フェア（Work and Welfare）の見地からすると，働くインセンティヴを持たせることも福祉政策の目的の1つとなる．働かなくてもよい生活保護を支給するのではなく，働いてもらって，負の所得税を支払うのも，ワーク・フェアの目的に合致する可能性がある．徴税に際して技術的な問題がいくつかあるので，負の所得税はまだどの国でも導入されていないが，ワーク・フェアを推進するにはこの政策は有効な手段の1つである．Friedmanの先見性を見せつけられた構想である．

「負の所得税」を拡大したものとして，「ベーシック・インカム」構想がある．この考え方は，すべての国民に対して，その人がどういう職業に就いているのか，あるいは働いているかいないかにかかわらず，生きていけるだけの基礎所得を政府が支払うべき，と主張する．この「ベーシック・インカム」構想は，どちらかといえば左翼的思想であるが，「負の所得税」はシカゴ学派という右翼的思想から出された構想である．右と左から似た考え方が提案されたことは興味深い．

3.2 リベラリズム

リベラリズムをそのまま直訳すれば自由主義であるが，英語と米語でその意味は微妙に異なる．英語ではリバタリアン（自由至上主義）より自由を意味する程度がやや落ちることをさすが，米語はコンサーヴァティヴ（保守主義）に対立する意味を持たせて，リベラリズムには進歩主義の香りがある．

言葉の混乱を避け，古典的な自由主義（リベラリズム）やリバタリアニズムに近い新自由主義（ネオリベラリズム）との対比を明確にするため，リベラリズムには様々な言葉が枕詞としてつけられることがある．例えば，民主的リベラリズム，政治的リベラリズム，あるいは社会契約主義ともいわれる．リベラリズムを平等主義と訳す考え方もある．ここでは言葉の問題には介入せず，リ

ベラリズムの思想を Rawls の主張に代表させて考えてみたい．

Rawls の『正義論』は 20 世紀最大の哲学思想ともいわれ，リベラリズムの考え方を世に知らしめた影響力は大きかった．この大部の哲学書を消化するには，経済学を専門とする素人には大変なので，ここではそれを議論しているいくつかの文献に依存して解説する．それらは，塩野谷（2002, 2004a, b），渡辺（2004），盛山（2004），後藤（2002）等である．

Rawls の正義論は功利主義（ユーティリタリアニズム）の批判から始まる．功利主義は Bentham の「最大多数の最大幸福」で代弁されるように，個人の主観的な満足を社会構成員の総単純和で代表した「社会的厚生関数」の最大化を図る．経済学の理論分析においてよく用いられる社会的厚生関数として 2 つの大きな考え方がある．その 1 つがユーティリタリアン流の個人効用の単純合計値であり，もう一方はロールジアンとも言われるように，個人の効用の総計の最大化を図るときに，社会でもっとも恵まれない人の効用に最大のウェイトをかけるような社会的厚生関数をさす．したがって，前者は恵まれた人もそうでない人も差別せずに，すべての人を同一のウェイトで評価するのに対して，後者はもっとも恵まれない人のウェイトを高くして評価する差がある．経済学の世界においても，功利主義とリベラリズムは大きな影響を与えているのである．

Rawls は次の 3 つを基礎原理とする．第 1 は，すべての人々は平等な権利と諸自由を持つ．第 2 は，人々は公正な機会均等の条件の下にいる．第 3 は，不平等を是正するには社会においてもっとも恵まれない人々の利益を是正することに最大のウェイトをおく．第 1 を基本的自由の原理，第 2 と第 3 を格差原理と呼び，Rawls の正義論は 2 つの原理から成るとする人もいる．

Rawls は社会保障制度を意識してリベラリズム論を展開したものではないが，彼の思想は，社会保障の運営にあたって，基本的な考え方を提供している．Rawls 後の人によってこの考え方が再解釈されたので，Rawls の思想が社会保障の基礎理論として重宝されているのである．

塩野谷（2004b）によると，資本主義・民主主義・社会保障の三層からなる福祉国家は，第 1 原理によって政治的自由を規定し，第 2 原理によって公正な機会均等とセーフティ・ネットを規定し，第 3 原理の格差原理は民主主義と社

会保障によって制約された資本主義の帰結とする.

　もっとも恵まれない人への配慮は社会保障制度の核心とみなされ，それを保証するのは，自分では解決できない不遇（あるいはリスク）に備えた「保険」という社会的な仕組みで対処されるとした．Rawls の思想の核心が，もっとも恵まれない人への配慮であることは確実であるが，それを保証する制度として「保険」を重宝するのにはやや不満がある．なぜならば，保険はもっとも恵まれない人のみならず，当然のことながら中間階級，あるいは高所得階級の人までにメリットが及ぶ制度だからである．現に，Le Grand (1987), Atkinson (1995), 橘木 (2000) では，福祉国家の最大の存在意義は，ごく普通の人（すなわち大多数の中間階級）がリスクから開放されて，所得保障があるような社会保障制度の果たす役割に集約されるとしている．

　しかも「保険原理」は，負担ないし拠出に応じて給付が決定されるので，もっとも恵まれない人は負担能力に欠けるのであるから，手厚い給付を提供することは，「保険原理」だけに立脚すれば無理なのではないか．この点から塩野谷の主張にはやや無理がある．

　Rawls は 1972 年の『正義論』から，1993 年の『政治的リベラリズム』，1999 年の『正義論』の改訂版に至るまで，時代とともに思想を変えてきた．それを変節と呼ぶ人もいれば，そうでなく思想を深化・矯正させたにすぎないとする意見もあり，その解釈は様々である．ここではその変節の当否には深入りせず，彼の福祉国家観を述べておこう．

　Rawls は，自分の考えは「財産所有制民主主義」(property-owning capitalism) の福祉国家観に近いとしている〔これに関して Rawls (1999) 参照〕．どういうことかと言えば，経済学者 Meade のいう「財産所有制民主主義」への支持であり，俗にいう「福祉国家的資本主義」(welfare-state capitalism) の支持ではない．Rawls はいわゆる福祉国家，すなわち政府が様々な再分配政策を行う国家では，究極的な効果として次のことを引き起こすとしている．それは，再分配の恩恵を受ける人が，結局社会の下層階級となり，それらの人が常に福祉に依存せねばならないようになると言うのである．これは別の言葉で言えば，スティグマとモラル・ハザードの存在が，福祉国家には避けられないということを述べているのである．

一方，財産所有制民主主義では，人々に平等な基本的諸自由と機会の平等が与えられており，かつ人々が資本（それは物的・人的を問わず）を私的に所有して生産活動を行うことの意義を強調する．Rawls は人々の自由な経済活動を賛美しているのである．この意味では既に述べたリバタリアニズムの思想と共通するところもある．それと異なる点は，人々に"機会の平等"が与えられる必要を強調しているのである．

　Rawls の批判する福祉国家は，結果の不平等に国家が介入することを良しとせず，国家は財産所有制民主主義における機会の平等を確保することを重要とみなしている，とも結論づけられる〔機会の平等と結果の平等の差については橘木（2004, 2006）参照〕．

　ここで 1 つの疑問が浮かびあがる．Rawls の主張した格差原理（すなわち最も恵まれない人々の優先）はどこに生かされていると理解すればよいのであろうか．それはもっとも恵まれない人々が社会で経済活動を行う際に，機会を平等にする政策を展開するということである．例えば，仕事に就けるようにする，相続税に累進性を導入する，教育の機会均等政策を強力に行う，といったように人々のスタート・ラインにおいて，特にハンディを背負っている人に，様々な支援策を施すことで達成できると判断すればよいであろう．

　Rawls は決して福祉国家が手厚い社会保障政策を行ったり，あるいは強力な所得再分配政策を実行したりすることを勧めていない．結果の平等を達成するよりも，機会の平等を達成することの優先度が高いことを主張しており，例えば北欧でみられるような高度な福祉国家の政策を容認しているのではない，というのが私の理解である．

3.3　コミュニタリアニズム

　共同体主義と訳されるこの思想は，リベラリズムと対立するものでもあるし，ユニバーサリズム（普遍主義）とも対立する考え方である．もともとコミュニタリアニズムは Rawls のリベラリズムを批判することから出発しているので，リベラル-コミュニタリアン論争とみなすのが一般的であるが，共同体主義対普遍主義の論争も見逃せないものを含んでいる．後者に関しては，Rasmussen（1995）が有用である．

共同体とは何であるか、ということから始めねばならない。共同体とは家族や地域社会といったことを連想すればわかりやすいが、もう少しフォーマルに言えば、様々な人々からなる人間社会の中で、共通の特質を持った人々の集合体を共同体とみなす。家族は血縁で結びついているし、地域社会は狭い地理の範囲内に住む人々で共同体を構成している。他にも、宗教、性、言語、職業、学校、等々の性質を考えたときに、共通の特質を保有した人々は必ず存在する。これが共同体を構成する。例えば宗教であれば、イスラム教、ユダヤ教、キリスト教、仏教の信者は同じ共同体に属している。

コミュニタリアニズムとリベラリズムの対立点に関していえば、共同体主義が自由主義を批判する点は、Rawls が単一次元に基づく平等にこだわるということである。各自が様々な特質で成り立つ共同体であれば、様々な次元から成る「複合的平等」の方が、「単一的平等」よりも現実の世界に近いのではないか、と批判するのである。例えば「単一的平等」の象徴として所得という変数を考えれば、どういう場合が所得分配が平等で、どういう場合が不平等かというのは比較的簡単に判断できる。もっとも恵まれない人というのも最低所得の人、あるいは極貧の人であると定義できる。

しかし、世界は様々な共同体で成立するのであるから、単純に所得という基準だけで平等が語れず、いろいろな次元（すなわち多次元）の視点から正義なり平等が語れるのではないか、というのが Walzer（1983）の主張なのである。例えば、組織や団体への参加資格、貨幣や商品、仕事、余暇、時間、教育、家族、政治力、等々、いくらでも平等を語れるわけで、単一の次元では表現できない「複合的平等」が人間社会にふさわしいとみなす。ある人にとっては教育や仕事は重要かもしれないが、別の人にとっては余暇時間や家族が大切かもしれない。こう考えれば、人の平等を語るときは複合的にならざるをえないのである。

コミュニタリアニズムのもう1つのリベラリズム批判は、リベラリズムが自治の精神やコミュニティの存立を危うくしているとの認識から生まれている。この批判は Sandel（1996）に代表されるので、これを簡単に述べておこう。

人々は地域や共同体の中で生きているのであるから、まわりの人への関心やその社会での帰属意識が重要である。帰属意識が高まると、必然的に公共心を

持つようになるので，自治の精神が高まる．自治の精神が人々の間に広まると，人々の道徳的な考え方も高まるので，その地域や共同体の安定が保たれると主張する．

福祉政策に関していえば，コミュニタリアニズムは人々に無制限の福祉サービスを提供することに反対する．過剰な福祉提供は受給者の依頼心を高めることになるし，必ず悪知恵を働かせる人が登場して無駄な福祉サービスとなりかねない．ただ，コミュニタリアニズムを主張する考え方は，人の道徳心に期待するのであるから，悪知恵を働かせる人が登場するという点には，多少の矛盾はある．いずれにせよ，共同体の一員としての責任ある行動に全幅の信頼をおいている感がある．

高い道徳心は福祉のみならず，家庭，教育，社会問題への適用にまで期待がおよぶので，人々は自発的にお互いに助け合って，自治の精神によって共同体の安定に寄与すると考える．

共同体主義の考え方は，同じ共同体に属する人々の間で絆が高まるし，成員に共通の善（共通善）が芽生えるし，徳も共同体の中で育成される，といったことを強調する．塩野谷（2002）はこの共通善を「卓越」という言葉で代表させて，共同体主義を独自の見方で解釈している．「卓越」すなわち「徳」を重視する倫理学は，人間の持っている「良き生」（well-being）を高めるのに役立つものとみなすので，社会保障制度の役割においても，人間の能力や努力心を高めることを重視する．したがって，社会保障制度は経済効率性を高めるようなものであることが望ましく，セーフティ・ネット（安全網）だけではなく，トランポリンやスプリングボード（飛躍台）のように，一層の自己実現を高める効果が期待される，と塩野谷は主張する．塩野谷は社会保障に関していえば，コミュニタリアン的な考え方に親近感を持っているようである．

以上のように公共哲学・倫理学をまとめた上で，私たちの行ったアンケートから得られた事実から，日本人の哲学・倫理観はどのようなものであるかを要約してみると以下のようにまとめられる．リベラリズム（ユニバーサリズム）への共鳴度は低く，むしろリバタリアニズムやコミュニタリアニズムへの共鳴度が高い．すなわち，官が大きすぎると民間経済が弱くなるので，できるだけ官は小さい方が望ましいとみなしている．さらに，官が普遍的に公共サービス

を提供するのではなく，選別的にしかも共同体内で，互助精神を生かすような福祉政策が望ましいとみなしている．

リベラリズムを平等主義と同義とみなせば，日本人の平等主義的な福祉政策への支持は低い．なぜならば，平等主義は福祉における政府への過剰依存を助長する恐れがあるので好ましくなく，むしろ共同体主義のように働くことを前提にした福祉政策，あるいは貢献度に応じた福祉サービスのあり方が望ましいとみなしている．

4. 公共性と社会的連帯

公共哲学の教えるところによると，人々の生活を規定する際に，「公」と「私」という2分法よりも，「公」「公共性」「私」の3分法をとる考え方が，より妥当性を得ている〔例えば，間宮（1999），桂木（2005）参照〕．ここで「私」とは個人，家族，企業などを意味し，「私利私欲」の原則によって社会・経済の活動を行うことを容認する．一方「公」とは「官」と同義でよく，いわば中央や地方の政府，公共部門の活動をさす．

経済学の立場から「公」と「私」を区別すると，「公共財」と「私的財」の区分を考えるとわかりやすい．公共財とは外交，軍事，警察，消防などの活動を考えればよい．私的財は，りんご，自動車，携帯電話，等々のように，自分で代金を支払って購入するものである．公共財は費用の負担（それは通常租税によってなされる）を国民ないし地域の人が集団で行い，サービスの提供はそれらの人が共同で受けるので，特定の人だけが享受するのではない．これを経済学では非排除性と呼ぶ．私的財の場合は，負担する人だけが購入するので排除性がある．「公」が公共財に，「私」が私的財に対応することはいうまでもない．

なお，「公」「公共性」「私」という3分法を経済学から解釈すると，「公共性」は準公共財に対応する，と理解することも可能である．準公共財は大学での医学教育を考えればわかりやすい．大学教育の費用は本人負担と公費（税）負担の折衷である．一方，大学で医学教育を受けることのベネフィットは，高所得を稼ぐことを可能にすることであり，それは本人が享受するのであるが，

社会にとっても，有能で必要な人（すなわち医者）が世に生み出されるというベネフィットを享受するので，経費の負担が本人と社会の双方によるのである．

話題を公共哲学での3分法に戻そう．特に関心が寄せられるのは「公共性」である．「公」と「私」の2元論であれば，官の行う活動と民の行う活動は明確に区分される．それを結びつけるのが「公共性」であるが，2つの異なった見方が「公共性」にある．

第1は，「公」と「私」の間に中間として存在する組織を意味する．現代風に言えばNPOやNGOがそれに相当するが，わかりやすい名称で述べれば，Habermas（邦訳1990）が挙げるような教会，文化サークル，学術やスポーツ団体，労働組合，経済団体，等々，さまざまな組織がある．

第2は，「公」と「私」を媒介したり，結びつけるような役割に注目する．「公」の行う活動に対して，「私」ないし「民」が要望を提示したり，あるいは監視する役割をさすこともあるし，逆に「私」の行う私利私欲の活動に対して，規制を設定したり監視，罰則の適用を行うことをさす．いわば「公」と「私」の活動がスムーズに，かつ公正に行われるようにと，「公共性」が間に入って，期待される役割を果たすのである．

桂木（2005）によると，公共哲学では，「公共性」に次の2つの大きな要素を考える．それは「協力」と「秩序」である．公共性は1人で達成できないので，皆の協力を必要とする．協力には自発的，かつ利他的な協力もあれば，法による強制的な協力もある．さらに，社会での秩序を保持するために公共性がある，と考える．秩序・治安の維持のために法律，政治，警察，司法，等が公共性を帯びているし，これを権威付けるのは国家の存在である．これらは上からの公共性，上からの秩序形成と考えられる．国家権力が強くなりすぎると，戦争や民衆圧迫といった様々な不幸な現象が社会に発生するので，下からの公共性，下からの秩序形成も重要な時代となっている．

上からの公共性，下からの公共性の差を理解するには，次の例を示せばわかりやすい．上からの公共性の悪い例は，太平洋戦争を引き起こした日本の軍事政権である．また，良い悪いの評価は人によって異なるが，戦後の発展をもたらした日本の官僚主導による政治と経済政策である．優秀な官僚への信頼が国民の間にあったし，官僚もそれに応えるだけの能力と意欲があった．

下からの公共性はこれらの例と異なり，民衆と知識人が理性的な対話を重ねて，よりよい社会にするにはどうすればよいかを，上に位置する政治に求めていく姿である．下からの公共性に関しては，Habermasによって有名な，17世紀から18世紀のイギリスにおいて成立した「市民的公共性」がある．ロンドンのコーヒーハウスにおいて，教養ある市民の討論が重ねられ，公論（パブリック・オピニオン）として意見の一致が達成されると，一定の影響力を持つようになった．現代流に言えば，世論の形成が政治の世界における政策決定に一定の影響力があった．

　Habermasはこれを「対話的合理性」と称して，市民的公共性ではこの対話を通じて決定されたことに重みがあるとみなした．ここで重要なことは，対話に際して異質な他者を理解し，かつその人たちに寛容であることが条件であるとした．寛容であることの重要性は，John LockeやJ. S. Millによってすでに主張されていたもので，哲学上からすれば正統派の思想といってよい．

　このようにして，下からの公共性は対話を通して他者を理解し，かつ寛容の態度で臨む．結果として多数決原理に基づいて事を決めなければならないことが多いが，勝者は敗者の抵抗に対して寛容であらねばならない，とHabermasは主張している．ついでながら，たとえ多数決で決まったことであっても，その後にも対話を重ねることによって，その決定に間違いがないかを反省する必要があるとする．

　ここで述べたHabermasによる公共性の考え方が，現代の日本に生かされているかどうかを考えてみよう．日本のような大国であれば，政策決定を国民全員の討議によって行うことは不可能である．民主主義の国にあっては，国民によって選挙で選ばれた国会議員や地方議会の議員が，代議制の原則によって政策を決定している．

　上からの公共性か，下からの公共性か，と問われれば，既に述べたように一昔前は官僚主導による上からの公共性であった．確かに政治家は議会における投票に参加することによって，法律と政策の決定に直接関与していたように見えたが，実質は官僚主導による決定事項を事後的に承認しているケースが多かった．官僚の方でも，国民がどのようなことを望んでいるかにさして関心を示さず，優れた能力とエリート意識に基づいて，自分たちの打ち出す政策が国民

にとって利益になると信じながら，政策を実践していた．

　こういう筆者の見方に反論はあるだろう．例えば，確かに官僚は優秀だったし，国民にとって役立つ政策を実行してきたが，自分たちの利益確保のために行動することもあり，政治家もある程度の発言力を保持していた，といった反論である．前者は Buchanan（1963）に代表される公共選択学派の思想であり，官僚の行動様式を規定する1つの考え方である．確かに日本においても，この考え方を支持してよい証拠はあるが，優秀な官僚による政策担当能力のメリットを打ち消すほどのデメリットではなかった．

　政治家の役割に関していえば，小泉純一郎内閣が登場し政治の優位を打ち出すことによって，政策の形成を官僚主導から政治主導に変更した意味は大きい．同時に社会保険庁や警察等の不祥事が続々と明るみに出たことにより，官僚や公共部門への信頼性が低下したことも政治の優位を際立たせた．

　国民の選挙によって選ばれた政治家が優位に立ったということは，上からの公共性から下からの公共性へ，と徐々に移りつつあることを意味している．政治家は投票者の意向を無視できないのであり，下からの公共性に近づく態度を持たざるをえないのが宿命なのである．

　もう1つ下からの公共性への移行を認める理由は，メディアの発展である．新聞，ラジオ，テレビ，インターネット，アンケート調査，といったメディア発信の情報に国民や政治家が接する機会が飛躍的に高まった．国民が何を望んでいるかがメディアによって多く発信されるので，為政者はこれら国民の意向を無視できず，下からの公共性が威力を発揮する時代になっていると解釈できる．

　Habermas とともに，公共性を語るときに避けられないのが Arendt（邦訳1994）である．Arendt の公共性の考え方に関しては，佐藤春吉（2003），佐藤和夫（2003），桂木（2005）による要領よい解説，批評があるので，ここでは主としてこれらに準拠する．

　Habermas より以前に有名な『人間の条件』を出版した Arendt は，そのとき既に「3分法」の考え方を提唱していた．すなわち，私的領域（あるいは私的空間）としての家族と労働，公的領域（あるいは公的空間）としての政治との間に，社会的領域（あるいは社会的もの）として中間領域を考えた．そして

この中間領域が私的領域と公的領域に大きな意義を持つ時代になっているとした．

　Arendt にあっては，公的領域は古代ギリシャのポリスを念頭におきながら，市民は政治的自由を享受できたことを強調する．市民は平等であり誰からも暴力を受けず，かつ支配もされない．市民の間では自由に意見を述べることができたので，自由な社会の公共性があった．

　筆者は，古代ギリシャにおいては奴隷，すなわち市民から支配されていた階級が存在していたことを気にするが，少なくとも選ばれた人々である市民の間には，支配・被支配の関係はなく，それを公的領域と理解したい．この奴隷の存在については，桂木 (2005) が興味深い解釈を提出している．ギリシャには奴隷経済があったからこそ，アテネの市民は経済活動から免れていたので，経済活動と無縁な政治に特化された公共性の中にいることができた，というのである．

　一方，家族や労働といった私的領域にいる人はプライバシー領域にいるとみなされる．公共性の中にいる人にはプライバシーは制限されるが，私的領域にいる人は「他人の眼から隠されている，あるいは他人の眼に触れない領域」(福田歓一の言葉による) の中にいるのである．いわば私的領域ではプライバシーが確保されている．Arendt は公私の区別をプライバシーの有無から定義しているのである．

　公私の中間にある「社会的領域」が現代では大きくなった．それはなによりも人々の経済活動が大きくなったことから発生しており，Arendt によるとそれは大衆化現象，ないし画一化現象を引き起こしたとされる．消費者は皆同じようなものを消費するようになり，人々の間で均質化が進行した．古代ギリシャであれば，他人と異なっていることを発言することによって自己を強調できる，ポリスという組織があり，それによって公的領域が確保されていたが，現代ではすべての人が同じものを消費する時代となり，「社会的領域」が大きくなって同質化・画一化が避けられない．これは，人々が受動的な生活を送るようになったことを意味するので，自然と多くの人が同じ意見を持つようになり，政治の大衆化・画一化の進行を促したのである．

　「社会的なもの」あるいは「公共性」は，自然にまかせておくと各人が同じ

ような思考を持つことを促す．それによって，人間が画一的になってしまうことを Arendt は警告したのである．この傾向がますます進行すれば，人々の個性が埋没してしまうことになり，究極的には全体主義になってしまう恐れがある．これは社会において同一的，画一的な人間のみが存在することとなり，Arendt のいう人間の「複数性」がもっている価値を損なうことを意味する．

　人間の複数性とは，世の中には様々な考え方を持ち，様々な生き方をする人が存在することを容認する．しかし，この複数性がなくなると全体主義の恐れが生じるので，複数性は確保されねばならない．しかし重要なことは，様々な考え方，生き方の人々の間で自分の考え方，生き方と異なる他者を認識し，かつその人たちと対話を重ねて，相互に理解しあえるような関係を作ることである．これを Arendt は「平等」と呼び，他者を自分にとって有用な人間かどうかで判断せず，対話を重ねることで，他者と相互に理解しあって共存の道を探ることが重要と主張する．

　公共性に関して有意義な議論をしている斉藤（2000）も，この Arendt の思想を支持している．斉藤によると，「公共空間（公共性）は他者を有用かどうかで判断する空間ではなく，他者を1つの始まりとみなす空間であり，他者に対する完全な期待をあきらめることによって生じる空間である．それによって世界をただ1つの観点から説明しつくそうとする全体主義的思想や，大衆社会・消費社会の同化主義的傾向に対する防波堤を築くことができる」と述べている．

　Arendt のこのような考え方は，桂木（2005）の指摘する通り，やや理想的にすぎるのではないか．例えば，アラブ諸国とイスラエルの対立においては，双方に他者を理解しようとする気持ちがほとんどなく，対話もほとんどなされていないのであり，「公共性」に欠けると言わざるをえない．政治の世界では，このように他者を理解せず，むしろ敵とみなすことすらある．戦争はその究極の結末である．

　筆者自身は Arendt の主張を公共性の概念として理解はできるが，この思想を政治の世界を含めてすべての世界に適用することは不可能と判断している．しかし，経済学の見地からすると，Arendt の考え方は価値がある．なぜならば，人々の経済活動に関して公共性を導入することは可能だし，市場経済と公

共性の関係を理解することが，経済学において重要な視点だからである．これに関しては後に述べる．

Habermas の「対話型合理性」，Arendt の「他者との共存」という公共性を発展させれば，それは「社会的連帯」という概念で統一できると思う．他者を理解し，他者と対話し，他者との共存を目指すということは，結局は社会的連帯を期待するということになる．

社会的連帯をやさしい言葉で述べれば，2人以上の人が連合して事にあたり，かつ責任をともにすること，となる．2人以上の人とは，つまり社会を構成する人と同義となる．これらの人々が他人を理解し，対話し，共存を図ることが必要となる．これらをまとめれば，社会の構成員の合意の下に，人が生きるための制度を保障する．

社会的連帯が人々の間で容認されれば，生きるための保障策として，社会保障制度や社会保険制度が生まれる．人が不幸に陥ったときのセーフティ・ネットとして，これらの制度が生まれるのであるが，これを支持する基本的な理由として，斉藤（2004）は次の4つを挙げる．

(1) 生のリスク：人には多種多様のリスクがふりかかるが，自分や家族だけで対処できないことが多く，社会で効率的にこれに対処する．
(2) 生の偶然性：人には偶然によって資質に恵まれた人と恵まれない人が存在するが，恵まれない人を放置できず，恵まれる人からの移転はありうる．
(3) 生の苦渋への感応：他者が被っている苦しみに，自分の心も痛むという感性が人にはある．
(4) 生の複数性：生の保障は人に対して，より自由でかつ多様な生き方の選択を可能にする．

(1) に関しては橘木（2000，2002）によって，セーフティ・ネットや「安心の経済学」として具体的に述べられている．(2) に関しては，既に述べたリベラリズムの思想，例えば Rawls（1972, 93, 99）や Dworkin（2000）や Sen（1992）から説明可能である．(3) に関しては，他者の苦痛，屈辱，残虐，等

は人間にとって最大の悪とみなす発想から生まれている．(4) に関しては，既に述べた Arendt の「複数性」が人間の条件であるとみなす考え方に通じる．

社会的連帯は主としてリベラリズムの思想によって支持されるが，既に述べたように，リバタリアニズムやコミュニタリアニズムという異なった思想もあるので，具体的な社会保障制度の設立・運営にあたっては，どの思想を国民の多数が選好するかに依存する．

これまで述べてきた「公共性」の観点からすると，桂木（2005）の主張するように，次のような解釈が可能である．すなわち，リベラリズムは社会保障制度を重視するので福祉国家を支持し，リバタリアニズムは福祉国家を排除して市場主義を尊重する．「公」「公共性」「私」の3分法に立脚すると，福祉国家は上からの市場主義で公共性に近づき，市場原理は下からの市場主義で公共性に近づくものである．逆に言えば，市場は下からの公共性と上からの公共性の相対的なバランスの上に成り立っているのである．

リバタリアニズムは，市場とは人の欲望を満たすために生産や取引に役立つ最高の場を提供するものなので，経済合理性に合致しているとみなし，Nozick（1974）のような自然権に基づいて市場を正当化する．一方，リベラリズムは市場を放置すれば弱肉強食の社会を生む可能性を秘めているので，なんらかの歯止めが必要と考える．

話題を社会的連帯に戻そう．社会的連帯を語るとき，2つの考え方がある．1つは，人称を並べた（すなわち非匿名性）上で人々が自発的にお互いに助け合う連帯で，もう1つは非人称（すなわち匿名性）の下で強制的に助け合う連帯である．後者は助け合っている人が誰であるかがわからないことを意味する．

社会保障制度を議論するとき，この匿名性があるかどうかは重要な論点である．例えば，公的年金制度における積立方式を考えれば，誰がどれだけの保険料を拠出したかが明確である上に，その人がどれだけの年金給付額を受けるかがはっきりしている．いわば人称が明白なので非匿名性が条件である．一方，賦課方式で財源が税収であれば，国民全員の税負担なので誰がどれだけの額を年金給付に貢献したかが明確ではなく，拠出側に匿名性がある．これに似たのが生活保護制度であり，財源は税金なので誰が拠出したかは明白ではなく，匿名性がある．当然のことながら給付を受ける人の名前は明らかなので非匿名性

がある．

　ここで述べたことは，私たちが行った最適負担率に関するアンケートにおいて，国民がどれだけの負担を容認しているかを理解する上で重要なので，もう少し詳しく論じてみよう．年金制度における積立方式を一方の極とみなし，他方の極を生活保護制度とみなすと，この人称性／非人称性（あるいは匿名性）の差はわかりやすいので，この2つの極端な制度を考えてみよう．当然のことながら，前者は人称性（すなわち非匿名性）があり，後者は非人称性がある．

　まずアンケートの結果によると，自分が直接利益を受けるような社会保障制度には寛容であるが，公共事業や軍事といった支出には否定的であった．この事実は，自分が拠出しただけの利益を直接享受したいとの希望を表明しているとみなせるので，人称性の社会的連帯を許容していると理解できる．一方，公共事業や軍事といった公共財に関しては，自己が直接サービス享受を感じないとみなし，非人称性の社会的連帯には否定的なのである．日本人は人称性の社会的連帯を拒否はせず，むしろ積極的に容認しているが，非人称性の社会的連帯には拒否反応がある，と解釈できそうである．

　このことをもっと明確に示しているのが，社会保障給付における財源として保険料方式を好むか，税方式を好むかに関して，多数派は保険料方式を好むと回答していることである．消費税を含む税収による社会保障給付の財源調達法に賛意を表明していないのである．これは人々が非人称性よりも，人称性による社会的連帯により親近感を抱いていることを示している．やさしい言葉で述べれば，自分の負担によって確実に給付が保障される制度，あるいは自分の負担分を確実に回収することが可能な人称性の社会的連帯を好んでいるのである．

　アンケートの結果から，ここで述べたことを間接的に証明することができる．それは種々の社会保障制度のうち，制度の充実度をどれだけ期待するかに関する順位付けである．その順位は1＝年金，2＝医療，3＝介護，の順となった．これら3つの制度のうち，人々にリスクが発生する確率，あるいは制度の恩恵を受ける可能性に順位をつければ，1＝年金，2＝医療，3＝介護，となる．

　60歳を超せば国民のほぼ全員に年金給付を受ける資格が発生し，公的年金を受給できる．病気になる確率と要介護になる確率を比較すれば，確実な数字で示せないが，前者の方が後者よりも高いだろう．したがって，年金，医療，

介護の順で国民は制度の充実を願っており，この順位も財政負担に対して確実に給付の見返りがある制度へのこだわりを示している．逆に言えば，介護，医療，年金の順で払い損の発生する程度が高いのである．これらのことは，人称性の高い制度への希望度が高いことを，間接的ながら示しているのである．

一方の極とした生活保護制度について本アンケート調査は質問していない．アンケートによると，貧富の格差を是正するために所得再分配政策を強くする政策に多くの支持が集まっていない．つまり生活保護制度への支持が高くないことを，これまた間接的に示しているとみなせる．生活保護制度とは，貧困者に対して政府が税収を用いて最低生活費の不足分を補填する制度である．貧困救済策としてもっとも強力な所得再分配効果の期待できる制度なのであるが，このような貧富の格差是正策を国民が好んでいない，ということは，税負担をこのような政策に用いない方がよい，と国民は判断している．

ここまで述べてきたことは，論点を明確にするためにやや誇張を述べた感がしないわけではないが，自分たちの税負担が他者の生活の保障に使用されることを，さほど容認しない傾向にあると理解すれば，非人称性（すなわち匿名性）の社会的連帯に対して，日本人はそれほど寛容ではない，と想像される．

5. 福祉国家 versus 非福祉国家

公共性，あるいは社会的連帯について論じてきた．これらを大胆にまとめれば次のようになる．上からの公共性か，それとも下からの公共性かということに関しては，今までの日本は官僚による政策が上からなされていたので，上からの公共性が強い社会であった．しかし重要なことは，上からの公共性は質的な面でなされており，量的な面からすると，日本は小さな政府であった．すなわち，経済政策，産業政策，福祉政策，文教政策，等々において，中央政府が基本的な企画案を策定し，それを民間部門（すなわち「私」）に提示して，「私」がそれを実行するという姿であった．政府が大量の資金を投入して，民間部門に介入するのではなかった．

日本のあるべき姿を中央政府（すなわち「公」）が策定し，そのあるべき姿を達成するためにガイドラインを「私」に提示し，「私」がそれを実践したの

である．これはあくまでも質的な側面だけに限られており，政府自ら多額な公共支出を行ってその政策を実行するものではなかった．その証拠に，過去の日本ではGDPに占める公共支出の比率は先進国の中では最低水準であったし，公共支出の財源である税や社会保険料の収入がGDPに占める比率も最低水準であった．このように政府の量的規模は他の先進国と比較して相当小さかったことはよく知られた事実である．日本は量的には小さな政府だったのである．しかし，質的な面では決して小さくなく，政府が民間にガイダンスを提示するし，規制やその他の手段を用いて「私」をコントロールしていた，というのが実態である．この質的な面を重視すれば，上からの公共性，というのが日本であった．

多額でない総公共支出のうち，特に目立って低い公共支出は教育・研究費と社会保障給付費であった．これらを民間（すなわち「私」）にまかせていたのである．まず，公教育の支出がGDPに占める比率を，OECD諸国に関して2002年の数字で示してみよう．最高はデンマークの8.4％，スウェーデンの7.5％，中間あたりにフランスの6.0％，イギリスの5.0％があり，日本は下から2位の4.1％の低さである．日本の公共部門による教育支出は先進国の中で非常に低いのである．

社会保障給付費が国民所得に占める比率は，日本が1997年で17.8％であるのに対して，アメリカ18.7％，イギリス27.2％，ドイツ33.3％，フランス37.2％，スウェーデン53.4％であった．日本は公的部門が社会保障の担い手として果たす役割は，アメリカとともに最低の水準にある．現在では日本が少子・高齢化の時代に入ったことにより，社会保障給付費は増加傾向にあるが，ヨーロッパ諸国と比較すればまだかなり低い対国民所得比である．このことを筆者は「日米は世界の先進国の中で"非"福祉国家の典型国」であると称している．ここで福祉国家と非福祉国家について論点となる．

福祉の担い手として誰が望ましいか，ということは重要なテーマである．かつて筆者は，橘木（2002）においてこれに関して次の6つの担い手を取り上げて論じたことがある．(1)本人，(2)家族，(3)企業，(4)国家，(5)NPO，(6)コミュニティ（共同体），の6種である．これらの担い手のうち，国家すなわち公共部門の役割に期待する程度が高い国を福祉国家，そうでない国を非

福祉国家と称することが可能である．この基準に従うと，英仏独スウェーデンが福祉国家であり，日米が非福祉国家，と区分される．福祉国家であっても，スウェーデンのような北欧は高程度の福祉国家，英仏独は中程度の福祉国家と区分することも可能である．

橘木（2002）では，日本は非福祉国家であるが，国民の福祉の水準が低かったわけではない，ということが強調されている．重要なことは，国家が福祉の担い手ではなく，家族や企業（特に大企業）が大きな役割を果たしており，この両者が福祉の担い手だったのである．

例えば，年老いた親への経済支援と介護・看護は成人した子供の役目であったし，成人した子供（すなわち若者）が失業したりフリーターになれば，親が経済支援していたのである．年金，医療，介護，失業，といった社会保険制度は，額の面から評価すれば，決して充実していなかった．これらが必要になったときは，家族が支援の担い手として常に存在していたのである．大企業では社宅や系列病院の存在，退職金といった種々の非法定福利厚生費が多く支出されており，従業員は手厚い保護の下にあった．つまり家族と大企業が福祉の担い手であったことがわかる．

ここで現代を語ってみよう．本章において，国民はかなり高いレベルの福祉・社会保障制度を求めていることがわかった．しかし，人称性（すなわち非匿名性）の高い社会保障制度を望んではいるが，少なくとも非人称性（すなわち匿名性）の社会保障に賛意を示していないことから，社会的連帯感を強く保持していない，と結論を下した．なぜ日本人に高い社会的連帯感がないのであろうか．このことを論じてみよう．

第1に，福祉の担い手として，国民の間にいまだに家族に期待したい，という願望が根強くある．しかし，現代の日本では家族の変容が大きく進行している．例えば，老親と成人した子供の同居率の低下，離婚率の上昇，未婚率の上昇，少子化，家族構成員の間の犯罪数や対話のなさの増加，等々，家族の不安定化を示す例はいくらでもある．こういう現状であれば，家族に頼れないので，国家に頼ることを望む人が増加してもよいはずである．

とはいえ，家族の不安定化が進んでいる日本であっても，伝統的かつ安定的な家族関係を保持している家族はまだ多数派なので，なにも他者の助けを受け

る必要がなく，自分の家族に頼ると希望する人が相当多い．これらの人は社会的連帯を必要としない人なので，そもそも社会的連帯に親近感を抱いているか，それともいないかの意思表示をする必要がない．

　第2に，家族の変容がみられるのは事実と認めるが，家族に頼るのではなく，自立の精神が重要だ，と感じる人が相当多い．日本は福祉国家に向かうよりも，自分のことは自分で責任を持て，とする考え方を重視し，政府による年金，医療，介護といった社会保障制度に頼ることを望まない人々である．このような人は社会保障制度が不十分なアメリカ型社会を理想とみなし，民間会社の提供する年金，医療保険などに加入することを選択する．

　なぜ，このような人々はアメリカ型の自立を望むのであろうか．既に述べたリバタリアニズム（自由至上主義）に共鳴する人とみなしてよい．その他にも，公的部門の提供する事業は非効率的である，公的部門には不祥事が多い，等々の理由を挙げる人もいる．すなわち，民間部門の効率的なサービス提供に任せる策が望ましい，とする人々であり，福祉や社会保障の分野においても公的部門ではなく民間部門への志向が強いのである．

　このことに関して興味ある研究が提出されたので，それを紹介しておこう．それは武川（2006）と神山（2006）によってなされたものである．1998年，2000年，2002年にわたって，日本国民にアンケートを行った結果によると，社会保障に関する意識として次のような事実が報告された．

(1) 伝統的な福祉国家，すなわち「大きな政府」（"公"中心の高福祉）への支持が減少している．
(2) リベラリズムの主張する必要原則と普遍主義への支持も弱まりつつある．
(3) 高所得者ほど貢献主義（本章の言葉を用いれば，人称的な連帯主義）への支持が高く，かつ福祉であっても公共部門よりも民間部門への志向が強い．
(4) 高福祉を志向する者ほど，福祉の民営化を支持する．一方，低負担志向の者ほど，公共部門から福祉の提供を望む．前者を高福祉民営化論，後者を低負担公営論と称してよい．

(5) 高福祉民営化論は高所得者に多く，低負担公営論は低所得者に多い．
(6) 一方，年齢で区分すると，高福祉公営論が年齢の高い人に多く，若い人に低負担民営化論が多い．

　(1) から (2) の事実は，これらのアンケートが1998年-2002年ということで，世界的に右傾化，保守化が進行した時期でもあるし，経済の分野でもリバタリアニズムによる市場原理主義が支持を高めたことが背景にあるので，いわば当然の結果と言える．
　むしろ私にとって興味深いのは，所得階層別に福祉国家か非福祉国家か，公営か民営かといった志向が異なる点である．所得の高い層にあっても必ずしも福祉のレベルが低下することを望まず，むしろ高福祉を願っている．しかし，これを「公」による福祉提供ではなく，「民」による福祉提供を望んでいる点に注目したい．
　高い福祉を望む理由は，高所得者であっても家族の変容に直面しているのであり，福祉の担い手として家族に期待するのでなく，第3者にそれを望むようになっているからである．しかし，その第3者が「公」ではなく，「民」なのである．公共部門の提供する福祉サービスは画一的であり，しかもそれほど高い質を期待できないが，民間部門であれば負担を十分にすれば，質の高いサービスを受けることができる，と感じるからである．高所得者は負担を十分することが可能であることは，言うまでもない．
　一方，低所得者階級は負担の能力が限られているので，「民」による福祉サービスを受けられないと予想し，「公」による福祉サービスに頼らざるをえない，と判断しているのではないか．低所得者であっても，できれば質の高い福祉サービスを受けたいと願うのが人情であるが，自己の負担に限度があるので，「公」に頼るのであろう．
　さらに，「公共部門」による福祉サービスであれば，その運用費用の一部を高所得者からの移転（すなわち所得再分配）によって負担してもらえるので，低所得者にとってはメリットと感じられるが，「民間部門」であればそれに期待できない．逆に，高所得者からすれば，「公」であれば自分達の所得を低所得者に移転させられる可能性が高いので，それを避けるために「民」の方が良

いと判断することがある．

　ここで述べたことは，「公」による福祉政策を実行するときには，一般論として所得再分配効果が伴うという事実を，人々はどう評価するか，ということと関係がある．強い所得再分配政策を望む人と望まない人との差が，福祉を「公」に任せるのか，それとも「民」に任せるのか，の差に現れるのである．強い再分配効果を望む人は低所得者に多く，弱い再分配効果を望む人，あるいはそれを全く容認しない人は高所得者に多い，というのは自然の姿であろう．もっとも，高所得者であっても社会的連帯の意識が高い人は存在して，強い再分配政策を否定しない人もいるので，高所得者が全員所得再分配政策を支持しない，とまで結論するのは早計である．

　わが国は所得分配の不平等化，すなわち貧富の格差が拡大中である．高所得者はますます高所得になり，低所得者の所得はますます低くなり，しかもそれぞれの階級に属する人の比率もますます2極化している．この所得分配の不平等化現象が，ここで述べた人々の福祉に対する見方の2分化に大きく寄与しているものと予想できる．

　貧富の格差がさほどない社会であれば，人々の福祉に対する希望も画一的なものでよかったが，貧富の格差が大きくなれば人々の福祉への希望も2極化，あるいは多様化するのである．

　日本人に高い社会的連帯心がない理由の話題に戻そう．第3に，日本人が経済的に豊かになったことがある．国が貧乏で1人ひとりの経済的な豊かさがないときには，国民の間で連帯感が高まる．すなわち，貧乏な人をなんとか助けたいと願う気持が国民の中で強まる可能性が高い．大多数の人の所得が低ければ，自分もいつかは貧乏人になるかもしれない，という危機意識があるので，他者すなわち貧乏人への関心も高まるのである．しかし，平均的に国民所得が高くなると，自分が貧乏人になる確率も減少するし，セーフティ・ネットの確保も自分の資力でそれなりに可能となるので，自然と貧乏人への関心が低くなるのではないか．平均的には経済的に豊かになった日本人にとって，社会的連帯が低下するのは当然の帰結である．

　第4に，日本は人口1億2千万人を抱えた大国である．近くにいる人の不幸に対して気にかける程度が高まるのは，小国に住む人に多いという論理には説

得力がある．その証拠に，福祉国家である北欧諸国はすべての国が小国であり，国民の間に社会的連帯の意識が高まったことは想像できることである．しかも小国であれば政治的には外国から侵略の可能性を秘めているし，対外的な変動要因の影響を受けやすいので，経済も不安定化しやすい．これらのことから，小国に住む人は必然的に国民の間での連帯感が高まり，全員でリスクに対処する気概が高まる．

以上の4つが，日本人の社会的連帯意識が高くないことの理由である．もしこれらの解釈が正しくて，日本人の社会的連帯の価値意識が高くないのであれば，日本は福祉国家の道を歩まないだろう，と予想できる．

6．おわりに

日本において，公的部門の役割を国民がどれだけ希望しているか，ということに注目して，本章は様々なことを議論した．人々が国に何を求めているのか，という点をアンケート調査で知った上で，なぜ国民がそのような判断なり希望を示しているかを，公共哲学・倫理学の基礎に立脚して分析してみた．

日本国民は必ずしも大きな政府を望んでおらず，かつ公共部門から受けるサービスも自己の利益になることを優先しているし，拠出＝給付の関係が自己にとって明確にわかるような福祉政策を望んでいることがわかった．

なぜこのような意向を国民が持つようになったかを，まず公共哲学・倫理学の観点から評価した．日本人はリベラリズムよりも，リバタリアニズムやコミュニタリアニズムへの共鳴度が高いと判断できる．それは公共サービスの提供に関して，普遍的なものよりも選別的なものを望んでいるし，平等主義や共助主義の志向がそれほど強くないことでもわかる．

次に，公共性と社会的連帯を詳細に議論した．上からの公共性と下からの公共性の相違を明確にした上で，日本がこの2つのうち，下からの公共性を志向しつつあることを論じた．それは社会的連帯感を国民がどれだけ保持しているか，ということとも関係があるが，日本人には高い社会的連帯感はない，と判断される．さらに，社会保障に関して負担と給付に匿名性をどこまで要求するか，ということも重要であると指摘し，国民は非匿名性を求めていると理解で

きる．

　日本は非福祉国家の典型国であった．しかし，日本は3世代世帯の減少，離婚率の上昇，少子化，非婚化，等々で示されるように，家族の変容が大きくみられる国となり，今までのように非福祉国家であり続ければ，国民の福祉レベルはかなりの程度低下せざるをえない．ではどのような道を歩むべきなのか．国民に社会的連帯感が高くなく，かつ非匿名性の社会保障制度への支持が高いので，「自分の福祉は自分で面倒みる」といった自立の精神を求めていると言ってよい．この道を歩むのであれば，例えばアメリカのように福祉の2極化，すなわち福祉を負担能力に応じた自己責任に依存するようになるので，福祉レベルの高い人と低い人の2極化への方向に進む可能性がある．この方向を本当に好ましいこととみなしているかどうか，国民の声はまだわからない．

〈参考文献〉

桂木隆夫（2005）『公共哲学とはなんだろう――民主主義と市場の新しい見方』勁草書房．

神山英紀（2006）「高福祉民営化志向の分析」武川正吾編『福祉社会の価値意識』東京大学出版会，第11章．

後藤玲子（2002）『正義の経済哲学――ロールズとセン』東洋経済新報社．

斉藤純一（2000）『公共性』岩波書店．

斉藤純一（2004）「社会的連帯と理由をめぐって――自由を支えるセキュリティ」斉藤純一編著『福祉国家/社会的連帯の理由』ミネルヴァ書房，第9章．

佐藤和夫（2003）「家族・親密圏・公共性――H・アーレントの公私感の視角から」山田定ほか編『新しい公共性』有斐閣，第2章．

佐藤春吉（2003）「H・アーレントと公共空間の思想」山田定ほか編『新しい公共性』有斐閣，第1章．

塩野谷祐一（2002）『経済と倫理――福祉国家の哲学』東京大学出版会．

塩野谷祐一（2004a）「二つの「方法論争」と福祉国家」塩野谷祐一・鈴村興太郎・後藤玲子編『福祉の公共哲学』東京大学出版会，第2章．

塩野谷祐一（2004b）「ロールズの正義論と福祉国家」塩野谷祐一・鈴村興太郎・後藤

玲子編『福祉の公共哲学』東京大学出版会, 第3章.
盛山和夫 (2004)「福祉にとっての平等理論」塩野谷祐一・鈴村興太郎・後藤玲子編『福祉の公共哲学』東京大学出版会, 第10章.
橘木俊詔 (2000)『セーフティ・ネットの経済学』日本経済新聞社.
橘木俊詔 (2002)『安心の経済学』岩波書店.
橘木俊詔 (2006)『格差社会：何が問題なのか』岩波新書.
橘木俊詔編 (2004)『封印される不平等』東洋経済新報社.
間宮陽介 (1999)『丸山真男——日本近代における公と私』筑摩書房.
武川正吾 (2006)「福祉国家を支える価値意識」武川正吾編『福祉社会の価値意識』東京大学出版会, 第10章.
森村進 (2004)「リバタリアンが福祉国家を批判する理由」塩野谷祐一・鈴村興太郎・後藤玲子編『福祉の公共哲学』東京大学出版会, 第8章.
山口定・佐藤春吉・中島茂樹・小関素明 (2003)『新しい公共性』有斐閣.
渡辺幹夫 (2004)「ロールズにおける「福祉国家」と「財産所有制民主主義」」塩野谷祐一・鈴村興太郎・後藤玲子編『福祉の公共哲学』東京大学出版会, 第4章.

Arendt, H. (1958) *The Human Condition*, Garden City, N.Y.: Doubleday（志水速雄訳『人間の条件』ちくま学芸文庫, 1994）.
Atkinson, A.B. (1995) *Incomes and the Welfare States*, Cambridge: Cambridge University Press.
Buchanan, J.M. and G. Tullok (1963) *The Calculus of the Consent*, Ann Arbor: University of Michigan Press.
Dworkin, R. (2000) *Sovereing Virtue: The Theory and Practice of Equality*, Harvard University Press（小林公・大江洋・高橋秀治・高橋文彦訳『平等とは何か』木鐸社, 2002）.
English, J. (2002) "What Do Grown Children Owe Their Parents?" in H. La Folette (ed.) *Ethics in Practice*, Second Edition, London: Blackwell.
Friedman, M. and R. Freidman (1979) *Free to Choose*, Harcourt Brace Janerich（西山千明訳『選択の自由』日経ビジネス人文庫, 2000）.
Habermas, J. (1990) *Strukturwandel der Öffentlichkeit*, Suhrkamp（細谷貞雄・山田正行訳『公共性の構造転換 第2版』未来社, 1994）.
Le Grand, J. (1987) "On Researching the Distributional Consequences of Public Policies," in R. Gordon and J. Le Grand (eds.), *Not Only the Poor : The Middle Classes and the Welfare State*, London: Unwin Hyman.

Marshall, T. H. (1950) *Citizenship and Social Class*, Cambridge : Cambridge University Press（岩崎信彦・中村健吾訳『シティズンシップと社会的階級』法律文化社, 1993）.

Nozick, R. (1974) *Anarchy, State and Utopia*, London : Basic Press（嶋津格訳『アナーキー・国家・ユートピア』木鐸社, 1989）.

Rawls, J. (1972) *A Theory of Justice*, Oxford : Clarendon Press（矢島鈞次監訳『正義論』紀伊國屋書店, 1979）.

Rawls, J. (1993) *Political Liberalism*, Paperback version. Columbia University Press.

Rawls, J. (1999) *A Theory of Justice : Revised version*, Harvard University Press.

Rasmussen, D. ed. (1995) *Universalism vs. Communitarianism*, The MIT Press（菊池理夫・山口晃・有賀誠訳『普遍主義対共同体主義』日本経済評論社, 1998）.

Rorty, R. (1989) *Contingency, Irony and Solidarity*, Cambridge University Press（斉藤純一・山岡龍一・大川正彦訳『偶然性・アイロニー・連帯——リベラル・ユートピアの可能性』岩波書店, 2000）.

Sandel, M. (1996) *Democracy's Discontent : America in Search of a Public Philosophy*, Cambridge : Harvard University Press.

Sen, A. (1992) *Inequality Reexamined*, Oxford University Press（池本幸生・野上裕生・佐藤仁訳『不平等の再検討——潜在能力と自由』岩波書店, 1999）.

Walzer, M. (1983) *Spheres of Justice : A Deference of Pluralism and Equality*, Basic Books（山口晃訳『正義の領分——多元性と平等の擁護』而立書房, 1999）.

1章 国民の受益・負担と政府の大きさ
—— アンケート調査の結果と計量分析*

橘木俊詔・岡本章・川出真清・畑農鋭矢・宮里尚三

1. はじめに

　わが国の財政状況は先進国の中で最も厳しい状況にある．そのような中，少子高齢化が今後ますます進展することもあり，国民負担の増大が避けられないものとなっている．「社会保障の給付と負担の見通し」（厚生労働省 2004 年）によると仮に現行の制度に変更がない場合，社会保障にかかる国民負担は 2004 年度の 78 兆円（対国民所得比 21.5％）から 2015 年度には 119 兆円（対国民所得比 26.5％）となり，2025 年度には 155 兆円（対国民所得比 29.5％）となることが予想されている．また，「平成 17 年度予算の編成等に関する建議」（財政制度等審議会 2004 年）に基づき，財政赤字および社会保障以外の租税負担の対国民所得比が近年の水準と等しいものとして，潜在的国民負担率（租税・社会保障負担と財政赤字の和の対国民所得比）を算出してみると，潜在的国民負担率は 2004 年度の 40％台半ばから 2025 年度には約 56％ に上昇することになる．
　租税や社会保障の負担の増大が労働インセンティブにマイナスの影響を与え

＊　本章を作成するのに際し，経済産業研究所の吉冨勝前所長，細谷祐二前研究調整ディレクター，川本明研究調整ディレクター，山崎伸彦コンサルティングフェローから有益なコメントを頂いた．ここに記して感謝を申し上げたい．残る本章の過誤は著者たちの責任である．

経済の活性化を妨げるという意見もあり，国民負担率（あるいは潜在的国民負担率）の増大をできるだけ回避するため，公共支出や社会保障制度の改革が断続的に行われている．しかしながら，年金，医療，介護といった社会保障制度から人々は一定の便益を得ているのも事実であるし，現在世代や将来世代にとって有益な社会資本も存在する．したがって国民負担率はどの程度が望ましいのかについて議論する際には，公共支出や社会保障制度からの受益も同時に考察しながら議論を進めることは重要であろう．私たちはこのような視点に立ちアンケート「公共支出と最適負担に関する国民の意識調査」を行った[1]（調査概容，内容は巻末資料を参照）．

本章ではまずアンケートの集計結果をもとに人々の公共支出や公共サービスに対する評価について特徴的な点をまとめるとともに，なぜそのような結果になったのかについての考察も行った．さらに本章では単純な集計結果からの解釈だけではなく，主成分分析の手法を用いて計量分析の観点からアンケート結果の考察を行った．

本章の構成は，第2節でアンケートの集計結果とその解釈について述べ，第3節で主成分分析による計量分析を行い，最後に第4節でまとめを述べる．なお，本章の図の出典はすべて経済産業研究所（2006）「最適負担に関する国民の意識調査報告書」である．

2. アンケート結果とその解釈

2.1 公共政策への評価

まず政府支出を今より増やすべきかどうかについて，社会保障，公共事業，文教および科学振興，防衛，治安の項目についてアンケートした．結果は図1-1のようになったが，今よりも政府支出を増やしたほうがよいと感じている項目は社会保障と治安である．「今より増やすべきだ」と「どちらかといえば

---

[1] 国民負担率に関しての分析やアンケートを行ったものには内閣府（2005），栗山ほか（2005）などがあるが，社会保障の便益や社会資本の便益を明示的に考慮しているわけではない．

図1-1 政府支出増減の考え

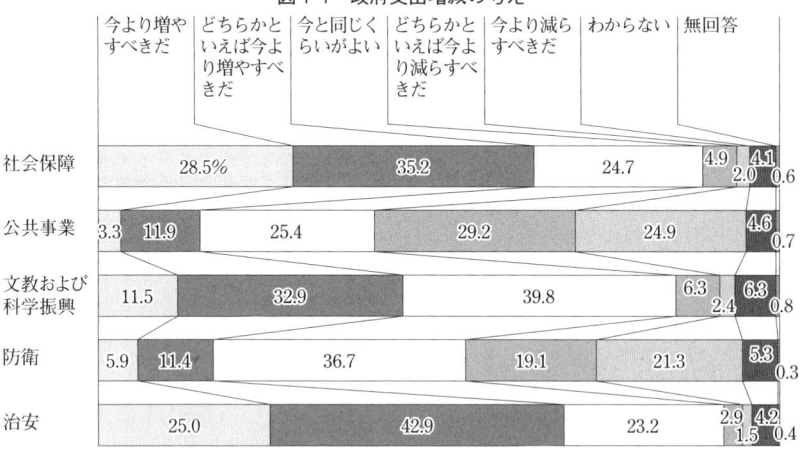

項目	今より増やすべきだ	どちらかといえば今より増やすべきだ	今と同じくらいがよい	どちらかといえば今より減らすべきだ	今より減らすべきだ	わからない	無回答
社会保障	28.5%	35.2	24.7	4.9	2.0	4.1	0.6
公共事業	3.3	11.9	25.4	29.2	24.9	4.6	0.7
文教および科学振興	11.5	32.9	39.8	6.3	2.4	6.3	0.8
防衛	5.9	11.4	36.7	19.1	21.3	5.3	0.3
治安	25.0	42.9	23.2	2.9	1.5	4.2	0.4

　今より増やすべきだ」をあわせると社会保障の項目では63.7％, 治安の項目では67.9％の人が政府支出を「増やすべきだ」と考えている. 一方, 公共事業や防衛費の項目では今より減らしたほうがよいと感じている人が多く, 公共事業費では54.1％と過半数が政府支出を「減らすべきだ」と考えている. この結果から, 政府支出の中でも社会保障や治安といった人々に安心を与えるであろうと考えられる項目について, 国民は必要性を感じている反面, 将来世代にも一定の便益を与えると思われる公共事業については必要性が低いと感じているようである. これは, すでに多くの社会資本が整備され, 将来世代にも便益をもたらす有益な公共事業がなくなってきたと国民が考えているからと予想される.

　また社会保障の項目について年代別の結果（図1-2参照）を簡単にまとめると,「今より増やすべきだ」と「どちらかといえば今より増やすべきだ」をあわせた数値で最も高いのは40歳代で71.3％となっている. 20歳代は67.4％, 30歳代で67.7％, 50歳代で66.4％となっており, 若い世代でその数値が大幅に低くなることはなかった. 逆に60歳以上でその数値が最も低く53.7％となっている. この結果は高齢者のみが社会保障の必要性を強く感じていると一概には言えないことを示している.

　次に公共政策等への政府関与についてのアンケート結果（図1-3参照）を見

1章　国民の受益・負担と政府の大きさ

図1-2　政府支出増減への考え・社会保障（年代別）

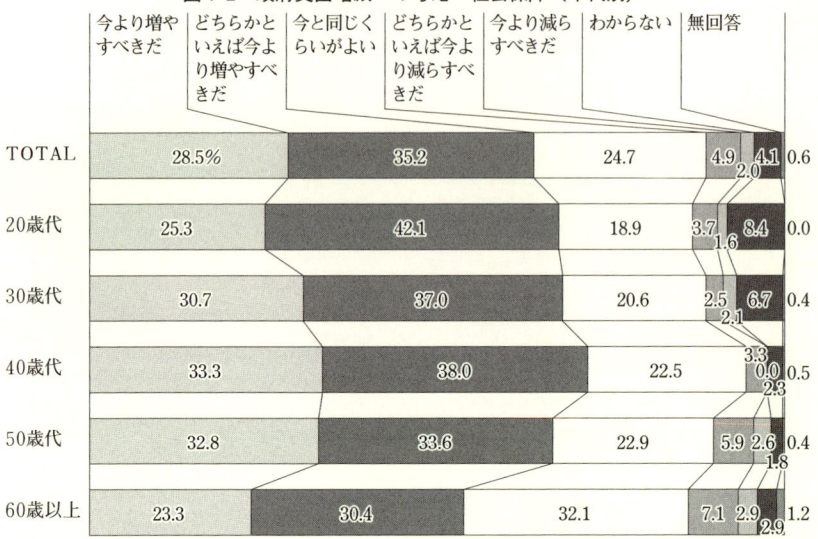

	今より増やすべきだ	どちらかといえば今より増やすべきだ	今と同じくらいがよい	どちらかといえば今より減らすべきだ	今より減らすべきだ	わからない	無回答
TOTAL	28.5%	35.2	24.7	4.9	2.0	4.1	0.6
20歳代	25.3	42.1	18.9	3.7	1.6	8.4	0.0
30歳代	30.7	37.0	20.6	2.5	2.1	6.7	0.4
40歳代	33.3	38.0	22.5	3.3	0.0	2.3	0.5
50歳代	32.8	33.6	22.9	5.9	1.8	2.6	0.4
60歳以上	23.3	30.4	32.1	7.1	2.9	2.9	1.2

てみる．政府が関与する項目は貧富の差の是正，年金，医療，介護，社会資本整備，教育の6項目である．「今は過小であり，政府がより積極的に行うべきである」と「やや過小であり，政府がより積極的に行うべきである」を足し合わせた数値で最も高いのは年金で71.9％と7割を超えている．また医療では60.7％，介護では61.6％とその数値は6割を超え，教育は6割を超えないものの57.5％と過半数を超えている．一方，貧富の差の是正では40.2％と低くなり，社会資本整備においては26.6％と最も低い値となっている．このことから先ほどと同じように，公共事業や社会資本整備に対して国民は積極的に行う必要は感じてないといえよう．逆に年金，医療，介護といった社会保障に対してはより積極的に政府が関与すべきであると感じているようである．しかしながら貧富の差の是正については年金，医療，介護より政府の積極的な関与の必要性を強く感じていない結果となっている．これは，国民が所得や資産の変動リスクを再分配政策を通じて回避することを，長生きのリスクや病気になるリスクの回避よりも重視していないともいえる[2]．

---

2) 再分配政策をどういった人が支持するかについての理論的・実証的考察は大竹（2005）において詳しくなされている．

図1-3 公共政策等への政府関与に対する考え方

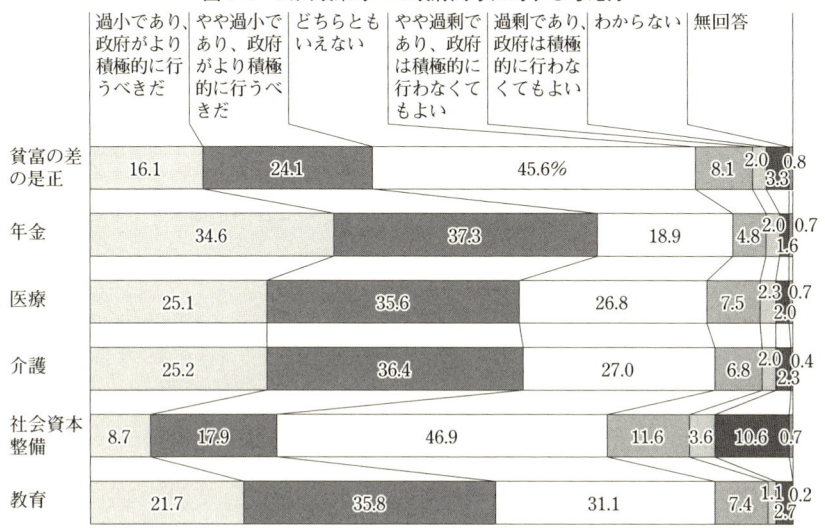

	過小であり、政府がより積極的に行うべきだ	やや過小であり、政府がより積極的に行うべきだ	どちらともいえない	やや過剰であり、政府は積極的に行わなくてもよい	過剰であり政府は積極的に行わなくてもよい	わからない	無回答
貧富の差の是正	16.1	24.1	45.6%	8.1	2.0	3.3	0.8
年金	34.6	37.3	18.9	4.8	2.0	1.6	0.7
医療	25.1	35.6	26.8	7.5	2.3	2.0	0.7
介護	25.2	36.4	27.0	6.8	2.0	2.3	0.4
社会資本整備	8.7	17.9	46.9	11.6	3.6	10.6	0.7
教育	21.7	35.8	31.1	7.4	1.1	2.7	0.2

図1-4 公共政策等への満足度

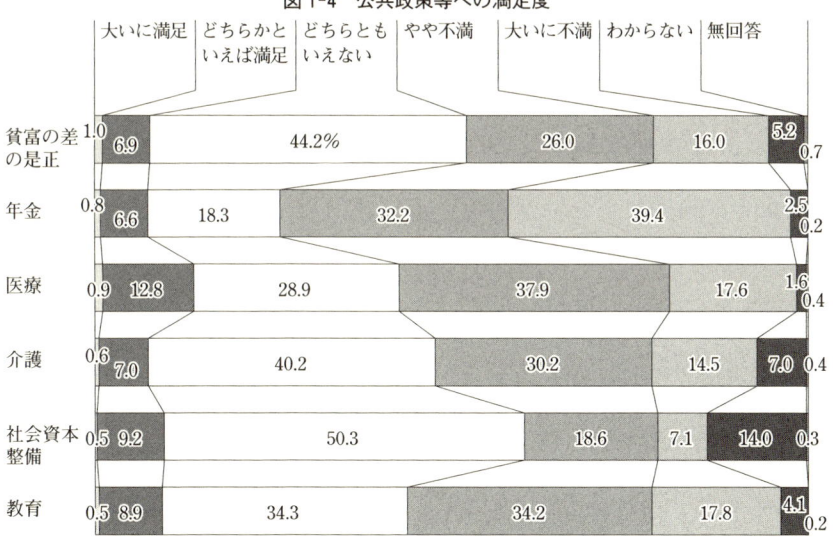

	大いに満足	どちらかといえば満足	どちらともいえない	やや不満	大いに不満	わからない	無回答
貧富の差の是正	1.0	6.9	44.2%	26.0	16.0	5.2	0.7
年金	0.8	6.6	18.3	32.2	39.4	2.5	0.2
医療	0.9	12.8	28.9	37.9	17.6	1.6	0.4
介護	0.6	7.0	40.2	30.2	14.5	7.0	0.4
社会資本整備	0.5	9.2	50.3	18.6	7.1	14.0	0.3
教育	0.5	8.9	34.3	34.2	17.8	4.1	0.2

また，公共政策や公共サービスに対する満足度を見てみると（図1-4参照），人々は公共政策や公共サービスに対してあまり満足していないようである．「やや不満」と「大いに不満」を足し合わせた数値をみると最も高いのは年金

図 1-5 給付水準と保険料負担のあり方への考え（年代別）

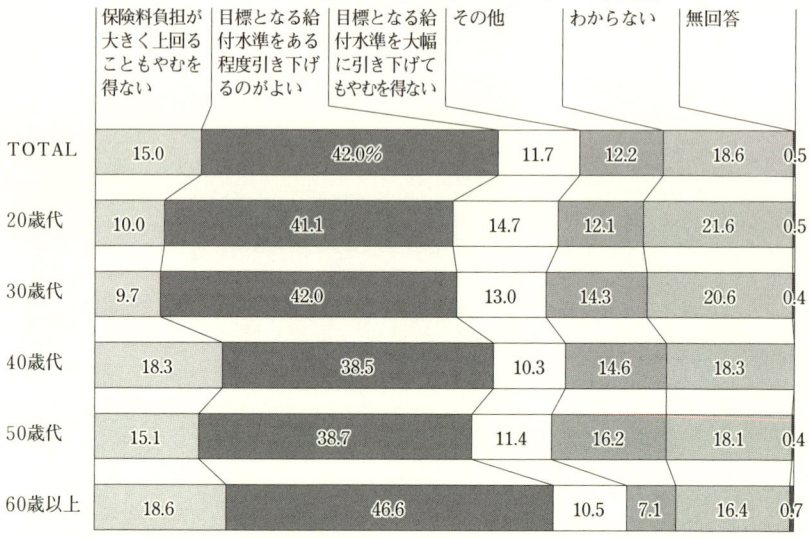

	保険料負担が大きく上回ることもやむを得ない	目標となる給付水準をある程度引き下げるのがよい	目標となる給付水準を大幅に引き下げてもやむを得ない	その他	わからない	無回答
TOTAL	15.0	42.0%	11.7	12.2	18.6	0.5
20歳代	10.0	41.1	14.7	12.1	21.6	0.5
30歳代	9.7	42.0	13.0	14.3	20.6	0.4
40歳代	18.3	38.5	10.3	14.6	18.3	
50歳代	15.1	38.7	11.4	16.2	18.1	0.4
60歳以上	18.6	46.6	10.5	7.1	16.4	0.7

で71.6%となっている．年金では「大いに不満」がかなり高く39.4%となっている点も特徴的である．「やや不満」と「大いに不満」を足し合わせた数値が次に高いのが医療であり55.5%，3番目に高いのが教育で52%となっている．先ほどの公共政策等への政府関与に対する考えの結果と合わせて考えると，国民は年金，医療，教育に関する公共サービスに対し不満感が強く，政府がより積極的に関与すべきだと考えているようである．

2.2 年金・医療・介護への評価

2004年の年金改革では，厚生年金の保険料率を13.58%から毎年徐々に引き上げ，2017年に18.3%に達した後は，その率を維持し，一方で，年金の給付水準に関しては，現役世代の平均年収の50%を上回る水準を確保するとしている．この数字を踏まえ，仮に年金の給付水準が現役世代の平均年収の50%を下回りそうな状況になった場合，給付水準と保険料負担のあり方をどう考えるかについてアンケートした（図1-5参照）．まず全体では「目標となる給付水準をある程度引き下げるのがよい」が最も高く42.0%となっている．年齢別に見てみると，「保険料負担が大きく上回ることもやむを得ない」と答

図1-6 年金の保険料負担への考え（年代別）

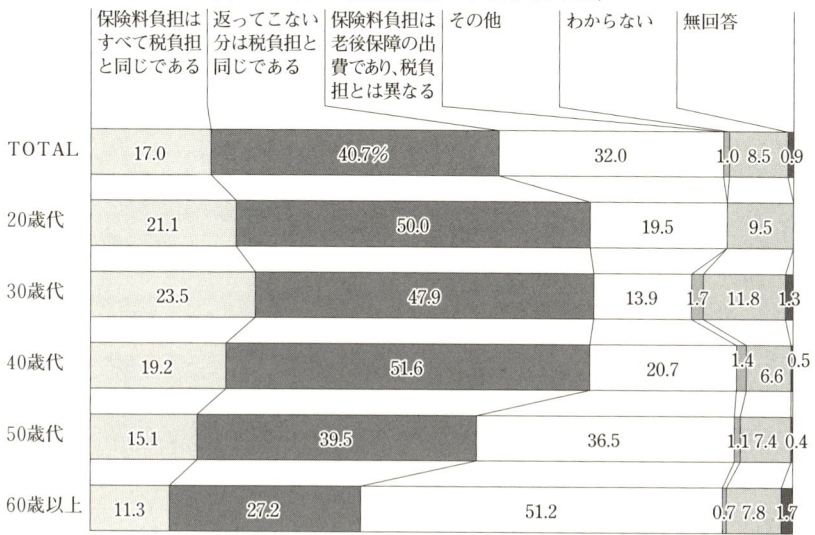

	保険料負担はすべて税負担と同じである	返ってこない分は税負担と同じである	保険料負担は老後保障の出費であり、税負担とは異なる	その他	わからない	無回答
TOTAL	17.0	40.7%	32.0	1.0	8.5	0.9
20歳代	21.1	50.0	19.5		9.5	
30歳代	23.5	47.9	13.9	1.7	11.8	1.3
40歳代	19.2	51.6	20.7	1.4	6.6	0.5
50歳代	15.1	39.5	36.5	1.1	7.4	0.4
60歳以上	11.3	27.2	51.2	0.7	7.8	1.7

えたのは20歳代（10.0％），30歳代（9.7％）より40歳代（18.3％），50歳代（15.1％），60歳以上（18.6％）で高くなっている．しかし年齢が高くなるにつれて保険料負担の上昇を支持しているかというとそうではなく，「目標となる給付水準をある程度引き下げるのがよい」と答えた人の比率が最も高い年代は60歳以上で46.6％となっている．とはいえ，40歳代と50歳代のその値はそれぞれ38.5％と38.7％であり，他の年代よりも低いものとなっている．これは，年金を受け取る年齢に近いと給付水準の引き下げには賛同しづらいことを表しているのであろう．60歳以上で高まるのは，すでに年金を受けており，既裁定者の受給額は引き下げることはないと解釈したのかもしれない．

次に年金の保険料負担についてのアンケート結果（図1-6参照）を見る．全体では年金の保険料は「返ってこない分は税負担と同じである」が最も多く40.7％となっている．一方，「保険料負担は老後保障の出費であり，税負担とは異なる」も多く32.0％となっている．しかし，年代別でみると状況はやや異なってくる．「返ってこない分は税負担と同じである」との答えが多いのは20歳代，30歳代，40歳代であり，それぞれ50.0％，47.9％，51.6％となっている．50歳代になるとその値は低下し39.5％となり，60歳以上では27.2

1章 国民の受益・負担と政府の大きさ

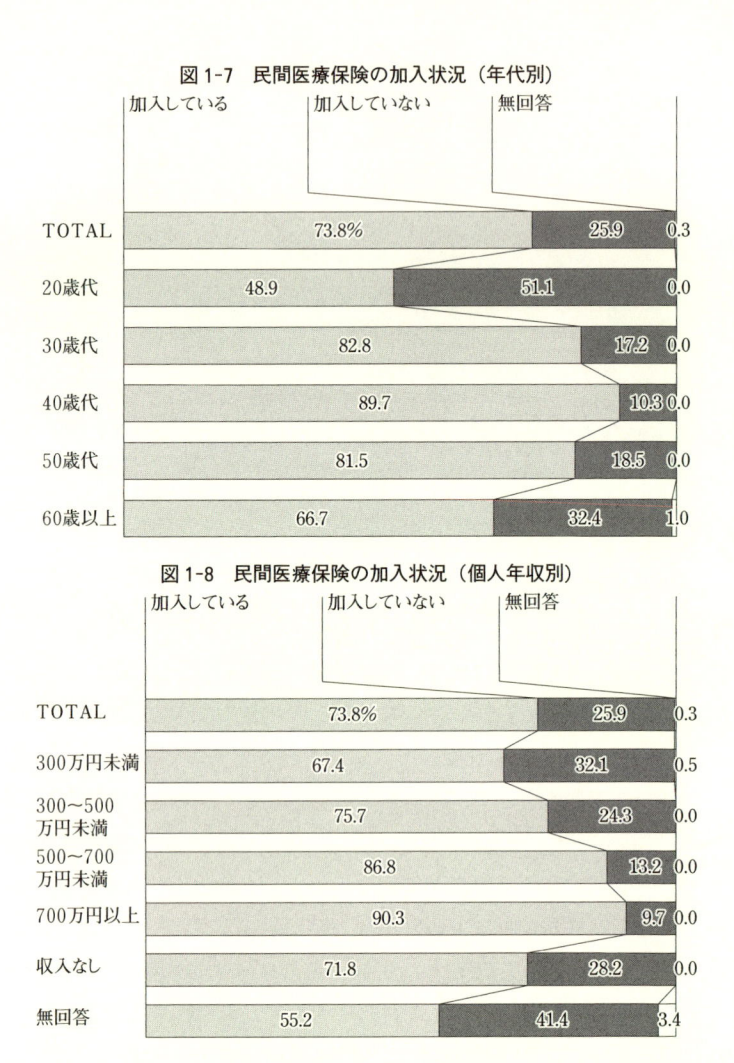

図1-7 民間医療保険の加入状況（年代別）

	加入している	加入していない	無回答
TOTAL	73.8%	25.9	0.3
20歳代	48.9	51.1	0.0
30歳代	82.8	17.2	0.0
40歳代	89.7	10.3	0.0
50歳代	81.5	18.5	0.0
60歳以上	66.7	32.4	1.0

図1-8 民間医療保険の加入状況（個人年収別）

	加入している	加入していない	無回答
TOTAL	73.8%	25.9	0.3
300万円未満	67.4	32.1	0.5
300～500万円未満	75.7	24.3	0.0
500～700万円未満	86.8	13.2	0.0
700万円以上	90.3	9.7	0.0
収入なし	71.8	28.2	0.0
無回答	55.2	41.4	3.4

％まで低下する．逆に「保険料負担は老後保障の出費であり，税負担とは異なる」と答えたのは20歳代，30歳代，40歳代で低く，それぞれ19.5％，13.9％，20.7％となっている．一方，50歳代ではその値は36.5％となり，60歳以上では51.2％に達する．以上の結果は20歳代，30歳代，40歳代では年金の生涯の純受益がマイナスになると感じていることの表れかもしれない[3]．社会保障全般で質問した場合には世代間での意見の差はそれほど出ていないが，

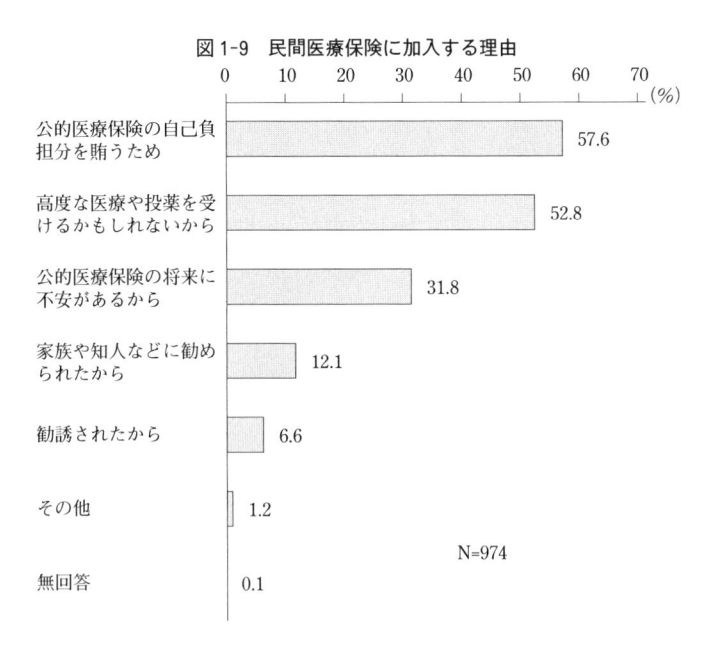

図1-9 民間医療保険に加入する理由

理由	%
公的医療保険の自己負担分を賄うため	57.6
高度な医療や投薬を受けるかもしれないから	52.8
公的医療保険の将来に不安があるから	31.8
家族や知人などに勧められたから	12.1
勧誘されたから	6.6
その他	1.2
無回答	0.1

N=974

年金の保険料負担に関しては世代間での意見の相違が大きいのが特徴的である．

次に民間の医療保険や介護保険の利用状況や利用理由のアンケート結果（図1-7，図1-8参照）を見てみる．民間の医療保険（生命保険の特約も含む）の加入率は全体で73.8％となっている．年齢別では，20歳代で48.9％，30歳代で82.8％，40歳代で89.7％，50歳代で81.5％，60歳以上で66.7％が加入している．また個人年収別で見ると，300万円未満では67.4％，300～500万円未満では75.7％，500～700万未満では86.8％，700万円以上では90.3％と年収が高くなるにつれて加入率が高まることが読み取れる．

次に民間医療保険に加入する理由と加入していない理由について見てみる（図1-9，図1-10参照）．まず加入する理由であるが，「公的医療保険の自己負担分を賄うため」が57.6％と最も多く，次に「高度な医療や投薬を受けるか

---

3) 八田・小口（1999）においては，1962年生まれ以前の世代は生涯の純受益がプラスであるがそれ以降の世代はマイナスになると試算している．その後，年金制度が何度か改革されたので，若干の変化はあると思われるが，現在の40歳代より上の世代は純受益がプラスで，それより若い世代ではマイナスというのは変わらないと思われる．

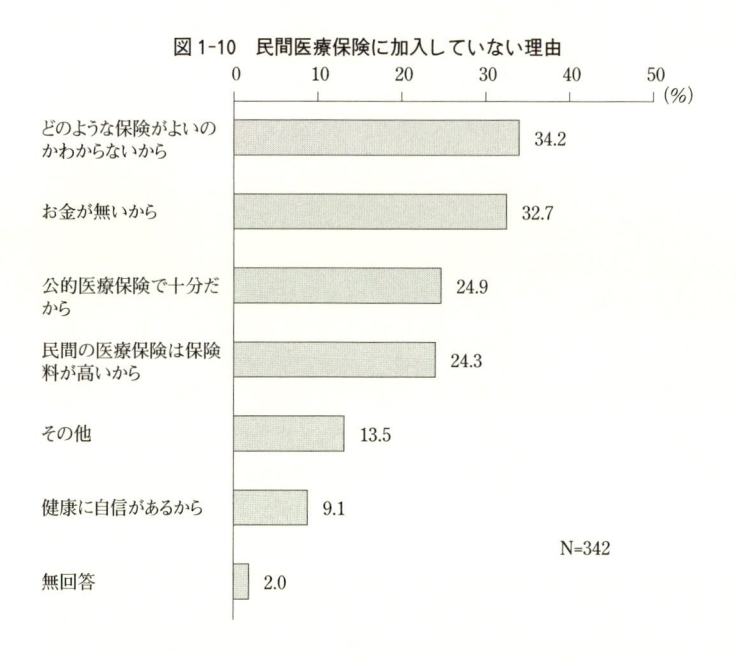

図 1-10 民間医療保険に加入していない理由

- どのような保険がよいのかわからないから: 34.2
- お金が無いから: 32.7
- 公的医療保険で十分だから: 24.9
- 民間の医療保険は保険料が高いから: 24.3
- その他: 13.5
- 健康に自信があるから: 9.1
- 無回答: 2.0

N=342

もしれないから」が 52.8％，「公的医療保険の将来に不安があるから」が 31.8％と続いている．逆に加入しない理由は「どのような保険がよいのかわからないから」が最も多く 34.2％，次に「お金がないから」が 32.7％，「公的医療保険で十分だから」は 24.9％であり，「民間の医療保険は保険料が高いから」が 24.3％となっている．この結果から，民間医療保険は公的医療保険を補助する役割という認識で加入しているようである．逆を言えば公的医療保険に対しての国民の評価はそれほど低くないといえよう．

一方，民間介護保険の加入状況を見てみると（図 1-11 参照），加入していない人が 82.5％と 8 割強を占めており，民間医療保険と比べると加入率はまだまだ低いようである．年齢別では 20 歳代で 5.3％，30 歳代で 11.8％，40 歳代で 20.2％，50 歳代で 19.9％，60 歳以上で 21.6％と年代が高くなるにつれて，加入率も高まっている．民間医療保険では 60 歳以上の加入率は 40 歳代，50 歳代より低下し加入率のピークは 40 歳代であったが，民間介護保険では 60 歳以上で加入率が落ちることはなく，最も加入率が高くなるのが 60 歳以上となっている．介護は一般的に長期間の処置が必要となることから，高齢期におい

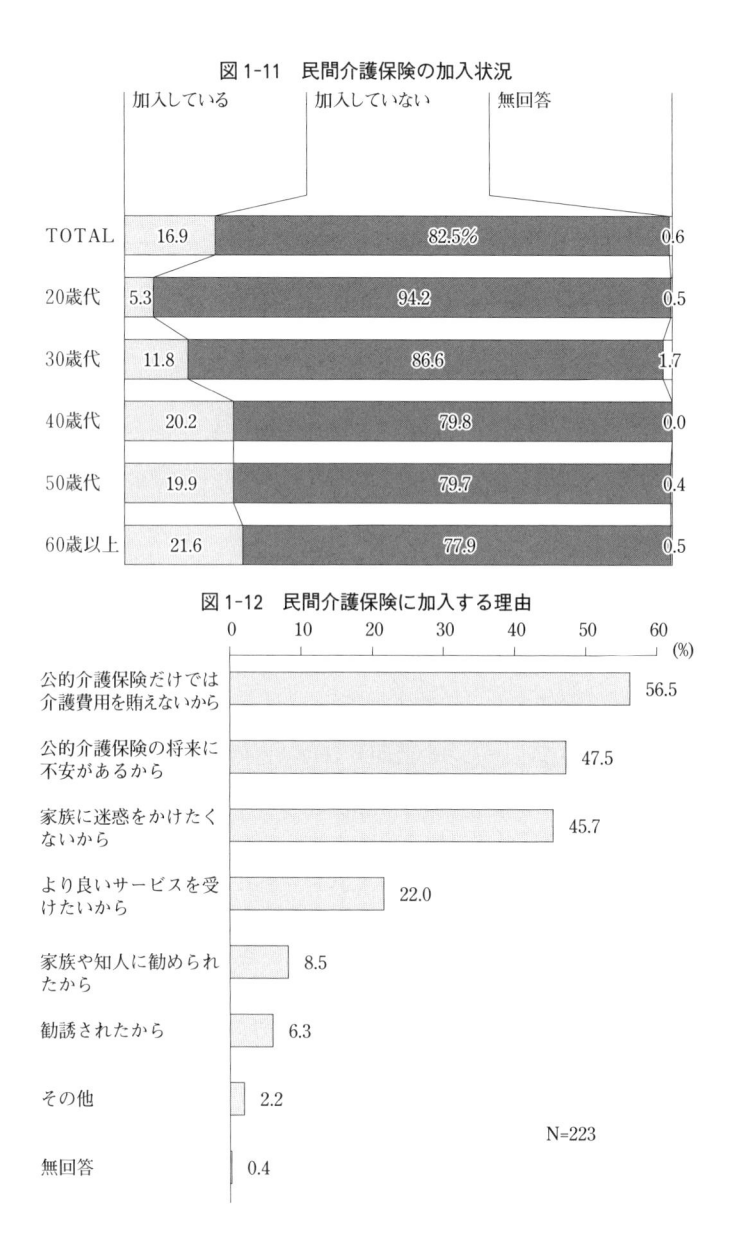

図1-11 民間介護保険の加入状況

	加入している	加入していない	無回答
TOTAL	16.9	82.5%	0.6
20歳代	5.3	94.2	0.5
30歳代	11.8	86.6	1.7
40歳代	20.2	79.8	0.0
50歳代	19.9	79.7	0.4
60歳以上	21.6	77.9	0.5

図1-12 民間介護保険に加入する理由

	(%)
公的介護保険だけでは介護費用を賄えないから	56.5
公的介護保険の将来に不安があるから	47.5
家族に迷惑をかけたくないから	45.7
より良いサービスを受けたいから	22.0
家族や知人に勧められたから	8.5
勧誘されたから	6.3
その他	2.2
無回答	0.4

N=223

ては介護されるリスクに対して人々がより敏感に反応している表れともいえよう．

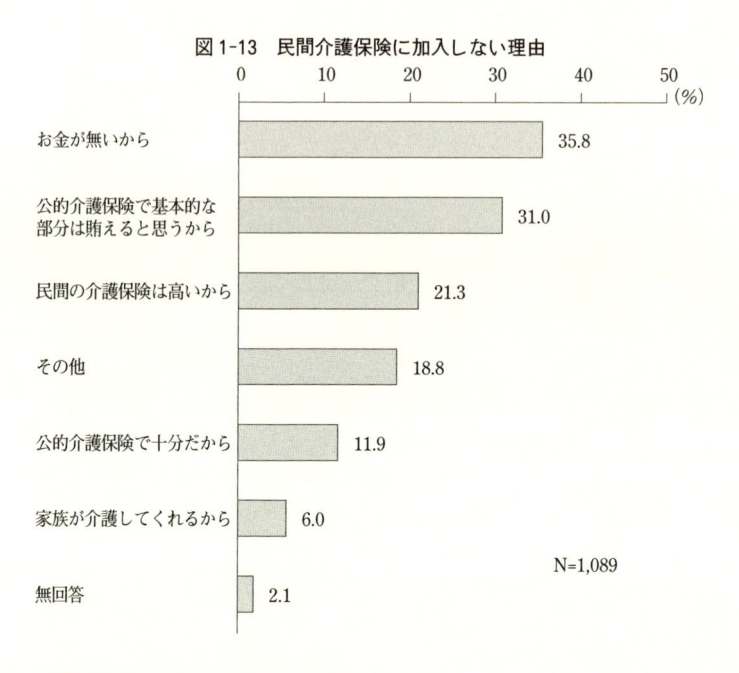

図 1-13　民間介護保険に加入しない理由

理由	%
お金が無いから	35.8
公的介護保険で基本的な部分は賄えると思うから	31.0
民間の介護保険は高いから	21.3
その他	18.8
公的介護保険で十分だから	11.9
家族が介護してくれるから	6.0
無回答	2.1

N=1,089

　次に民間介護保険に加入する理由と加入していない理由について見てみる（図1-12，図1-13参照．これらの設問も複数回答可となっている）．まず加入する理由では，「公的介護保険だけでは介護費用を賄えないから」が56.5％，「公的介護保険の将来に不安があるから」が47.5％，「家族に迷惑をかけたくないから」が45.7％，「より良いサービスを受けたいから」が22.0％などとなっている．逆に加入しない理由は「お金がないから」が35.8％，「公的介護保険で基本的な部分は賄えると思うから」が31.0％，「民間の介護保険は高いから」が21.3％，「公的介護保険で十分だから」が11.9％などとなっている．加入していない理由を医療保険と比べると，「お金がないから」との答えが介護保険のほうで高くなっており，逆に「公的保険（公的医療保険または公的介護保険）で十分だから」は介護保険のほうが低くなっている．このことから，公的介護保険は公的医療保険に比べ十分に整備されていないと国民の多くは感じているが，経済的な理由により民間の介護保険への加入は断念しているのではないかと思われる．

　次に社会保障の運営についての考えについて見る（図1-14参照）．「すべて

図1-14 社会保障の運営についての考え

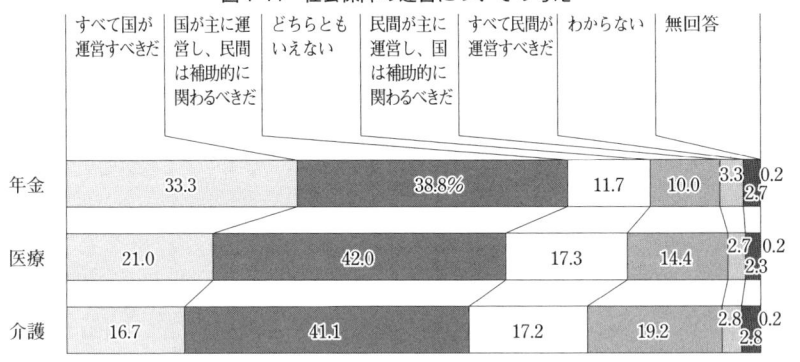

	すべて国が運営すべきだ	国が主に運営し，民間は補助的に関わるべきだ	どちらともいえない	民間が主に運営し，国は補助的に関わるべきだ	すべて民間が運営すべきだ	わからない	無回答
年金	33.3	38.8%	11.7	10.0	3.3	2.7	0.2
医療	21.0	42.0	17.3	14.4	2.7	2.3	0.2
介護	16.7	41.1	17.2	19.2	2.8	2.8	0.2

国が運営すべきだ」と「国が主に運営し，民間は補助的に関わるべきだ」を足し合わせた値は，年金で72.1%，医療で63.0%，介護で57.8%といずれも過半数を超えている．特に年金では7割強となっている．この結果から，社会保障の運営について国民の国への期待が高いことがわかる．項目別では年金に対する期待がかなり高いものとなっているのが特徴的である．また介護については国への期待が過半数を超えるものの，「民間が主に運営し，国は補助的に関わるべきだ」との意見も19.2%と2割近くになっており，民間のサービスがすでに導入されている介護では他の項目に比べ民間への期待が少なからずあることも特徴的である．

2.3 社会資本への評価と費用負担

社会資本への評価は，生活基盤型である学校，下水道，賃貸住宅，水道，公園，社会教育，廃棄物処理の項目に絞ってアンケートを行った．生活基盤型に絞った理由はそれらの社会資本は生産基盤型に比べて整備がまだまだ進んでいないと思われているからである．アンケート結果を見てみる（図1-15参照）．いずれの項目も「現状の負担で，これまでどおり維持整備を進める」が最も高い回答であるが，学校，社会教育，廃棄物処理に関しては「負担がある程度増えても，早急に維持整備する」と答える比率も比較的高く，値は学校で25.8%，社会教育で24.4%，廃棄物処理で37.6%となっている．一方，「負担が増えるなら，維持整備が遅れてもやむをえない」と答える比率が高くなってい

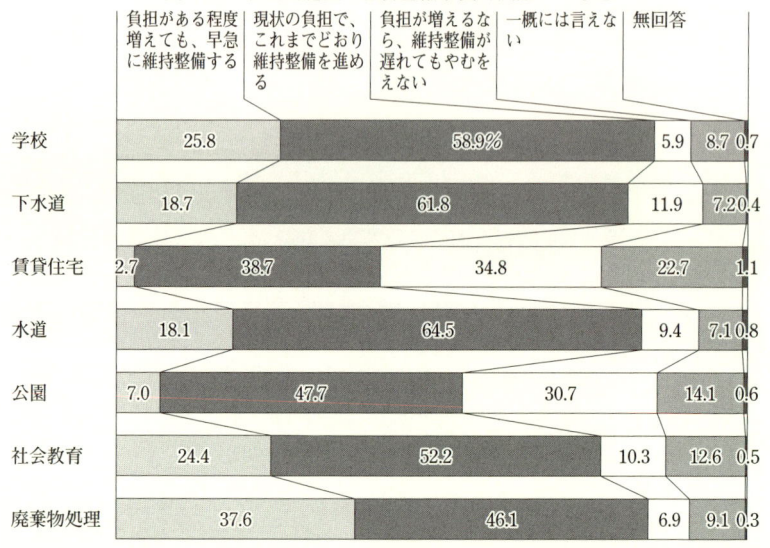

図1-15 社会的施設の維持整備や費用負担への考え

	負担がある程度増えても、早急に維持整備する	現状の負担で、これまでどおり維持整備を進める	負担が増えるなら、維持整備が遅れてもやむをえない	一概には言えない	無回答
学校	25.8	58.9%		5.9	8.7 0.7
下水道	18.7	61.8	11.9	7.2	0.4
賃貸住宅	2.7	38.7	34.8	22.7	1.1
水道	18.1	64.5	9.4	7.1	0.8
公園	7.0	47.7	30.7	14.1	0.6
社会教育	24.4	52.2	10.3	12.6	0.5
廃棄物処理	37.6	46.1	6.9	9.1	0.3

るのは賃貸住宅と公園で，それぞれ34.8%と30.7%となっている．これらの結果から，人々は生活基盤型の社会資本の中でも住宅については整備が不足しているとはあまり感じておらず，一方，教育や環境に関する社会資本の整備は不十分であると感じているようである．

次に社会資本（アンケート調査では社会的施設という表現を用いている）の整備にかかる費用負担の考えについての結果を見てみる（図1-16参照）．まず全体では「利用者（受益者）が負担すべきである」と「どちらかといえば，利益者（受益者）負担が望ましい」を足し合わせた値は56.7%であり，「税金によって負担すべきである」と「どちらかと言えば，税金による負担が望ましい」を足し合わせた値33.6%より高い．年収別に見ると前者の値は年収が高くなるにつれて高い値になる傾向があり，一方，後者の値は年収が低くなるにつれて高い値になる傾向がある．この結果は，高所得になるほど受益と負担のリンクを好む傾向があり，逆に低所得者になるほど受益と負担がリンクすることを好まない傾向があると言い換えることができよう．

図1-16 社会的施設の維持整備や費用負担の方法への考え（個人年収別）

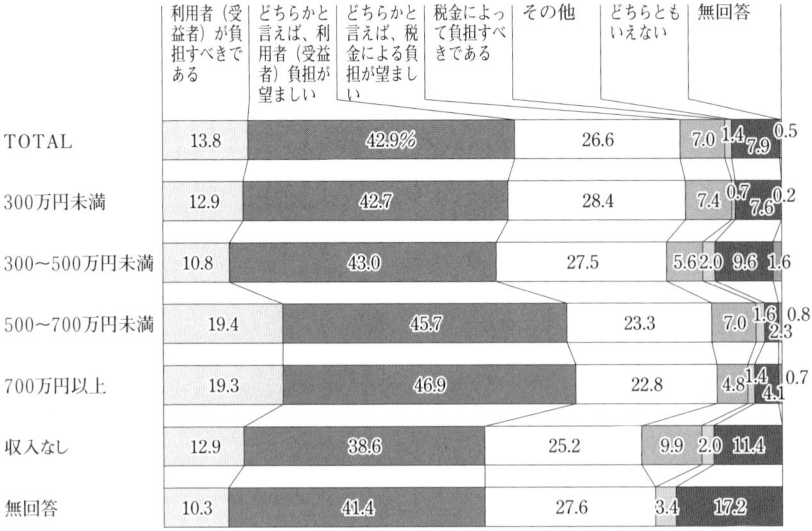

	利用者（受益者）が負担すべきである	どちらかと言えば、利用者（受益者）負担が望ましい	どちらかと言えば、税金による負担が望ましい	税金によって負担すべきである	その他	どちらともいえない	無回答
TOTAL	13.8	42.9%	26.6	7.0	1.4	7.9	0.5
300万円未満	12.9	42.7	28.4	7.4	0.7	7.6	0.2
300～500万円未満	10.8	43.0	27.5	5.6	2.0	9.6	1.6
500～700万円未満	19.4	45.7	23.3	7.0	1.6	2.3	0.8
700万円以上	19.3	46.9	22.8	4.8	1.4	4.1	0.7
収入なし	12.9	38.6	25.2	9.9	2.0	11.4	
無回答	10.3	41.4	27.6	3.4		17.2	

2.4 国民負担や財源徴収方法についての考え

　国民負担についてのアンケートであるが，まず潜在的国民負担率の定義を説明し，2005年度のわが国の潜在的国民負担率が約45％（1人当たりの負担額は約130万円）であること，さらに2025年度には約56％（1人当たりの負担額は約240万円）になる推計が公表されているといった情報を提示した．さらに国際的に見てわが国の潜在的国民負担率の水準と他の国の水準を比較できるようにアメリカ（2002年で37.8％），イギリス（2002年で49.4％），ドイツ（2002年で58.4％），フランス（2002年で68.2％），スウェーデン（2002年で71.4％）の潜在的国民負担率の情報を提示した．そのうえで，わが国の潜在的国民負担率をどの程度までなら許容できるかについてアンケートした（図1-17参照）．結果は「40％～50％」が最も多く，3割を占めている．次に多いのが「30％～40％」で17.8％，その次は「50％～60％」で12.8％となっている（ただし，「わからない」が28.1％と高くなっている点は留意する必要があろう）．ここで，単純な集計結果をみると，潜在的国民負担率の許容範囲は50％以下という意見が50％以上でもよいという意見を上回っているようである．

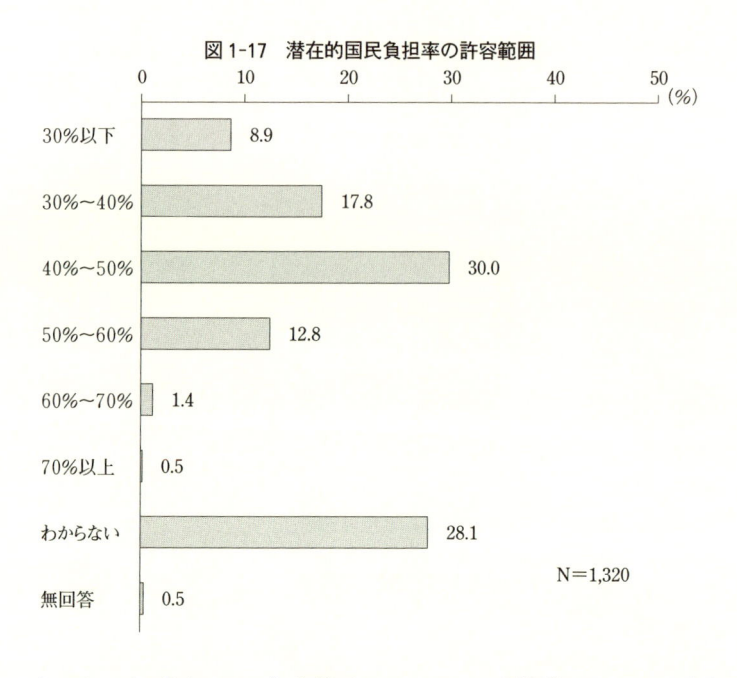

図1-17 潜在的国民負担率の許容範囲

- 30%以下　8.9
- 30%～40%　17.8
- 40%～50%　30.0
- 50%～60%　12.8
- 60%～70%　1.4
- 70%以上　0.5
- わからない　28.1
- 無回答　0.5

N＝1,320

　このことから，わが国では，北欧諸国やヨーロッパ大陸諸国のように政府サービス維持のために高負担を受け入れるという考えは多数意見ではないことが予想される．これは，今までのアンケート回答で社会保障に対して政府への期待が高い結果と矛盾するように思われるが，公共事業などへの支出を抑えながら社会保障制度を維持していくと考えているのであれば矛盾しないといえる．

　次に国民負担や社会負担のあり方についてである（図1-18参照）．「政府の無駄な出費が多く，公共サービスは非効率である」という設問に対する回答は「大いに賛成」と「どちらかというと賛成」を足し合わせた値が80.6％と8割にも達する．この設問については「大いに賛成」が過半数を占めるのも特徴的である．また，「社会保障制度を維持する必要がある」という設問に対して「大いに賛成」と「どちらかというと賛成」を足し合わせた値は78.1％と高い．一方，「政府に頼らず自分の事は自分で行う」という設問ではそれらを足し合わせた値は37.2％と低くなっており，また「公共サービスには安心感がある」という設問では28.6％とさらに低くなっている．これらの結果からも，国民の社会保障への期待は高く制度を維持する必要が高いと感じているといえよう．

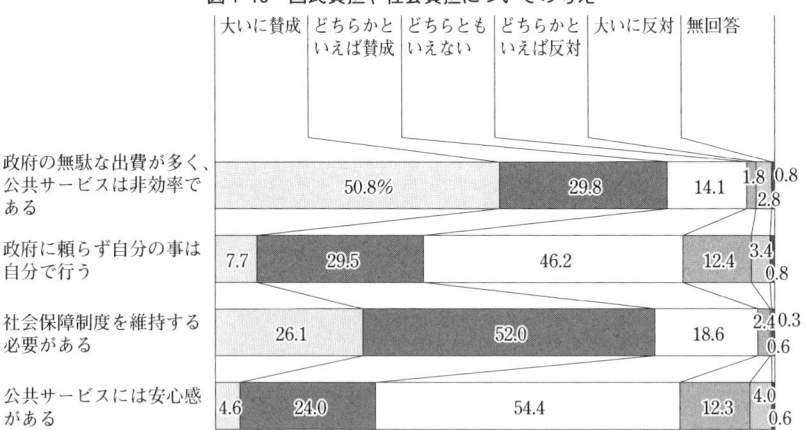

図1-18 国民負担や社会負担についての考え

	大いに賛成	どちらかといえば賛成	どちらともいえない	どちらかといえば反対	大いに反対	無回答
政府の無駄な出費が多く、公共サービスは非効率である	50.8%	29.8	14.1	1.8	0.8	2.8
政府に頼らず自分の事は自分で行う	7.7	29.5	46.2	12.4	3.4	0.8
社会保障制度を維持する必要がある	26.1	52.0	18.6	2.4	0.3	0.6
公共サービスには安心感がある	4.6	24.0	54.4	12.3	4.0	0.6

しかし一方で政府の出費には無駄が多いと感じており，国民はできる限り政府の無駄な出費を抑えたうえで社会保障制度を維持すべきだと思っているようである．また公共サービスに安心感はあまり抱いていないようであるが，しかしながら政府に頼らず自助努力でという考えを多数の人が持っているわけでもなさそうである．これは政府サービスに対して期待はしているものの，現状では安心感を得られるサービスではないと感じているということもできるだろう．

最後に社会保障制度を維持するための財源の徴収方法についてのアンケート結果（図1-19参照）を見てみる．結果は年金，医療，介護のどの項目でも最も望ましい財源の徴収方法は社会保険料となっている[4]．ここで，社会保障制度を維持する上での財源として有力視されているのは消費税であるが，アンケート結果では消費税を徴収方法として回答した比率が低いのが特徴的である．この結果は，社会保障に対しては給付を得るためには拠出をしなければいけないという給付対反対給付の原則に関して国民が重きを置いていると解釈することもできるだろう．

---

[4] 財源の徴収方法の設問は2つまでマルをつけてよい設問になっている．今回の集計の結果は2つマルをつけた場合も，1つだけマルをつけた場合も同じようにカウントして比率を求めている．したがって，2つマルをつけた場合に何らかのウェイト付けをするなら，結果が変わる可能性がある．しかし，今回の結果は社会保険料を支持する割合が非常に高いためウェイト付けをしても社会保険料が最も支持される結果になる可能性が高い．

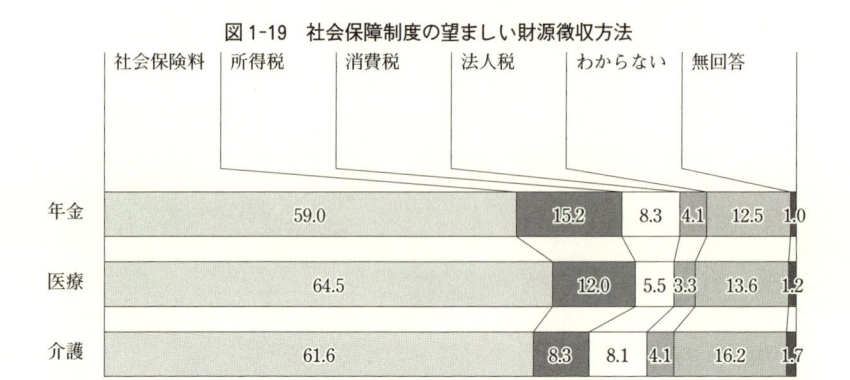

図1-19 社会保障制度の望ましい財源徴収方法

	社会保険料	所得税	消費税	法人税	わからない	無回答
年金	59.0		15.2	8.3	4.1	12.5	1.0
医療	64.5		12.0	5.5	3.3	13.6	1.2
介護	61.6		8.3	8.1	4.1	16.2	1.7

3. 主成分分析による計量分析

　今回のアンケートの特徴は，公共政策や社会保障に関する意識や評価などを様々な観点から質問している点である．このように多くの情報を持っているデータを分析するには，主成分分析を用いるのが有益である．主成分分析は，多次元データの共通の情報を集約し，評価する方法である．本分析を用いることで，回答者がアンケートを通じて主にどのようなことを述べているかを統計的に求め，回答者の属性別の相対的相違も評価することができる．以下では，主成分分析を簡単に説明した後[5]，分析結果，考察を述べる．

3.1　主成分分析の概要

　主成分分析は，多次元データの情報を複数の主要な情報へと集約し，その重要度に合わせて順序づけする方法である．特定の説明変数を用いる回帰分析とは異なり，主成分分析ではデータ変数間の主要な情報を集約した新しい変数（主成分）を求める．その際，主成分は複数得られ，各主成分の情報は互いに独立している．また，その情報集約の程度も数量的に表される．特に，回帰分析などと異なる特徴として，得られた要因の意味を分析者がその結果から読み取る点が挙げられる．

　アンケート自身は，様々な回答を個々に評価・検討できるが，それらを集約

---

5)　主成分分析の計算方法については補論を参照のこと．

する際には困難を伴うことも多い．主成分分析はデータの中から互いに異なる主要な情報を主成分として求めることができる．そのため，アンケートの全体を通じてどのような意見が提示され，その特徴は何かを求める際に有用である．

また，主成分分析では，回答者個人の相対的な立場を主成分得点として求めることができる．この主成分得点を用いることで，個人の属性によって，どのような意見の相違が見られるかを評価することもできる．その意味で，アンケートの主要な情報を求めるのみならず，各個人および各属性による性格の違いなども考察できる[6]．

3.2 データの詳細

データはアンケートの個票データを用いている．分析では，選択肢の順序が，各質問における相対的態度の順になっていることを利用している．なお，統計上の順序尺度にも相当しない回答（例えば，『無回答』や『その他』など）をした回答者は適宜標本からはずした．属性が無回答の場合も標本からはずした．属性情報がすべて入手可能であった標本数は1232であり，各質問事項の基本記述統計を表1-1に示した．アンケートでは様々な属性情報を聞いているが，主成分分析による相対的特性評価の際には，性別，年齢，世帯年収，最終学歴を用いた．

3.3 主成分分析の基本結果

本分析では，できるだけ多くの情報を引き出すため，趣旨が類似した質問をまとめて主成分分析した．主成分の採用にあたっては固有値が1以上のものを用いるが，条件を満たす固有値が1つしかない場合などは0.95を超えるものも参考として用いた．各主成分の意味は，各質問内容と各主成分のウェイトベクトルの符号や大きさによって，分析者が妥当なものを類推している．その意味については，分析者が客観的評価を行ったつもりだが，主観的判断を完全に排除できない点に留意してほしい．なお，分析の性質上，得られた主成分の意味が明確ではないこともある．そのような分析結果は採用していない．

[6) 主成分分析を用いた分析には大村・首藤・増子 (2001)，佐藤 (2002)，内閣府国民生活局物価政策課 (2003)，峯岸 (2004) などがある．

表 1-1　各質問における基本記述統計

質問		標本数	最大値	最小値	平均値	標準偏差
問1	公的部門の大きさへの関心	1135	4	1	2.02	0.71
問2	政府支出の増減への考え					
	社会保障	1177	5	1	2.11	0.97
	公共事業	1168	5	1	3.63	1.11
	文教および科学振興	1148	5	1	2.53	0.89
	防衛	1164	5	1	3.41	1.14
	治安	1177	5	1	2.09	0.87
問3-a	公共政策等への政府関与への考え					
	貧富の差の是正	1184	5	1	2.54	0.94
	年金	1204	5	1	2.00	0.96
	医療	1203	5	1	2.25	1.00
	介護	1200	5	1	2.22	0.98
	社会資本整備	1095	5	1	2.82	0.93
	教育	1197	5	1	2.30	0.94
問3-b	公共政策等への満足度					
	貧富の差の是正	1167	5	1	3.52	0.89
	年金	1199	5	1	4.08	0.96
	医療	1209	5	1	3.60	0.95
	介護	1141	5	1	3.55	0.86
	社会資本整備	1058	5	1	3.26	0.79
	教育	1182	5	1	3.63	0.91
問4	年金改革の認知度	1231	4	1	2.41	0.95
問5	給付水準と保険料負担のあり方への考え	851	3	1	1.95	0.62
問6	年金の保険料負担への考え	1110	3	1	2.17	0.72
問7	年金制度の変更に伴う勤労意欲の阻害の有無	908	2	1	1.56	0.50
問8	民間医療保険の加入状況	1229	2	1	1.25	0.43
問9	民間介護保険の加入状況	1225	2	1	1.83	0.37
問10	社会保障の運営についての考え					
	年金	1198	5	1	2.09	1.09
	医療	1203	5	1	2.36	1.06
	介護	1196	5	1	2.50	1.08
問11	社会的施設の維持整備や費用負担への考え					
	学校	1120	3	1	1.78	0.55
	下水道	1140	3	1	1.92	0.58
	賃貸住宅	941	3	1	2.42	0.56
	水道	1138	3	1	1.90	0.54
	公園	1055	3	1	2.28	0.60
	社会教育	1073	3	1	1.84	0.61
	廃棄物処理	1118	3	1	1.66	0.61

問12	社会的施設整備の費用負担の方法への考え	1117	4	1	2.30	0.82
問13	潜在的な国民負担率の認知度	1227	4	1	3.12	0.79
問14	潜在的な国民負担率の許容範囲	890	6	1	2.76	1.00
問15	国民負担や社会負担についての考え					
	政府の無駄な出費が多く，公共サービスは非効率である	1225	5	1	1.74	0.95
	政府に頼らず自分の事は自分で行う	1224	5	1	2.74	0.90
	社会保障制度を維持する必要がある	1227	5	1	1.97	0.75
	公共サービスには安心感がある	1227	5	1	2.87	0.84
問16	社会保障制度の財源徴収方法の重視点					
	年金	1065	4	1	1.50	0.85
	医療	1048	4	1	1.37	0.75
	介護	1011	4	1	1.44	0.85
性別		1232	2	1	1.49	0.50
年齢		1232	12	2	7.34	3.14
世帯年収		1232	9	0	3.87	1.48
最終学歴		1232	5	1	3.82	0.99

　また，主成分得点の平均を属性間で比較することにより，属性別の考え方の相違を明らかにする．その際に注意すべきことは，主成分分析における属性間の相違はあくまでも相対的なものにすぎない点である．標本全体での主成分得点の平均はすべて0で基準化されており，標本全体の傾向をつかむことはできない．また，全体的傾向はすでに2節で詳細に述べられている．したがって，本分析の比較は標本全体の平均を基準とした属性間の相対的な差に焦点を当て，全体的な傾向を基準として各属性がどのような差異を持っているかに注目していることに留意してほしい．

① 政府支出への関心と政府規模への意識

　まず，政府支出への関心と政府規模への意識との関係を見るために，政策への認知や関心について質問した問1，問4，問13，受益と負担に関連した問5，問12，問14について主成分分析を行った．固有値が1を超えたのは2つあり，0.95を超えた固有値も1つあったので，それも参考に加えた．

　各主成分の意味は，表1-2に示された各主成分のウェイトベクトルを用いて，類推している．まず，表1-2のAにおけるウェイトベクトルをみると，問1『公的部門の大きさへの関心』，問4『年金改革の認知度』，問13『潜在的な国

表 1-2 各主成分のウェイトベクトル

	各主成分のウェイトベクトル		
	1	2	3
A. 政府支出への関心と規模			
公的部門の大きさへの関心（問1）	0.74	−0.05	0.02
年金改革の認知度（問4）	0.79	−0.14	−0.02
給付水準と保険料負担のあり方への考え（問5）	−0.04	−0.74	0.10
社会的施設整備の費用負担の方法への考え（問12）	0.07	0.30	0.95
潜在的な国民負担率の認知度（問13）	0.77	0.11	−0.06
潜在的な国民負担率の許容範囲（問14）	0.03	0.74	−0.28
B. 政府支出のあり方――政府支出の増減への考え（問2）			
社会保障	0.55	0.59	
公共事業	0.57	0.19	
文教および科学振興	0.60	0.34	
防衛	0.60	−0.64	
治安	0.67	−0.37	
C. 現状の政府支出の水準――公共政策等への政府関与への考え（問3-a）			
貧富の差の是正	0.53	−0.14	
年金	0.71	−0.32	
医療	0.81	−0.28	
介護	0.80	−0.20	
社会資本整備	0.66	0.47	
教育	0.53	0.71	
D. 現状の政策満足度――公共政策等への満足度（問3-b）			
貧富の差の是正	0.54	−0.55	
年金	0.71	−0.40	
医療	0.81	−0.10	
介護	0.76	0.08	
社会資本整備	0.61	0.50	
教育	0.58	0.51	
E. 公的年金制度に対する意識			
年金改革の認知度（問4）	0.57	0.25	−0.23
給付水準と保険料負担のあり方への考え（問5）	0.11	0.70	0.14
年金の保険料負担への考え（問6）	−0.05	−0.33	0.84
年金制度の変更に伴う勤労意欲の阻害の有無（問7）	0.32	0.50	0.50
民間医療保険の加入状況（問8）	0.69	−0.17	−0.03
民間介護保険の加入状況（問9）	0.63	−0.44	0.02
F. 社会資本のあり方――社会的施設の維持整備や費用負担への考え（問11）			
学校	0.61	0.30	
下水道	0.71	−0.51	
賃貸住宅	0.46	0.29	

水道	0.69	−0.51
公園	0.64	0.43
社会教育	0.63	0.46
廃棄物処理	0.52	−0.32

G. 財政政策の改革の方向性——国民負担や社会負担についての考え（問15）

政府の無駄な出費が多く，公共サービスは非効率である	−0.48	0.75
政府に頼らず自分の事は自分で行う	−0.61	0.17
社会保障制度を維持する必要がある	0.52	0.73
公共サービスには安心感がある	0.70	0.13

民負担率の認知度』がそれぞれ，0.74，0.79，0.77と正値で，かつ他のウェイトに比べ大きな値を取っている．また，質問項目は，認知度や関心が高い場合には，選択肢の値が小さくなる（例えば，問1では『非常に関心がある』は1，『全く関心がない』は4となっている．）ので，認知や関心が低いほど，第1主成分の得点が大きくなっている．したがって，第1主成分は政策への関心の低さを示していると考えられる．一方，同様の方法で，第2主成分のウェイトベクトルがそれぞれ，問5『給付水準と保険料負担のあり方への考え』，問12『社会的施設整備の費用負担の方法への考え』，問14『潜在的な国民負担率の許容範囲』において，−0.74，0.30，0.74となっている．問5では年金給付額を維持する場合，問12では社会的施設を税金で負担する場合，問14では公的負担は高くても良い場合で，第2主成分の得点が大きくなる．したがって，第2主成分は大きな政府を志向するか否かを表していると考えられる．第3主成分は問5，問12，問14から，年金給付を引き下げても良いとする場合，社会施設を税金で負担すべきと考える場合，そしてより国民負担は抑えるべきとする場合であるほど高くなる．これらの立場に整合的な考え方は，社会施設の公的整備への志向と考えるのが妥当だろう．ただし，第3主成分が1を割っているので，参考程度として考えることにする．

　ウェイトベクトルからは，政策への認知や関心への質問が第1主成分に関わり，受益と負担に関する質問が第2主成分に関連していることがわかる．なお，政策への認知や関心への質問が第2主成分に与える影響は，受益と負担に関する質問が第1主成分に与える影響よりもわずかに高い．その意味では，政策への関心も政府規模の選好にわずかに影響を与えているともいえる．

　主成分得点を用いた相対的属性別の差異を，図1-20に示した．図1-20は横

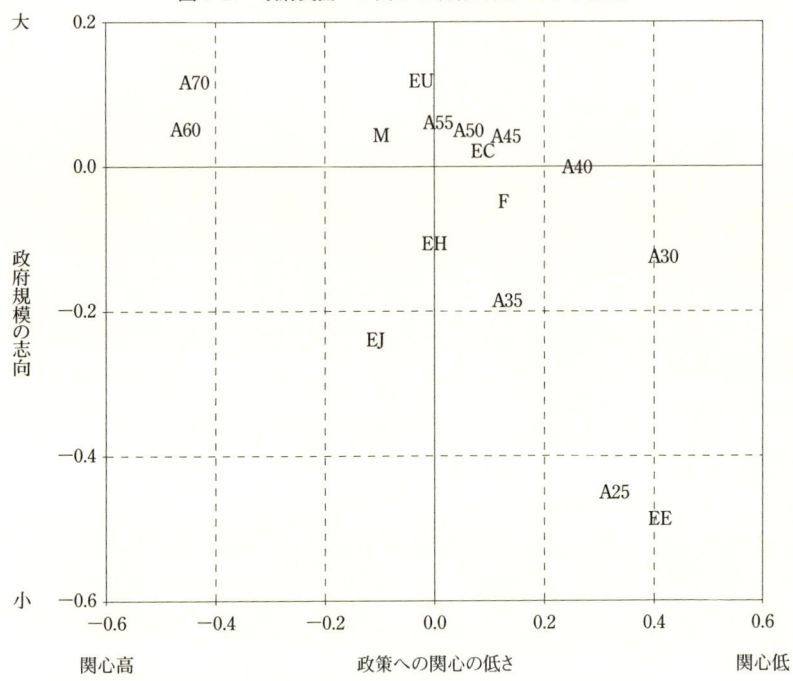

図 1-20 政府支出への関心と政府規模に対する意識

軸が第1主成分，縦軸が第2主成分を表し，それぞれ0の点を重心として，各属性がどのような立場を取っているかを示している．なお，図における各記号の意味については表1-3に詳細を示した．また，属性の方向性を評価するのに大きな影響がなく，かつ大きな値であるため図が見にくくなるような属性は示さなかった．

図1-20によると，男性は政策への関心の低さが負値でかつ大きな政府については正値である．したがって，男性は女性に比べて政策的に関心を持っており，大きな政府を好む傾向にあることがわかる．図には示していないが第3主成分では男性が負値を取っており，社会施設の公的整備には関心がないことが示唆されている．年齢では高齢になるほど男性と同様の傾向を持つとの結果を得た．このことは同時に，女性や若年者が社会施設に関心を持ち，小さな政府を望む傾向にあることを示している．学歴に関しては高学歴ほど大きな政府志向であるといえる．まとめると，ここで用いた質問事項から政府への関心と政

表 1-3 記号の一覧

表記	意味	表記	意味
M	男性	I1	世帯所得 100 万円未満
F	女性	I2	世帯所得 100～300 万円未満
A20	20～24 歳	I3	世帯所得 300～500 万円未満
A25	25～29 歳	I4	世帯所得 500～700 万円未満
A30	30～34 歳	I5	世帯所得 700～1000 万円未満
A35	35～39 歳	I6	世帯所得 1000～1500 万円未満
A40	40～44 歳	I7	世帯所得 1500～2000 万円未満
A45	45～49 歳	I8	世帯所得 2000～2500 万円未満
A50	50～54 歳	I9	世帯所得 3000 万円以上
A55	55～59 歳	EE	小学校卒
A60	60～64 歳	EJ	中学校卒
A65	65～69 歳	EH	高等学校卒（又は在学中）
A70	70 歳以上	EC	短大・専門学校卒（又は在学中）
		EU	大学・大学院卒（又は在学中）

府の規模に関する選好が上記の質問で主要な情報であることが確認され，相対的に女性や若年者が小さな政府を求める傾向があることがわかる．

② 政府支出のあり方

現状の政府支出への考え方を見るために問2を用いる（表1-2のB）．固有値が1を超えた主成分は2つあり，第1主成分のウェイトベクトルはすべて正値であり，かつ選択肢は値が大きいほど支出を減らすべきとする立場を取るので，第1主成分は支出を減らす志向と見ることができる．一方，第2主成分は正値が社会保障や文教および科学振興といった生活に直接関連するサービスである一方，負値が治安・防衛など安全に関わるので，政府サービスにおける一般生活と治安・安全保障という性質別の関心の違いを示すと考えられる．

属性別の関心の相対的相違を示す主成分得点を，先ほどと同様の方法で図1-21に示した．図1-21において，男性が原点に比べて右下寄りにあり，治安・安全保障支出について関心を持ち，政府支出を削減する志向を持つことが読み取れる．また，年齢が高いほど男性と類似した立場を取ることが大まかにうかがえる．一方，世帯年収が低いものほど原点より右，すなわち政府支出を削減する志向が見られる．これは政府支出の恩恵を受けやすいと思われる低所

得者が政府支出の削減を好む傾向にあることを示し，特徴的である．

③ 現状の政府支出の水準と政策満足度

現状の政府支出の水準に関する質問である問3-aと，類似の質問である政策満足度をたずねた問3-bについてそれぞれ主成分分析した（表1-2のCとD）．問3-aにおける第1主成分は政府関与への過剰感を，第2主成分は一般政府支出か社会保障かという関心の性質差を示していると考えられる．問3-bにおける第1主成分は政策に関する不満足を示し，第2主成分は政府支出か移転政策かという政策の性質を示していると考えられる．ただし，両質問ともに第1主成分の固有値は1を超えているものの，第2主成分の固有値が1を割っているのでそれほど大きな情報ではない．したがって，質問の趣旨に関する情報は大きい一方，その他の情報はそれほど得られないともいえるだろう．

属性による違いについては主成分得点から検討してみる．なお，問3-aと問3-bに関しては，第2主成分を参考にとどめることもあり，図には示さない．問3-aからは，男性が女性に比べ社会保障に関心を持ち，また政府支出に過剰感を感じており，女性は一般政府支出に関心を持ち，政府支出に充実を求める傾向にあること，世帯年収が低いほど政府関与の不十分を感じていることが読み取れる．問3-bについては男性が政府支出に関して関心を持ちつつ，政策には満足を感じており，女性は移転政策に関心を持ちつつ，政策には不満を感じていることがわかる．

④ 公的年金制度に対する意識

公的年金制度への意識について，年金の保険的側面も考慮に入れるため民間医療保険および民間介護保険の加入状況の情報を加えた，問4から問9を主成分分析した（表1-2のE）．その結果，固有値が1を超える主成分は3つあった．第1主成分のウェイトベクトルからは年金改革を知らず保険を税金として捉える傾向や民間保険にも加入していない関係が示されている．これらは保険全般への関心の低さを表していると考えられる．ただし，この関心の低さとは現状の社会保障制度に加入している上でのことであり，いかなる保険制度にも加入しない無関心とは異なる．第2主成分は公的年金改革における給付削減や

図1-21 政府支出のあり方

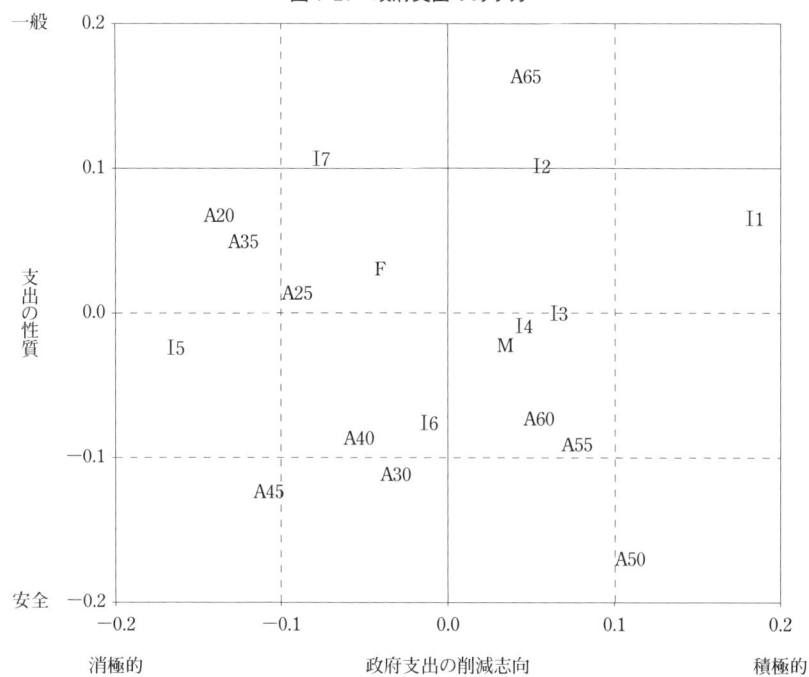

単純に給付と負担を一致させる年金制度の改革を避ける傾向があり，民間保険に加入する傾向も強いことから社会保障制度において保険的と非保険的側面のどちらに意義を見いだしているかを表すと考えられる．第3主成分は，年金改革に関心を持つ一方，年金を単なる税負担とは考えない傾向にあることから，非保険的側面を持つ公的年金をセーフティ・ネットとして捉えるか，単なる税負担として捉えるのかの認識の違いを表しているといえる．年金も含む保険全般への関心が第1主成分にあるというのは興味深い．問8及び問9の付問への回答も合わせて考慮すると，年金・医療・介護といった社会保障制度によってある程度リスクが必要最低限はカバーされており，そのことが保険に対して大きな関心にならない理由になっているのではないかと考えられる．また，第2主成分に社会保障制度の保険的側面への意義，第3主成分には税を通じた国の運営に対する信頼感や社会保障制度による再分配政策といったその他の側面への志向がうかがえることから，社会保険制度においては保険性がその他の側面

1章 国民の受益・負担と政府の大きさ 57

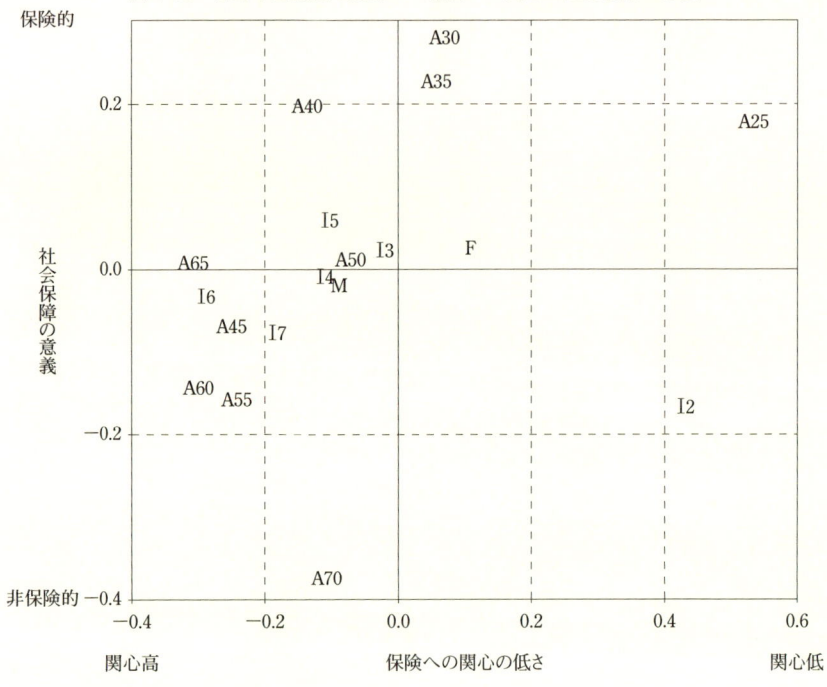

図 1-22 公的年金制度の認識——保険への関心と社会保障の意義

よりも重視されることが示唆される.

　主成分得点では，主成分が3つあることから，保険への関心と社会保障の意義，社会保障の意義と公的年金による分配機能の認識という2つの観点で評価してみる. まず，保険への関心と社会保障の意義については図1-22に示してある. この図によれば，女性は男性に比べわずかに保険への関心が低いものの，社会保障の保険性を評価していることがわかる. 年齢では若いほど女性と類似した傾向を持つことがわかる. なお世帯年収については，大きな値をとるため図1-22では示されていないが，保険への関心の低さが所得の低いI1が0.97，所得の高いI8とI9がそれぞれ−1.80，−0.62となり，所得が高いほど保険面を重視しているといえる. 一方，社会保障の意義と公的年金による分配機能の認識については図1-23に示してある. 男性は社会保障における年金制度の非保険的側面としてのセーフティ・ネットに関心が高いことがわかる. また，年齢でも高齢であるほど男性と同様の傾向を持つことがわかる. 図には示されな

図 1-23 公的年金制度の認識——社会保障の意義と分配機能

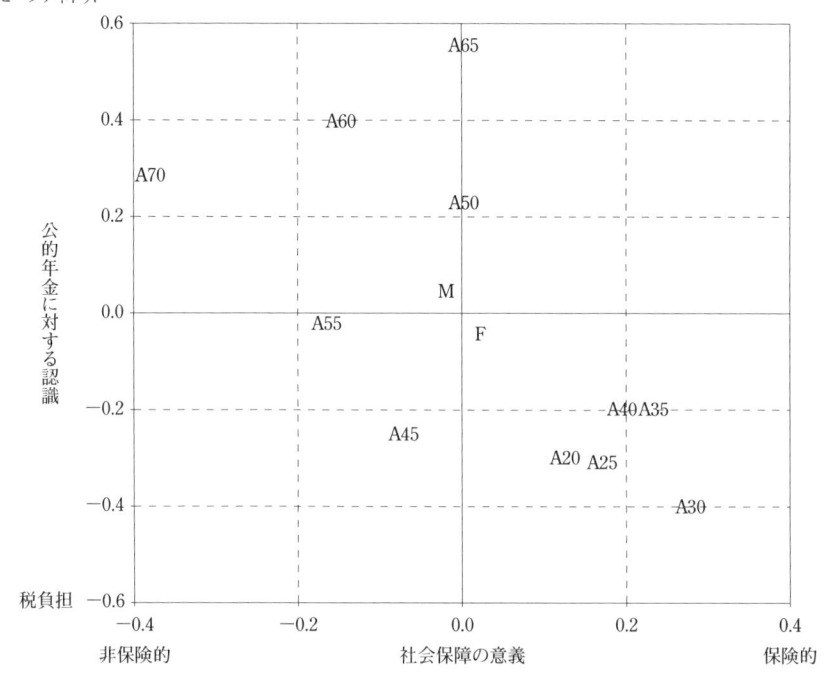

い学歴については高学歴ほど公的年金制度を保険と考える傾向が高かった．その他の属性については，上記の結果以外には，特記すべきことはなかった．

まとめると，女性や若年層は保険への関心については低いものの社会保障に関して保険的側面に関心を持ち，男性や高齢者は保険への関心が高く，社会保障の安心や再分配効果のような非保険的側面に関心があるといえるだろう．

⑤ 社会資本のあり方

社会資本のあり方を分析するため，社会的施設への政府支出に関する質問である問 11 を主成分分析した（表 1-2 の F）．固有値が 1 を超える主成分は 2 つあり，第 1 主成分は社会資本整備を遅らせても良いかどうかを表していると考えられる．次に，第 2 主成分は正値のウェイトベクトルが教育や学校および住宅といった日常生活に関連する一方，負値は上下水道や廃棄物処理となってい

1 章 国民の受益・負担と政府の大きさ 59

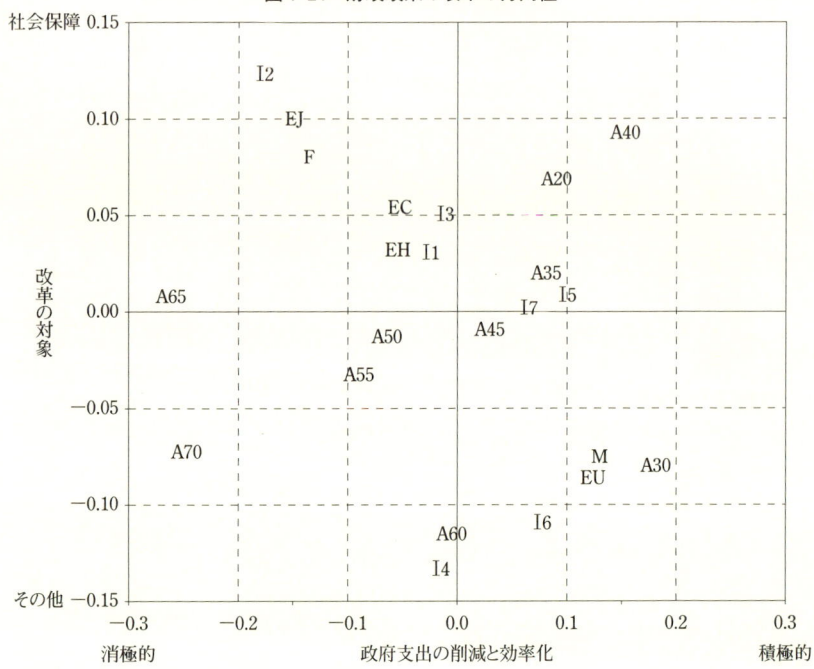

図1-24 財政政策の改革の方向性

縦軸：改革の対象（社会保障 0.15 ～ その他 −0.15）
横軸：政府支出の削減と効率化（消極的 −0.3 ～ 積極的 0.3）

プロット点：
- I2 付近 (−0.18, 0.12)
- EJ (−0.15, 0.10)
- F (−0.17, 0.09)
- A40 (0.15, 0.09)
- A20 (0.10, 0.07)
- EC (−0.05, 0.05), I3 (−0.02, 0.05)
- A35 (0.08, 0.03), I5 (0.12, 0.03)
- EH (−0.05, 0.03), I1 (−0.02, 0.03)
- A65 (−0.25, 0.00), I7 (0.08, −0.01)
- A50 (−0.08, −0.02), A45 (0.03, −0.02)
- A55 (−0.08, −0.04)
- A70 (−0.22, −0.07)
- M (0.10, −0.07), EU (0.10, −0.08), A30 (0.18, −0.07)
- A60 (−0.05, −0.12), I6 (0.08, −0.12)
- I4 (−0.05, −0.14)

るので，生活インフラか環境インフラかという性質別の関心の違いを示すと考えられる．

主成分得点における属性別の違いでは，男性が生活インフラに関心を持ちつつ，社会資本の整備を遅らせても良いと感じており（第1主成分：0.01，第2主成分：0.05），女性は環境インフラに関心を持ち，男性に比べ社会資本の整備の遅れに消極的である（第1主成分：−0.02，第2主成分：−0.06）．なお，他の属性は特徴的な傾向を得られなかった．

⑥ 財政政策の改革の方向性

最後に，財政政策の改革の方向性について，問15を用いて主成分分析した（表1-2のG）．固有値が1を超える主成分は2つあった．第1主成分は政府支出を非効率だと考える場合，政府に頼らない場合，現状の政府に安心を感じていない場合，社会保障改革を求める場合にその得点が大きくなる．したがって，

政府サービスの削減と効率化を求める志向と考えられる．第 2 主成分のウェイトベクトルはすべて正値であるが，公共サービスを非効率とは思わない一方，現状の社会保障制度に対しても否定的な態度を取る場合に得点が高くなる．こちらの主成分は社会保障制度中心の改革かその他を重視した改革かを表すと考えられる．

　主成分得点による属性間の違いは図 1-24 に示されている．男性は社会保障制度以外の改革に関心を持ち，政府サービスの削減と効率化の必要を感じている．なお，女性は政府サービスの削減と効率化には否定的な一方，社会保障改革に関心を持っていると考えられる．若年層は政府サービスの削減と効率化を志向し，低所得者は政府サービスの削減と効率化には消極的だが社会保障制度の改革に関心を持っている．世帯年収については図 1-24 では削除されている I8 と I9 が図 1-24 の横軸にあたる第 1 主成分においてそれぞれ 0.48，−1.57 の値を取っており，I9 が傾向と異なる大きな値を取っているものの，全体的には世帯年収が上昇するほど政府サービスの削減と効率化を志向することがわかる．学歴については高学歴ほど，社会保障改革とは別の改革に関心を持ち，政府サービスの削減と効率化を好む傾向にあることがわかる．

3.4　国民の現状認識と政策選好の属性別相違

　以上の結果を，次のようにまとめられるだろう．まず，質問の趣旨に合致したものが第 1 主成分として現れており，質問の意図が正確に回答者の判断に反映されていることが確認できた．このことは，公的負担の現状認識やその実感を質問した本アンケートで，政府サービスの規模や満足感，過剰感，政府支出の削減の賛否に関する回答者の選好情報が正しく提供されていることを意味する．次に，興味深い点は社会保障に関する質問において，その方向性よりも保険自体への関心が大きな情報として現れた点がある．これは現行の社会保障制度が，国民にとって保険として十分機能しているために，国民自身が保険に対して関心を持つ必要性を強く感じていないと考えることもできる．反面，改革を要する現行制度の議論を実りあるものにするためにも，その関心を喚起し続ける必要性があるだろう．

　また，政策選好における属性別の相対的相違は，各分析から得られた結果が

各属性について一貫した傾向を導くまでには至っていないが，ほぼ整合的な結果が得られたといえるだろう．

まず，男性は女性に比べて保険制度に関心を持ち，社会保障制度の保険以外の側面に価値をおいていることがわかる．また，社会保障制度の縮小についても否定的で，一般支出に関しては十分に満足をしているため削減や効率化を望んでいることがわかる．一方，女性は小さな政府を志向し，再分配的側面ではなく，受益と負担が一致した社会保障制度などを求める傾向にある．ただし，女性は同時に教育や環境といった政府支出に関しては充実を求める傾向がうかがえる．年齢については高齢になるほど男性と類似の傾向を持ち，若年者ほど女性と類似した傾向を持っている．また世帯年収については，低所得者ほど政府支出の削減には肯定的だが，小さな政府に関しては否定的である．学歴に関しては，高学歴の人ほど大きな政府には肯定的な一方で，その非効率性も感じていて，政府サービスの削減と効率化を望んでいる．

なお，これらの傾向が望ましい国民負担率とどう対応しているかを評価するため，問14の選択肢の中央値を用いて属性別平均を求めたところ，男性は43.3%，女性は41.4%，年齢に関しては安定的な結果が得られなかったものの，所得や学歴に関してはI1が42.2%からI9の45.0%およびEEが40.0%からEUの44.9%のように上昇していることがわかった．このことから，政府の支出削減といっても，無駄の排除から小さな政府へとそのままつなげるのではなく，立場による志向の相違にも留意しなければならないといえるだろう．

高齢者が社会保障志向であることは目新しくないが，男性が国による運営に伴う安心感や再分配効果に関心を持っていることは特徴的だろう．また，女性や若年者は受益と負担の関係に敏感で，男性よりも平均寿命の長い女性や遠い将来に社会保障給付を受ける若者は，受益と負担を重視すべきと考えていることがうかがえる．なお，主成分得点による分析は平均を重心とした，属性間の相対的違いを評価している．そのため，示された各属性の傾向が絶対的なものではないことに注意する必要がある．

4. おわりに

　本章ではまずアンケートの集計結果をもとに人々の公共支出や公共サービスに対する評価について特徴的な点をまとめるとともに，集計結果の考察も行った．さらに集計結果からの解釈だけではなく主成分分析の手法を用いてアンケート結果の考察を行った．

　集計結果の考察から，国民は社会保障制度に対しての期待は高いが，一方で公共サービスは非効率であるとも考えているようである．また，国民は所得や資産の変動リスクを再分配政策を通じて回避することより，長生きのリスクや病気になるリスクの回避を重視していると解釈できた．また集計結果をみると潜在的国民負担率の許容範囲は50％以下であるべきとする意見が50％以上でもよいという意見を上回っているようである．このことから，わが国では北欧諸国やヨーロッパ大陸諸国のように「政府サービス維持のためには高負担を受け入れる」という考えは多数ではないと予想される．

　また，主成分分析からは，男性は女性に比べて保険制度に関心を持つ一方で，社会保障制度については保険以外の側面に価値をおいていることがわかった．また，社会保障制度の縮小についても否定的で，社会資本整備などは削減や効率化を望んでいることがわかった．一方，女性は小さな政府を志向し，再分配的側面ではなく受益と負担が一致した社会保障制度などを求める傾向にあることもわかった．同時に，女性は教育や環境といった政府支出に関しては充実を求める傾向こと（ママ）も示された．

　アンケートでも示されているように，80％を超える人々が現在の政府支出は無駄が多いと感じている．実際に，財政破綻を回避するには政府支出のより一層の効率化は避けられない．ただ，政府支出は，社会保障，社会資本投資，教育サービス，環境，治安・安全保障など多岐にわたり，それらの与える効果も一様ではない．また，人口の高齢化や環境問題，社会構造の変化の中で必要となる政府支出も存在し（実際，多くの人が社会保障制度を維持すべきだと考えている），支出削減の際には単純にすべてを削減するのは妥当とはいえない．その際には，主成分分析が示すように，どのようなタイプの人々がどのような政策を求めているかを知る必要がある．その上で，社会状況に合わせて必要な

政策の優先順位を明示的に議論することは，政府支出の真の効率化を実現する上で必要であろう．

〈補論〉主成分分析の計算方法

主成分分析はデータの個別情報とは別に，それらの情報を集約した総合的な基準となる主成分を求める方法である．複数次元のデータをグラフから評価する場合，通常は各変数を各次元とする軸を用いるが，主成分分析は元来の軸とは別に，データの主要情報を集約した新たな軸を求めて，評価を行う．より具体的には，主成分の計算にはデータ間の相関を行列で表した上で，固有値や固有ベクトルを求める．以下では，その計算方法を説明する．

今回は回答項目の選択肢の値を基準化して，相関行列から主成分を求める方法を用いる．まず，平均値を重心として，すべてのデータの値を基準化する．具体的には P 次元のデータを持つ N 個のデータを $x_{n,p}$ ($n=1, 2, \cdots, N$, $p=1, 2, \cdots, P$) として表す．そして，各変数の平均と標本分散を $\bar{x}_p, \sigma_p^2$ とおくと，$\tilde{x}_{n,p} = \frac{x_{n,p} - \bar{x}_p}{\sigma_p}$ と計算することで，すべての変数を平均 0，分散 1 となるように基準化できる．このとき，基準化されたデータから新たな主成分を軸とした座標への変換式として，行列

$$\begin{pmatrix} y_{1,1} & \cdots & y_{1,P} \\ \vdots & \ddots & \vdots \\ y_{N,1} & \cdots & y_{N,P} \end{pmatrix} = \begin{pmatrix} \tilde{x}_{1,1} & \cdots & \tilde{x}_{1,P} \\ \vdots & \ddots & \vdots \\ \tilde{x}_{N,1} & \cdots & \tilde{x}_{N,P} \end{pmatrix} \begin{pmatrix} w_{1,1} & \cdots & w_{P,1} \\ \vdots & \ddots & \vdots \\ w_{1,P} & \cdots & w_{P,P} \end{pmatrix} \quad (1\text{-}1)$$

を考える．$y_{n,p}$ は n 番目の標本の第 p 主成分における座標を表し，主成分得点と呼ばれる．なお，変換の際のウェイトを表す $w_{p,q}$ は $\sum_{q=1}^{P} w_{p,q}^2 = 1$ を満たすとする．簡便化のため，(1-1) 式を $Y=XW$ と表す．

次に，主成分を計算するために必要なウェイト行列 W を求める．それにはまず基準化されたデータの相関行列（共分散行列：$Z=X'X$）を計算する．その上で，この共分散行列の固有ベクトルを求めるために，固有値分解を行う．ここで，固有値分解するのは，Z は共分散行列であり正方かつ対称なので，固

有値分解の結果が $Z = R\Lambda R'$ となるからである．このとき，Λ は対角行列であり，R は行列内の自身以外のベクトルとは直交し，かつ各ベクトルの長さを 1 とおくこともできる．このとき R を各ベクトルの長さが 1 である直行行列とおけるので，行列 Y を直交行列 R による X の正射影で得られる行列と考え，$Y = XR = XW$ とおいてみる．このとき，XR は与えられた多次元データ行列 X の相関における互いに独立なベクトルで表現される直行行列 R による X 自身の正射影であると解釈できる．すなわち，主成分分析では，元の多次元データの情報を集約する互いに直交した新たな軸を求めて，これを基準に各データを再評価していると考えることができるのである．

この相関行列の固有値は，$Z = \lambda I$ すなわち行列式 $|Z - \lambda I| = 0$ を満たす λ_p ($p = 1, 2, \cdots P$) から求める．その上で，各固有値 λ_p を利用して，$Zw_p = \lambda_p w_p$ すなわち $(Z - \lambda_p I) w_p = 0$ と $\sum_{q=1}^{P} w_{p,q}^2 = 1$ の条件から，固有ベクトル $(w_1, w_2, \cdots, w_P)$ を求める．

なお，固有値を求める際の条件である $Z - \lambda_p I = 0$，$\sum_{q=1}^{P} w_{p,q}^2 = 1$ に注目すると，各主成分得点における分散は $\sigma_p^2 = y_p' y_p = w_p' X' X w_p = w_p' \lambda_p I w_p = \lambda_p$ なので，固有値に一致することがわかる．この分散の大きさは主成分得点の変動の大きさを表している．そのため，この分散が大きいほどデータを多く説明していると考えることができ，固有値が大きいほど重要な情報であると言い換えることもできる．なお，標本に P 次元の変数があれば，P 個の主成分がある．この時，固有値が最大になるものから順に，第 1 主成分，第 2 主成分，…と呼び，第 i 主成分の各標本における主成分得点を

$$\begin{pmatrix} y_{1,i} \\ \vdots \\ y_{N,i} \end{pmatrix} = \begin{pmatrix} \tilde{x}_{1,1} & \cdots & \tilde{x}_{1,P} \\ \vdots & \ddots & \vdots \\ \tilde{x}_{N,1} & \cdots & \tilde{x}_{N,P} \end{pmatrix} \begin{pmatrix} w_{i,1} \\ \vdots \\ w_{i,P} \end{pmatrix}$$

で求める．なお，すべての主成分を利用することは少なく，固有値が大きなものほど，多くの情報を集約していると考えて，大きなものから順にそのいくつかを利用することが多い．相関行列を用いている場合，その際の基準は固有値が 1 以上のものを採用することが多い．また，主成分の情報量を示す指標として寄与率 $\lambda_j / \sum \lambda_i$ を用いることもできる．寄与率は固有値の相対的大きさであ

り，寄与率を大きなものから順に加えた累積寄与率がある値（60〜80％）になるまでを採用することもある．

また，主成分得点 $y_{n,p}$ は，各標本が各主成分に対してどの程度の傾向を持っているかを示している．$y_{n,p}$ の平均は 0，分散は λ_p であり，各主成分得点によって，各標本の全体における相対的特性を読み取ることができる．

〈参考文献〉

大竹文雄（2005）『日本の不平等――格差社会の幻想と未来』日本経済新聞社．
大村敬一・首藤恵・増子信（2001）「機関投資家の役割とコーポレートガバナンス――機関投資家によるコーポレートガバナンスに関するアンケート調査結果から」『フィナンシャル・レビュー』61 号，財務省財務総合政策研究所，5-42 頁．
栗山浩一・茨木秀行・高橋慶子・植田博信・井上崇（2005）「受益と負担についての国民意識に関する考察」内閣府経済財政分析ディスカッション・ペーパー．
佐藤孝則（2002）「消費の地域特性に関する分析」『郵政研究所月報』167 号．
経済産業研究所（2006）「最適負担に関する国民の意識調査報告書」最適負担率研究会．
厚生労働省（2004）「社会保障の給付と負担の見通し――平成 15 年 6 月推計」
（http://www.mhlw.go.jp/houdou/2004/05/h0514-3.html より入手可能）．
財政制度等審議会（2004）「平成 17 年度予算の編成等に関する建議」
（http://www.mof.go.jp/singikai/zaiseseido/top.htm より入手可能）．
内閣府（2005）『平成 17 年版　経済財政白書』．
内閣府国民生活局物価政策課（2003）「保育サービス市場の現状と課題」『保育サービス価格に関する研究会』報告書．
八田達夫・小口登良（1999）『年金改革論――積み立て方式へ移行せよ』日本経済新聞社．
峯岸直輝（2004）「市町村の社会・経済構造からみた都道府県の地域特性」『信金中金月報』第 3 巻 12 号，28-54 頁．

2章 少子高齢化と国民負担率[*]

岡本 章

1. はじめに

　現在わが国では少子高齢化が急速に進展しているが，このようなドラスティックな構造変化に伴い，現行の社会制度の下で様々なひずみが生じてきている．このため，わが国の諸制度（特に租税・社会保障制度）を改革することが喫緊の課題となっている．今後さらに少子高齢化が進展していくことが見込まれる中，とりわけ今後の社会保障関係費の膨張が懸念されている．これに伴い，わが国の望ましい国民負担率の水準について議論されることが最近多くなってきている．過去わが国において，財政再建や財政構造改革が実施された際，「国民負担率を50％以下に抑える」ということが政府の目標の1つであった．その理由の一つとして「国民負担率が高くなると，経済の活力が損なわれる」ということが挙げられてきた．

---

[*] 本章は，2005年8月に韓国で開催されたThe 61st Congress of the International Institute of Public Finance（IIPF）および2006年4月にUniversity of Wisconsin-Milwaukeeの経済学部セミナーにおいて報告された論文［Okamoto（2006）］を基としている．本章の作成にあたり，Sunwoong Kim教授，Mohsen Bahmani-Oskooee教授，Yoshio Niho教授，独立行政法人経済産業研究所の吉冨勝前所長，細谷祐二研究調整ディレクター，川本明研究調整ディレクター，山崎伸彦コンサルティングフェロー，森川正之コンサルティングフェロー，およびセミナーの参加者などから貴重なご意見をいただいた．ここに記して感謝の意を表したい．なお，本章は文部科学省科学研究費補助金（基盤研究（C）No. 15530215）による研究成果の一部である．

しかしながら，最近のいくつかの研究によると，国民負担率が経済成長率に影響を与えない可能性があることが示唆されている．例えば，Atkinson (1999) では，計量経済学的な分析結果に基づいて，社会移転支出が高い時に成長率が低くなっている場合もあれば，逆になっている場合もあることが示されている．このように，経済のパフォーマンスと国民負担率の関係について，統一的な見解は見出されていない．

　2003年の『経済財政白書』では，OECD諸国のデータを用いて，潜在的国民負担率が高い国ほど経済成長率が低くなるという関係が示されている．しかし，このような主張に対して，岩本 (2006) は，データに現れた関係が負担から成長への因果関係を反映しない可能性，および，別の第3の変数が負担と成長に影響を与えることによって，見せかけの相関が形成されている可能性を考慮しなければならないことを指摘している．

　このような状況を踏まえて，本章では，政府部門が家計にもたらす便益と負担を包括的に考慮することにより，少子高齢化の急速に進展するわが国における最適な国民負担率の推移について検討する．これにより，「国民負担率を50％以下に抑える」ということが本当に望ましい政策目標であるのかどうかについて検証を行う．

　少子高齢化という構造変化を反映する形で分析を行う場合，その分析の枠組みとしては，Auerbach and Kotlikoff (1983) に始まる一連の研究によって開発された，ライフサイクル一般均衡モデルを用いたシミュレーション分析の手法が適している．この分析手法の有用性のために，これまで数多くの研究が行われてきた．例えば，Auerbach and Kotlikoff (1987)，Altig et al. (2001)，本間ほか (1987)，Ihori et al. (2005) などである．しかしながら，これらの分析モデルでは税が導入されているが，それがもたらすプラスの側面，すなわち，政府支出が家計にもたらす便益を明示的に考慮していない．

　本章では，このモデルを，政府からの公共サービスが家計にもたらす便益を考慮したものに拡張しており，これが本章の貢献部分である．この拡張によって，家計の受益と負担を包括的に考慮でき，最適な消費税率・租税負担率・国民負担率について調べることが可能になっている．本章では，急速に進展する少子高齢化の影響を取り入れながら，望ましい国民負担率の水準について考察

を行う．

　政府支出が家計にもたらす便益をモデルに導入する場合に，重要な2つのパラメータが存在する．1つは，家計の効用関数において，政府が提供する公共サービスからの便益に与えられるウェイト・パラメータである．すなわち，個人消費に対して公共サービスをどのように評価するかという尺度である．もう1つは，政府支出の公共財の程度を表すパラメータである．政府が供給する財・サービスがどの程度公共財的な（あるいは私的財的な）性質を持つのかという尺度である．政府支出が公共財的な性質を持てば持つほど，広く遍く家計に便益がもたらされる．逆に，私的財的な性質を持てば持つほど，便益の及ぶ範囲が狭く，限定的になる．

　また，経済産業研究所（2006）の最適負担に関するアンケート結果（巻末資料，1章参照）に基づいて，次の2点について推計を行う．1つは，家計の効用関数において，政府が提供する公共サービスに与えられるウェイト・パラメータの推定である．上述のように，このパラメータの設定は非常に重要であるので，実証的なデータを用いてその推定を行う．もう1つは，わが国の国民が許容できる潜在的な国民負担率についての加重平均値の推定である．本章では，望ましい国民負担率の水準を導出しているが，国民が望ましいと考える水準と乖離があるのかどうか，もし隔たりがあるとすればどのような理由が考えられるのかについて考察を行う．

　本章の構成は，次の通りである．次節では，シミュレーションで使用される理論モデルが記述される．第3節では，シミュレーション分析の方法と仮定について説明される．第4節では，シミュレーション結果とその解釈について述べられる．第5節では，結論が述べられる．

2．モデル

　分析に用いるライフサイクル一般均衡モデルの特徴として，次の3点を挙げることができる．第1に，ライフサイクルモデルであることにより，個々の家計の，生涯全体にわたる通時的な効用最大化行動を基礎としている点である．同時に，世代重複モデルであることにより，人口の年齢構成の変化による貯蓄

供給の変化などを厳密に取り扱うことが可能である．第2に，一般均衡モデルであることにより，ライフサイクル理論によって決定される貯蓄は，資本市場において実物資本と結び付けられ，産出水準に影響を与える．部分均衡モデルとは異なり，貯蓄の変化は利子率の変化も引き起こして，貯蓄水準や産出水準にも影響を与えることになる．第3に，寿命の不確実性とそれに伴う遺産行動を考慮したモデルであれば，寿命の確実性を仮定したモデルに比べて，特に高齢期の消費・貯蓄行動を現実的に捉えることが可能となる．また，寿命の不確実性の導入にあたって，現実のわが国のデータである生命表を用いるので，この面からもシミュレーションは現実性を持つ．

本章では，国立社会保障・人口問題研究所（2002）の人口のデータを使用することにより，日本経済のシミュレーションを行っている．基本的に75期間のライフサイクルを持つ世代が重複している経済を用いて，シミュレーション分析を行う．モデルは，家計・企業・政府の3部門から構成される．モデルは離散的時間で，1年を単位として記述される．家計の基本構造は，次の通りである〔モデルは基本的にOkamoto（2006）と同じであるので，詳細についてはOkamoto（2006）を参照のこと〕．

2.1 家計の行動

家計は，低・中・高所得層の3階級に分割されており，それぞれの所得層を代表する3人の代表的家計を考慮する[1]．各家計は同じ期待生存確率と同じ効用関数を持つが，稼得能力が異なるために，所得水準も異なる．家計は21歳の時点で意思決定主体として経済に現れ，最大95歳まで生きる．家計は，毎期年齢に依存した死亡確率に直面する．j歳の家計が$j+1$歳まで生きる，条件付き確率を$q_{j+1|j}$とする．このとき，21歳の家計がs歳まで生き延びる確率は，次式のように表される．

$$p_s = \prod_{j=21}^{s-1} q_{j+1|j} \qquad (2\text{-}1)$$

---

[1] Altig et al.（2001）では，ライフサイクルモデルに稼得能力の異なる12人の代表的家計を導入した分析が行われている．また，Okamoto（2005b）では，連続的な所得分布で表される無数の代表的家計を同一コーホートに導入した分析が行われている．

確率 $q_{j+1|j}$ は，国立社会保障・人口問題研究所（2002）の人口のデータから算出されている．

家計の効用は，消費の水準と，政府が家計に供給する公共サービスの水準に依存する．余暇と労働供給の間での選択は存在せず，家計は21歳から RE 歳（退職年齢）まで働く．労働供給は退職前までは非弾力的で，退職後はゼロとなる．家計は，生涯全体にわたっての期待効用を最大化するように，消費と貯蓄の間での富の分配に関する意思決定を21歳時点で行う．所得層 i の代表的家計の効用関数は，次式のように，時間について分離可能型かつ相対的危険回避度一定の通時的効用関数で特定化する．

$$U_t^i = \frac{1}{1-\frac{1}{\gamma}} \sum_{s=21}^{95} p_s (1+\delta)^{-(s-21)} \left[\{C_s^i\}^{1-\frac{1}{\gamma}} + \mu \left\{ \frac{G_t}{AN_t^\rho} \right\}^{1-\frac{1}{\gamma}} \right] \quad (2\text{-}2)$$

ここで，C_s^i は s 歳での消費（支出），δ は将来を割り引くための調整係数，γ は異なる年次での異時点間の代替の弾力性のパラメータである．上付き文字 i（$=l, m, h$）は，それぞれ低・中・高所得層を表している．

政府が家計に供給する財・サービスは，Borcherding（1985）を参考にしてモデルに導入されている．G_t は t 期の政府支出，AN_t は t 期の総人口である．μ は政府支出（公共サービス）による便益に与えられるウェイト，ベキ指数 ρ は公共財の程度を表すパラメータである．もし ρ がゼロであれば，このとき政府支出 G_t は純粋公共財となる．もし ρ が1であれば，このとき G_t は私的財となる．ここで，ρ の値が大きくなると，公共財の程度が小さくなることに注意する必要がある．

s 歳の家計のフローの予算制約式は，次の通りである．

$$\begin{aligned}A_{s+1}^i = &\{1+r(1-\tau_r)\}A_s^i + \{1-\tau_w(wx^i e_s) - \tau_p\}wx^i e_s \\ &+ b_s^i + a_s^i - (1+\tau_c)C_s^i\end{aligned} \quad (2\text{-}3)$$

ここで，A_s^i は s 期の期首に家計によって保有される資産額，r は利子率，w は労働の効率単位当たりの賃金率，e_s は家計の年齢-労働効率プロファイルである[2]．b_s^i は公的年金の給付額，a_s^i は s 歳に相続される遺産額である．$\tau_w(wx^i e_s)$ は労働所得税率，τ_c は消費税率，τ_r は利子所得税率，τ_p は公的年金の保険料率である．x^i は3つの所得層の間での労働の効率性の違いに対応するウェイ

ト係数である．中所得層を基準とし，$x^m=1$ とする．x^l と x^h は，3つの所得層の稼得能力における現実的な差異を反映するように設定される．

租税制度は，労働所得税・利子所得税・消費税・相続税により構成される．労働所得税については，Auerbach and Kotlikoff（1987）と同様の方法で，累進課税が導入されている．α と β の2つのパラメータを用いると，粗賃金率 $wx^i e_s$ に対して，平均税率 $\tau_w(wx^i e_s)$ が $\alpha + 0.5\beta wx^i e_s$，限界税率が $\alpha + \beta wx^i e_s$ と表される．$\beta=0$ のとき，比例税になる．税収を一定に保ちながら，β を増加させるのと同時に α を減少させることにより，累進度を高めることができる．なお，(2-3)式の $\tau_w(wx^i e_s)$ は，τ_w が $wx^i e_s$ の関数であることを表す．一方，利子所得税・消費税・相続税は比例税である．

実質的に賦課方式である，わが国の公的年金制度は，次式のように定式化される[3]．

$$\begin{cases} b_s^i = \theta H^i & (s \geq ST) \\ b_s^i = 0 & (s < ST) \end{cases} \quad (2\text{-}4)$$

ここで，支給開始年齢を ST 歳，各家計の標準報酬年額を $H^i \left(= \dfrac{1}{RE-20} \sum_{s=21}^{RE} wx^i e_s \right)$，所得代替率を θ とする．年金給付額は，3つの所得層の稼得能力の差異を反映したものとなっている．

遺産動機については，死亡時期の不確実性に起因する意図せざる遺産の存在を仮定する．死亡した家計によって資産として保有されていた遺産が，生存し

---

2) 年齢-労働効率プロファイル e_s に関して，次の推定を行った．

$$Q = a_0 + a_1 A + a_2 A^2 + a_3 L + a_4 L^2$$

ただし，Q は平均月間給与収入，A は年齢，L は勤続年数を示す．下表は，厚生労働省（2005）の全労働者についてのデータを用いた推定結果を示している．日本では年間給与収入に占めるボーナスの比率が高いため，平均月間給与収入にボーナスを含めている．

年齢-労働効率プロファイルの推定

a_0	a_1	a_2	a_3	a_4
−0.202338	0.076286	−0.001038	0.127051	−0.001726
(−0.42627)	(2.32608)	(−3.53302)	(2.76281)	(−1.38994)

$\begin{cases} S.E. = 0.07189 \\ R^2 = 0.9929 \end{cases}$

3) Okamoto and Tachibanaki（2002）と Okamoto（2007）のモデルでは，年金制度は基礎年金と二階建て部分（所得比例年金）から構成される．また，現行のわが国の公的年金制度に則って，基礎年金の3分の1が租税によって賄われる．

ている50歳の家計に受け渡される．そのため，$s=50$ の時のみ a_s^i は正となり，それ以外の場合はゼロとなる．遺産の相続は，同一の所得層に属する家計の間でなされる．50歳の家計によって相続される遺産の合計額を BQ_t^i で表すと，a_{50}^i は

$$a_{50}^i = \frac{(1-\tau_h)BQ_t^i}{N_t p_{50}(1+n)^{-29}} \qquad (2\text{-}5)$$

で表される．ここで，

$$BQ_t^i = N_t \sum_{s=21}^{95}(p_s - p_{s+1})(1+n)^{-(s-21)}A_{s+1}^i \qquad (2\text{-}6)$$

N_t は t 期に新たに意思決定主体として参入する各所得層の家計の総数，n は出生数の成長率，τ_h は相続税率である．定常状態でのライフサイクル一般均衡モデルの下では，受け渡される遺産額は，各家計によって選択される年齢一資産プロファイルと密接に関連している．

各代表的家計は，(2-3)式で表される予算制約式の下で，(2-2)式で表される生涯効用を最大化する（詳細については，補論Aを参照のこと）．効用最大化の一階の条件より，消費の時間的経路は次式のようになる．

$$C_{s+1}^i = \left[\left(\frac{p_{s+1}}{p_s}\right)\left\{\frac{1+r(1-\tau_r)}{1+\delta}\right\}\right]^\gamma C_s^i \qquad (2\text{-}7)$$

初期の消費 C_{21}^i を求めることができれば，(2-7)式より，各家計の年齢一消費プロファイルを導出することができる．(2-3)式より，各家計が各年齢で保有する資産額を求めることができる．また，(2-2)式より，各家計の期待生涯効用が導出される．

3つの所得層の消費水準の差異を考慮した社会厚生関数を，次式のように定式化する．

$$SW = U^l + U^m + U^h \qquad (2\text{-}8)$$

この関数は，3つの所得層についての，21歳時点での期待生涯効用の合計である．定常状態において，シミュレーション・ケースの間での比較を行う場合，t 期に重複して存在する全ての家計の効用を考慮する必要はない．本章の目的はケース間での厚生水準を比較することにあるので，1つのコーホートの生涯効用を比較するだけで十分である．この社会厚生関数はベンサム型であるが，

低所得層の効用水準にかなり依存している[4]．この点でロールズ型に近いものとなっている．この関数は，全ての所得層の消費水準が同一であるときに最大化される．

企業の行動に関しては，規模に関して収穫一定の生産関数を持つ，単一の生産部門を仮定する（企業・政府部門の基本構造および市場均衡条件については，補論 B を参照のこと）．

3. シミュレーション分析

3.1 シミュレーションの方法

前節で提示されたシミュレーション・モデルは，家計による完全予見の仮定の下で解かれる．家計は利子率，賃金率，税率，保険料率などを正確に予測する．もし租税および公的年金制度が決定されるならば，ガウス＝ザイデル法によりモデルを解くことができる〔計算過程については，Auerbach and Kotlikoff (1987)，Okamoto (2004) を参照のこと〕．累進的な労働所得税率を決定するパラメータ α，β，利子所得税率 τ_r，および相続税率 τ_h は外生的に与えられる．税収中立の下で，消費税率 τ_c が内生変数となる．公的年金制度に関しては，所得代替率 θ が外生的に与えられ，保険料率 τ_p が内生変数となる．

3.2 ケース分け

本章では 3 つの定常状態を考える．すなわち，2005 年の定常状態，および，さらに高齢化の進展した 2025 年と 2050 年の定常状態である．ケース A は基準ケース（2005 年の定常状態）である．ケース B と C は，それぞれ 2025 年と 2050 年の定常状態である．ケース A，B，C は人口の年齢構成が異なる[5]．期待生存確率 p_s と出生者数の成長率 n の違いが，3 つの定常状態の間での人

---

[4] 本章のモデルでは，定常状態において（一つの世代に関する）単純な功利主義的社会厚生関数を用いている．背後に存在する効用関数の凹性のために，この関数は低所得層の所得の変化に対して最も敏感に反応する．異時点間の代替の弾力性のパラメータ (γ) が小さくなればなるほど，低所得層の厚生が全体の社会厚生の水準に与える影響は大きくなる．もし $SW=U^1$ であれば，ロールズ型の社会厚生関数となる．

表2-1　5つのケースを特徴付けるパラメータの値

パラメータ	ケースA (基準ケース)	ケースB (所得代替率一定)	ケースB-1 (年金保険料一定)	ケースC (所得代替率一定)	ケースC-1 (年金保険料一定)
期待生存確率（年） p_s	2005	2025	2025	2050	2050
出生数の増加率　n	0.00693	-0.00465	-0.00465	-0.01530	-0.01530
t期における各所得層の新規参入者の数　N_t	1.2179	0.8280	0.8280	0.5485	0.5485
効率単位で計った総労働供給　L_t	356.2	313.6	313.6	267.8	267.8
公的年金の所得代替率　θ	0.334	0.334	0.279	0.334	0.189
年金保険料率　τ_p	14.29%	21.94%	18.30%	32.28%	18.30%

口構造の違いを生み出す（3つの定常状態を特徴付けるパラメータの設定については，表2-1を参照のこと）．

　本章では，少子高齢化が急速に進行中のわが国における，望ましい国民負担率の水準について検討を行う．従来のライフサイクル一般均衡モデルを受益と負担の両方を考慮できるモデルに拡張したことにより，最適な消費税率を導出することが可能となっている．消費税率が上昇すると，税収が増加し，これにより政府支出の増加がもたらされる．モデルでは政府からの公共サービスが家計の効用を高める効果を取り入れているため，政府支出の増加は家計の効用を高める．このようにして導出された，最適な消費税率が実現されている時の，租税負担率をここでは「最適な」租税負担率と呼ぶことにする．また，この「最適な」租税負担率に社会保障負担率を足し合わせたものを「最適な」国民負担率と呼ぶことにする．

　本章では，社会保障部門については，公的年金部門のみを考慮しているが，本モデルの枠組みにおいて最適な公的年金の規模（ここでは，最適な社会保障負担率）を導出することは非常に困難である．なぜならば，公的年金の重要な役割の1つは将来の様々な不確実性に対処できることであるが，本モデルでは完全予見が仮定されているために，公的年金の利点を十分に取り込めていない．

---

5)　ケースA・B・Cを通じて，人口は一定に保たれている．すべてのシミュレーション・ケースについて，人口（AN_t）は180.98である．

したがって,「最適な」国民負担率を導出するためには,今後の公的年金の規模について何らかの仮定をおく必要がある[6]。

本章では,今後の公的年金改革のスケジュールに関する2つのシナリオの下で,「最適な」国民負担率を算出している。1つのシナリオは,所得代替率を現在と同一に保つシナリオである。ケースBとCは,基準ケースAと所得代替率が同一のケースである。この場合には,少子高齢化に伴い,年金保険料率が上昇する。もう1つのシナリオは,2017年以降は年金保険料率が上限の18.30％に固定されるという,現行のわが国での公的年金制度のスケジュールに従う場合である。ケースB-1とC-1は,年金保険料率が18.30％に保たれるケースである。この場合には,少子高齢化の進展に伴い,所得代替率が低下する。

少子高齢化が進展すると,労働人口の比率が低下し,総生産 Y_t が減少する。その結果,総生産 Y_t に対する総税収 T_t の比率が上昇するが,これは実質的な税負担の増加を意味する。税収一定の仮定の下では,現在の定常状態(2005年)から高齢化定常状態(2025年と2050年)への移行に伴い,税負担が増加する。シミュレーションでは,この追加的な税負担を消費税で賄うこととする。1つの理由は,消費税は他の税よりも資本蓄積効果が高く,財源調達手段として最も望ましいからである[7]。もう1つの理由は,現在のわが国では消費税の増税論議が活発で,その政治的な実現可能性が高いからである。

また,上述の5つのケースについて,消費税率を自由に動かすことによって,それぞれ社会厚生を最大にするケースを考慮する。各ケースに対応するケースをそれぞれ,ケースA*・B*・B-1*・C*・C-1*とする。高齢化定常状態では,

---

[6] 本モデル分析の枠組みの下では,もし公的年金制度が存在しないとすると,公的年金制度が存在する場合よりも社会厚生が高まる。これは,公的年金が無い場合には,老後の生活資金を全て個人貯蓄で賄わなければならないため,貯蓄が促進され,資本が増加し,国民生産が高まるからである。しかしながら,公的年金制度には,完全予見を前提としたこの分析モデルでは捉えることのできない利点がある。例えば,公的年金制度の長所として,「将来の様々な不確実性に対処でき,安心感を得ることができること」などを挙げることができる。このような点を鑑み,本章では今後の公的年金制度の推移に関して2通りのシナリオを考慮することとした。

[7] Okamoto (2005a) では,少子高齢化の急速に進展するわが国においては,効率性および公平性の観点から累進支出税が最も望ましいとの結論が得られている。

表 2-2 公的年金制度の改革スケジュールについての 2 つのシナリオ

	ケース A (基準ケース: 2005 年)	ケース B (所得代替率一定: 2025 年)	ケース B-1 (年金保険率一定: 2025 年)	ケース C (所得代替率一定: 2050 年)	ケース C-1 (年金保険率一定: 2050 年)
政府支出 G	a56.51	56.51	56.51	56.51	56.51
労働所得税率[1] $\tau_w(wx^i e_s)$	8.1%	8.6%	9.1%	8.8%	10.3%
消費税率 τ_c	5%	6.46%[2]	5.53%[2]	9.48%[2]	5.93%[2]
利子所得税率 τ_r	20%	20%	20%	20%	20%
相続税率 τ_h	10%	10%	10%	10%	10%
資本労働比率 K/L	2.85	3.26	4.25	3.19	7.83
利子率 r	4.37%	3.57%	2.40%	3.70%	0.93%
賃金率 w	1.000	1.024	1.068	1.020	1.150
租税負担率 T/Y	14.1%	15.8%	15.4%	18.5%	17.3%
社会保障負担率 B/Y	12.7%	19.7%	16.7%	28.9%	17.2%
国民負担率 $(T+B)/Y$	26.8%	35.5%	32.1%	47.5%	34.5%
社会厚生 SW	−98.55	−103.05	−101.33	−111.81	−102.82

注 1：労働所得税の累進度に係わるパラメータは，全てのケースで $\alpha=-0.0334$, $\beta=0.0720$ が適用されている．表の値は平均労働所得税率を示している．
注 2：この変数が税収に関して内生変数であることを示す．

公的年金制度の所得代替率を固定する場合，および保険料率に上限を設ける場合，それぞれについて「最適な」国民負担率を算出する．以上より，シミュレーションでは次の 10 ケースを考える（表 2-2, 2-3 を参照のこと）．

① ケース A（基準ケース：2005 年）

労働所得税については，その累進度が現実に近くなるように設定し，平均税率は 8.1% とする．消費税率・利子所得税率・相続税率は，それぞれ 5%・20%・10% とする．

② ケース B・B-1（2025 年）

基準ケースから 2025 年の定常状態への移行に伴う税負担の増加を消費税で賄う．公的年金制度に関して，所得代替率を基準ケースと同一に保つ場合が

表 2-3 社会厚生を最大化したケースのシミュレーション結果

	ケース A* (基準ケース： 2005 年)	ケース B* (所得代替率一 定：2025 年)	ケース B-1* (年金保険料一 定：2025 年)	ケース C* (所得代替率一 定：2050 年)	ケース C-1* (年金保険料一 定：2050 年)
政府支出 G	124.35	115.05	119.40	100.82	117.10
労働所得税率[1] $\tau_w(wx^i e_s)$	8.1%	8.6%	9.1%	8.8%	10.3%
最適消費税率 τ_c^*	31.48%[2]	31.64%[2]	31.69%[2]	31.81%[2]	32.36%[2]
利子所得税率 τ_r	20%	20%	20%	20%	20%
相続税率 τ_h	10%	10%	10%	10%	10%
資本労働比率 K/L	2.85	3.26	4.25	3.19	7.83
利子率 r	4.37%	3.57%	2.40%	3.70%	0.93%
賃金率 w	1.000	1.024	1.068	1.020	1.150
租税負担率 T/Y	31.1%	32.2%	32.6%	33.1%	35.8%
社会保障負担率 B/Y	12.7%	19.7%	16.7%	28.9%	17.2%
国民負担率 $(T+B)/Y$	43.8%	51.9%	49.3%	62.0%	53.0%
社会厚生 SW^*	−26.52	−33.91	−30.08	−51.03	−31.74

注1：労働所得税の累進度に係わるパラメータは，全てのケースで $\alpha=-0.0334$, $\beta=0.0720$ が適用されている．表の値は平均労働所得税率を示している．
注2：この変数が税収に関して内生変数であることを示す．

ケース B である．年金保険料率を 2017 年以降の上限値にする場合が，ケース B-1 である．

③ ケース C・C-1（2050 年）

基準ケースから 2050 年の定常状態への移行に伴う税負担の増加を消費税で賄う．公的年金制度に関して，所得代替率を基準ケースと同一に保つ場合がケース C である．年金保険料率を 2017 年以降の上限値にする場合が，ケース C-1 である．

④ ケース A*・B*・B-1*・C*・C-1*

ケース A・B・B-1・C・C-1 に関して，それぞれ社会厚生が最大となるように消費税率を調整した場合が，ケース A*・B*・B-1*・C*・C-1* である．

表 2-4 基準ケースでのパラメータの値

	パラメータの値
効用におけるウェイト・パラメータ	$\mu=0.4436$
将来を割り引くための調整係数	$\delta=0.015$
異時点間の代替の弾力性	$\gamma=0.25$
政府支出の公共財の程度	$\rho=0.88$
退職年齢	$RE=61$
公的年金の支給開始年齢	$ST=62$
公的年金の所得代替率	$\theta=0.3339$
生産関数での代替の弾力性	$\sigma=0.6$
生産関数でのウェイト・パラメータ	$\varepsilon=0.2$
生産関数での規模パラメータ	$B=0.9593$
コーホートあたりの政府支出	$g=0.3123$

3.3 パラメータの設定

本章では日本経済の分析を念頭に置いているため，できる限り日本の現実に近くなるようにパラメータの値の設定を行っている．基準ケース（ケースA）では資本所得比率 K/Y，資本労働比率 K/L などのパラメータの値が，日本の現実値に近くなるように設定を行っている．シミュレーションで使用されるパラメータの値は，表2-4に示されている．

まず，効用関数において政府からの公共サービスに与えられるウェイト・パラメータ μ の設定についてであるが，経済産業研究所（2006）のアンケート結果を用いて推定を行い，その推定値を用いている（詳細については，補論Cを参照のこと）．

次に，国立社会保障・人口問題研究所（2002）のデータを用いて，次のパラメータの値を算出している．期待生存確率 p_s に関しては，モデルでは性による区別が無いため，2005年，2025年，および2050年について，男性と女性の平均値を使用している．また，このデータによると，21歳以上人口に対する65歳以上人口の割合は，2005年・2025年・2050年について，それぞれ24.90％・34.63％・44.47％である．シミュレーションでのこの割合が，それぞれ

表 2-5　個人所得税（所得税および住民税）の実効税率

	年間給与収入（百万円）	労働効率についてのウェイト	個人所得税（所得税および住民税）（千円）	実効税率（％）
低所得層	5	$x^l=0.714$	195	3.90
中所得層	7	$x^m=1$	459	6.56
高所得層	10	$x^h=1.429$	1,130	11.30

出典：財務省（2006a）の「夫婦子2人」のケースについてのデータより作成．

この推計値になるように，出生数の増加率 n を調整している（表2-1を参照のこと）．

　第3番目に，低・中・高所得層の稼得能力の差異を表すパラメータ x^l・x^m・x^h に関して，財務省（2006a）による表2-5のデータを用いて推定を行っている．モデルでの低・中・高所得層を，それぞれ年収500万円・700万円・1,000万円の家計とみなし，この所得の比率から，x^l・x^m・x^h を割り当てている．ここでは，中所得層を基準とし，$x^m=1$ としている．また，このデータを用いて，労働所得税の累進度を決定するパラメータ α，β の値を算出している．表2-5は，「夫婦子2人」のケースについて，年収500万円，700万円，1,000万円の家計の個人所得税（所得税と住民税）の実効税率を示している．基準ケースAのシミュレーションにおける低・中・高所得層の労働所得税率が，それぞれの実効税率の値に近くなるように，また，これと同時に，労働所得税の平均税率が財務省（2006a）で示唆される値（8.1％）になるように，α，β の値を選んでいる．

　最後に，公的年金制度に関して，基準ケースAの年金保険料率 τ_p が，2005年（10月以降）の現実の厚生年金の保険料率 14.288％ となるように，所得代替率 θ を選んでいる．ケースB・Cでは，所得代替率を基準ケースと同一に保ち，保険料率が内生的に決まる．逆に，ケースB-1・C-1では，年金保険料率を 18.30％ とし，所得代替率が内生的に決まる．これは，現行のわが国の公的年金改革のスケジュールに従い，2017年以降は厚生年金の保険料率が上限値の 18.30％ に固定されることを反映したものである．

4. 国民負担率と社会厚生

　財務省（2006a）によると，2006年度予算ベースで，わが国の租税負担率（＝(国税＋地方税)/国民所得）は23.0％，社会保障負担率（＝社会保障/国民所得）は14.7％，これらの合計である国民負担率は37.7％である．表2-2で示されるように，基準ケースAでは，租税負担率は14.1％，社会保障負担率は12.7％，そして国民負担率は26.8％である．シミュレーションでの租税負担率は，現実の値よりもかなり小さいが，これは本章のモデルでは法人税や固定資産税などを取り入れていないからである．一方，モデルでは医療・介護保険制度を取り扱っておらず公的年金制度のみであるが，それにもかかわらず，社会保障負担率については現実の値と近くなっている．これらの結果，シミュレーションでの国民負担率は，現実の値よりもかなり低いものとなっており，結果の解釈に際してこの点に留意する必要がある．

　本章では，資本蓄積への影響を効率性の指標とみなしている．その理由は，補論Bの (2-B1) 式で示されるように，非弾力的な労働供給の仮定の下では，資本ストックの水準が総生産を決定するからである．また，本章では，(2-8) 式で示される社会厚生を採用しているが，これは効率性と公平性の両方に依存している．

4.1　シミュレーション結果とその解釈

① 少子高齢化の影響

　表2-1はケースA・B・B-1・C・C-1について，これらのケースを特徴付けるパラメータの値を示している．少子高齢化の進展を反映して，2025年および2050年のケースでは，総労働供給 L_t が顕著に減少している．公的年金制度の所得代替率が一定の場合には，年金保険料率が急激に上昇している．ケースAでは保険料率が14.29％であるが，ケースBでは21.94％，ケースCでは32.28％へと上昇している．保険料率に上限値（18.30％）がある場合には，所得代替率が急激に低下している．ケースAでは所得代替率が0.334であるが，ケースB-1では0.279，ケースCでは0.189へと低下している．現行のわが国の公的年金制度は実質的に賦課方式であるため，少子高齢化の進展に伴

い，保険料および給付額に多大な影響を与えることが示される結果となった．

② 公的年金制度の改革スケジュールについての2つのシナリオ

表2-2では，今後のわが国の年金改革のスケジュールに関して2つのシナリオを想定した場合の結果を提示している．1つは，公的年金制度の所得代替率を基準ケースと同一に保つシナリオ（ケースBとC）である．もう1つは，年金保険料率を2017年以降上限値（18.30％）で維持するシナリオ，すなわち，わが国での現行の年金改革のスケジュール（ケースB-1とC-1）である．前者のシナリオのほうが，後者よりも公的年金の規模がはるかに大きいことが示されている．ケースCの社会保障負担率B/Yは28.9％であるが，ケースC-1では17.2％しかない．

公的年金の規模が小さいほうが，資本蓄積が促進され，総生産も増加している．これは，退職後の年金給付額が小さければ，老齢期の消費を賄うために，より多くの私的貯蓄が必要となるからである．年金規模の大きいケースCでは，資本労働比率K/Lは3.19に過ぎないが，年金規模の小さなケースC-1では7.83である．その結果，ケースC-1の社会厚生（−102.82）はケースCのそれ（−111.81）よりも改善している．

ただし，本シミュレーションでは完全予見の仮定を置いているため，例えば，将来の不確実性に対処できるといった，公的年金の持っている他の利点を十分に取り込めていない．もし公的年金が存在しなければ，貯蓄が増加し，これが資本ストックの増加につながり，その結果，総生産が増加し，社会厚生が高まる．シミュレーション結果を解釈するにあたって，このような本モデルの特性・限界に注意することが非常に重要である．

③ 社会厚生を最大化したケースのシミュレーション結果

ケースA・B・B-1・C・C-1それぞれについて，社会厚生を最大化したケースのシミュレーション結果が表2-3に提示されている．現在のわが国における政治的状況と財源調達手段としての望ましさを考慮し，消費税率を税収の調整に用いた．その結果，2005年，2025年，2050年の定常状態において，また，所得代替率一定と保険料率固定の両方の場合において，最適な消費税率が31

〜32％程度であることが示唆された[8]．公共サービスによる家計の受益を厳密に考慮すれば，最適な消費税率は現行の5％よりもはるかに高く，欧州での付加価値税の水準まで引き上げることが望ましい可能性があることが示された．

「最適な」租税負担率 T/Y は，少子高齢化が進展するにつれて，若干上昇している．ケースA*（2005年）では31.1％であるが，ケースC-1*（2050年）では35.8％である．この理由として，2050年では老齢人口比率が上昇しているために，総生産 Y が低下していることが考えられる．ケースA*では Y は400.5であるが，ケースC-1*では327.4である．社会保障負担率 B/Y は，所得代替率が基準ケースと同一のケースで高く，年金保険料率に上限があるケースでは低い．例えば，ケースC*では B/Y は28.9％であるが，ケースC-1*では17.2％である．このような社会保障負担率の違いは，あまり最適な消費税率に影響を与えないことが示唆される結果となった．

「最適な」租税負担率と社会保障負担率の合計である，「最適な」国民負担率は，2025年（ケースA*）では43.8％，2025年では51.9％（ケースB*）と49.3％（ケースB-1*），2050年では62.0％（ケースC*）と53.0％（ケースC-1*）となっている．公的年金制度の所得代替率を一定としたケースのほうが，現行のわが国の年金スケジュールを想定したケースよりも，社会保障負担率が高くなるため，「最適な」国民負担率は高い．また，それは，少子高齢化が進展するにつれて高くなっている．特に，公的年金制度に関して所得代替率を一定に維持する場合には，わが国の「最適な」国民負担率が50％を上回る可能性があることを，このシミュレーション結果は示している．

④ 国民が許容できる潜在的な国民負担率についての加重平均値

補論Cでは，国民が許容できる潜在的な国民負担率についての加重平均値が42.4％であることが示されている．一方，表2-3で示されるように，本章でのシミュレーションの結果として得られた，2005年の「最適な」国民負担

---

[8] この結果によって，本章がわが国の消費税率を現行の5％からその水準にまで引き上げるべきであると主張しているわけではないことに注意する必要がある．先述の通り，本章のモデルでは法人税や固定資産税などを取り入れていない．一方，政府支出による便益については包括的に捉えている．このため，本章での「最適な」消費税率は，必然的にやや高目の数値を取る傾向がある．

率は43.8%（ケースA*）であり，ほぼ近い値になっている．2025年，2050年と少子高齢化が進展していくと，「最適な」国民負担率が徐々に上昇していく（例えば，ケースC*では62.0%）．これは，主として社会保障負担率の増大によるものであるが，国民が許容できると考える国民負担率の平均値42.4%との乖離が徐々に拡大していく．

この理由としては，道路・橋梁や安全には実際には多額のコストが掛かり，国民はその恩恵を受けているにもかかわらず，あまりそれを認識していないことが考えられる．補論Cでは，経済産業研究所（2006）のアンケート結果を用いて，効用関数における，公共サービスに対するウェイトの推定を行っている．表2-6では，公共事業および防衛については，そのウェイトが他の項目に比べてかなり低い（それぞれ0.340, 0.398）ことが示されている．

⑤ 重要なパラメータの感度分析

家計が政府支出による受益を享受していることをモデルで考慮する場合に，2つの重要なパラメータが存在する．1つは，家計の効用関数において公共サービスに与えられるウェイト・パラメータμである．もう1つは，政府支出の公共財の程度を表すパラメータρである．これらのパラメータの変化がシミュレーション結果に与える影響を調べることは，本モデル分析において非常に重要である．本モデルと同様のモデルが用いられているOkamoto（2006）では，これらの感度分析が行われている．ここでは，その結果を要約しておく．

まず，公共サービスに与えられるウェイト・パラメータμを大きくすると，「最適な」国民負担率は上昇する．μが大きくなることは，家計が公共サービスからより大きな効用を得ることを意味するため，政府の規模が大きいことが望ましくなる．

次に，政府支出の公共財の程度を表すパラメータρを大きくすると，より私的財的な性格を持つことになるが，「最適な」国民負担率は上昇する．政府支出がより私的財的な性格を持つようになると，家計に対する公共サービスがより非効率的にもたらされることを意味する．家計の効用関数は，個人消費と政府によるサービスから加法的に構成されているが，この場合，政府からのサービスの部分が効用最大化の足を引っ張る要因となる．本モデルで採用されて

いる効用関数の凹性により，限界効用逓減の法則が成り立っていることがこの結果を生じさせている．家計は，より多くの資源を政府部門にまわすことによって，効用最大化を図ることができる．

4.2 留意すべき点

本章でのシミュレーション結果を解釈するにあたって，次の5点に留意する必要がある．

第1に，本章では非弾力的な労働供給が仮定されている．このために，累進課税の持つ部分的な効果のみが存在し，超過負担が発生しない．課税の包括的な影響を取り入れた分析を行うために，弾力的な労働供給をモデルに導入するべきである〔なお，Okamoto (2007) では，弾力的な労働供給を持つモデルを用いて分析を行っている〕．しかしながら，わが国の労働供給は税引き後の賃金率に対してかなり非弾力的であることを示唆する先行研究がいくつか存在する．例えば，Asano and Fukushima (1994) は，労働供給の補償弾力性が0.27であると推定している．ここで，彼らの研究では代替効果のみが推定されていることに注意すべきである．もし所得効果も推定されていれば，税引き後の賃金率に対する労働供給の弾力性として，さらに小さな値が得られたであろう．

第2に，本章では少子高齢化の影響が考慮されているが，3つの定常状態（2005年，2025年，2050年）の分析に止まっている．租税・社会保障制度の改革は，異なる世代に異なる影響を与える．特に，現在世代と将来世代は改革から異なる影響を受ける[9]．このため，移行過程の分析に拡張を行う必要がある．

第3に，シミュレーション・モデルは，家計による完全予見の仮定の下で解かれている．家計は正確に利子率，賃金率，税率，保険料率などを予測する．もし完全予見の仮定が無ければ，生涯効用の最大化を図る家計は，より多くの

---

[9] 例えば，労働所得税から消費税への移行は，その過程において所得移転を生み出す．税制改革の最初の時点では，既に労働所得税を支払った高齢者が追加的に消費税を支払わなければならないだろう．この世代はこのような二重の負担を被ることになるので，消費税への移行はパレート最適ではない．消費税への移行を実施するためには，この世代の二重の負担に対する解決策も同時に考慮する必要がある．

資産を持つことになるだろう．家計が危険回避的であればあるほど，この効果は大きくなる．

第4に，本章では2025年・2050年の定常状態を取り扱っているが，全要素生産性の上昇を考慮していない．深刻な少子高齢化・人口減少に直面する今後のわが国においては，経済成長の主な源泉は，全要素生産性（TFP）の上昇であると考えられる．全要素生産性の上昇を考慮すれば，その程度に応じて，経済成長が促され，社会厚生も改善する．

最後に，シミュレーションの結果は与えられたパラメータの値に依存しているので，パラメータの値が変化した場合の影響に注意する必要がある．上述のように，効用関数における公共サービスのウェイト・パラメータ μ，および政府支出の公共財の程度を表すパラメータ ρ の変化がもたらす影響に留意する必要がある．また，効用関数における異時点間での代替の弾力性 γ の変化は，資本蓄積に大きな影響を与える．

5. おわりに

本章では，少子高齢化の急速に進展するわが国における税制改革の指針を見出すために，望ましい国民負担率の水準について考察を行った．家計の受益と負担のバランスを包括的に考慮できるように，ライフサイクル一般均衡モデルを拡張した上で，シミュレーション分析を行った．その際，家計の効用関数において公共サービスに与えられるウェイト・パラメータの設定が重要になってくるが，経済産業研究所（2006）の最適負担に関するアンケート結果に基づいてこのパラメータの値の推定を行った．

シミュレーションの結果，政府支出によって家計にもたらされる便益を包括的に考慮した場合には，少子高齢化の進展や社会保障の規模にあまりかかわりなく，社会厚生を最大にする消費税率が31～32%程度であることが示された．わが国の現行の消費税率は5%であり，消費税率を上昇させることによって，より高い社会厚生を達成できる可能性があることが示唆された．ただし，本章のモデルでは法人税や固定資産税を考慮していないために最適な消費税率が約30%と高目に算出されている側面もあり，本章が現行の消費税率を約30%の

水準にまで引き上げるべきであると主張しているわけではないことに注意する必要がある．

また，少子高齢化が進展するにつれて，望ましい国民負担率が徐々に上昇することが示された．少子高齢化のさらに進展した2050年には，それが50％を超える可能性があることが明らかとなった．経済産業研究所（2006）のアンケート結果に基づいて推定を行った結果，わが国の国民が許容できる潜在的な国民負担率は42.4％と推定された．少子高齢化が進展するにつれて，望ましい国民負担の水準に関して，国民の意識との間に少なからぬ乖離が生じることが示唆される結果となった．

さらに，今後のわが国の公的年金制度に関して，現行の年金改革のスケジュールに従って保険料率に上限値（18.30％）を設定する場合には，所得代替率を一定に保つ場合と比べて，長期的に社会保障の規模がかなり縮小することが示された．このようにして，わが国の現行の年金改革のスケジュールは，かなり社会保障の規模を抑制していることが定量的に明らかとなった．また，今後のわが国の公的年金制度に関して，どのような改革のスケジュールを設定するかによって，長期的には国民負担率にかなり大きな違いが生じることが示唆された．

〈補論A〉：家計の効用最大化

第2節での各家計の通時的効用最大化問題は，制約式（2-3）の下で（2-2）式を最大化する問題として考えることができる．次式のようにラグランジュ関数を置く．

$$L^i = U^i + \sum_{s=21}^{95} \lambda_s^i \Big[-A_{s+1}^i + \{1+r(1-\tau_r)\}A_s^i \\ + \{1-\tau_w(wx^i e_s) - \tau_p\}wx^i e_s \\ + b_s^i + a_s^i - (1+\tau_c)C_s^i \Big] \quad (2\text{-}A1)$$

ここで，上付き文字 $i(=l, m, h)$ はそれぞれ低・中・高所得層を示し，λ_s^i は予算制約に関するラグランジュ乗数を表す．$s = 21, 22, \cdots, 95$ について，一階の

条件を求めると，

$$\frac{\partial L^i}{\partial C_s^i} = p_s(1+\delta)^{-(s-21)}\{C_s^i\}^{-\frac{1}{\gamma}} - \lambda_s^i(1+\tau_c) = 0 \qquad (2\text{-}A2)$$

$$\frac{\partial L^i}{\partial A_{s+1}^i} = -\lambda_s^i + \lambda_{s+1}^i\{1+r(1-\tau_r)\} = 0 \qquad (2\text{-}A3)$$

(2-A2) 式と (2-A3) 式により，消費の時間的経路を示す (2-7) 式が導出される．初期の消費 C_{21}^i が決まれば，(2-7) 式により消費経路が定まる．(2-7) 式を変形すると，次式が得られる．

$$C_s^i = \left(\frac{p_s}{p_{21}}\right)^\gamma \left\{\frac{1+r(1-\tau_r)}{1+\delta}\right\}^{\gamma(s-21)} C_{21}^i \qquad (2\text{-}A4)$$

(2-3) 式を $s=21, 22, \cdots, 95$ について逐次代入していき，意図的な遺産が存在しないことによる，端点条件 $A_{21}^i = A_{96}^i = 0$ を用いることにより，次式が導出される．

$$\sum_{s=21}^{95}\{1+r(1-\tau_r)\}^{-(s-21)}(1+\tau_c)C_s^i$$

$$= \sum_{s=21}^{RE}\{1+r(1-\tau_r)\}^{-(s-21)}[1-\tau_w(wx^i e_s)-\tau_p]wx^i e_s \qquad (2\text{-}A5)$$

$$+ \sum_{s=ST}^{95}\{1+r(1-\tau_r)\}^{-(s-21)}b_s^i + \{1+r(1-\tau_r)\}^{-29}a_{50}^i$$

C_{21}^i を求めるために，(2-A4) 式を (2-A5) 式に代入して解く．このようにして，C_{21}^i の解が得られる．

〈補論B〉：企業・政府の行動と市場均衡

第2節では，シミュレーション・モデルにおける家計の基本構造が述べられた．ここでは，企業・政府の基本構造，および市場均衡条件について説明される．

企業の行動

企業は1つの生産部門で表されるものとし，資本と労働を用いて生産を行う，

規模に関して収穫一定の生産関数を仮定する．資本は同質的で減価しないものとし，労働はその効率性のみが異なるものとする．すなわち，労働は完全代替であるが，低・中・高所得層の別，および年齢によって効率性が異なる．

集計された生産関数を，次式のようにCES型（資本と労働の代替の弾力性が一定の関数）で定式化する．

$$Y_t = B\left[\varepsilon K_t^{1-\frac{1}{\sigma}} + (1-\varepsilon)L_t^{1-\frac{1}{\sigma}}\right]^{\frac{1}{1-\frac{1}{\sigma}}} \quad (2\text{-B1})$$

ここで，Y_tは総生産量，K_tは総資本，L_tは効率単位で計った総労働供給，Bは規模パラメータ，εは生産における資本のウェイト・パラメータ，そしてσは生産要素（K_tとL_t）の間での代替の弾力性のパラメータを表している．生産関数の一次同次性より，次式が成立する．

$$Y_t = rK_t + wL_t \quad (2\text{-B2})$$

政府の行動

政府部門は，狭義の政府部門と年金部門から構成される．狭義の政府部門は租税を調達して，一般的な政府支出を賄う．公債の存在は仮定せず，均衡予算を仮定する．t期の狭義の政府部門の予算制約式は，次式で与えられる．

$$T_t = G_t \quad (2\text{-B3})$$

ここで，T_tは労働所得税・利子所得税・消費税・相続税からの総税収を示す．公的年金制度は，賦課方式によって運営されるものと仮定する．t期の年金部門の予算制約式は，次式で与えられる．

$$R_t = B_t \quad (2\text{-B4})$$

ここで，R_tは年金保険料収入，B_tはST歳以上の世代に対する年金給付総額を示す．

これら両部門は独立しており，部門間での移転は行われない．$T_t \cdot G_t \cdot R_t \cdot B_t$は，次式のように定義される．

$$T_t = LX_t + \tau_r rAS_t + \tau_c AC_t + \tau_h BQ_t \quad (2\text{-B5})$$

$$G_t = N_t \sum_{s=21}^{95} p_s(1+n)^{-(s-21)}g \quad (2\text{-B6})$$

$$R_t = \tau_p wL_t \quad (2\text{-B7})$$

$$B_t = N_t \sum_{s=ST}^{95} p_s (1+n)^{-(s-21)} \{b_s^l + b_s^m + b_s^h\} \qquad (2\text{-}B8)$$

ここで，g は各コーホートに対する1年あたりの政府支出，LX_t は労働所得税収を表す．LX_t は，3つの所得層について同じウェイトで足し合わせることにより導かれる．

$$\begin{aligned}LX_t = N_t \sum_{s=21}^{RE} p_s (1+n)^{-(s-21)} \Big[&\alpha w x^l e_s + \frac{1}{2}\beta(wx^l e_s)^2 \\ &+ \alpha w x^m e_s + \frac{1}{2}\beta(wx^m e_s)^2 + \alpha w x^h e_s + \frac{1}{2}\beta(wx^h e_s)^2 \Big]\end{aligned} \qquad (2\text{-}B9)$$

また，家計の供給する資産総額 AS_t・消費総額 AC_t は，それぞれ3つの所得層の和として，次式のように表される．

$$AS_t = N_t \sum_{s=21}^{95} p_s (1+n)^{-(s-21)} \{A_s^l + A_s^m + A_s^h\} \qquad (2\text{-}B10)$$

$$AC_t = N_t \sum_{s=21}^{95} p_s (1+n)^{-(s-21)} \{C_s^l + C_s^m + C_s^h\} \qquad (2\text{-}B11)$$

同様にして，遺産総額 BQ_t は次式のように定義される．

$$BQ_t = BQ_t^l + BQ_t^m + BQ_t^h \qquad (2\text{-}B12)$$

市場均衡

最後に，資本市場・労働市場・財市場の3つの市場の均衡条件について述べる．

① 資本市場の均衡条件

家計によって供給される資産総額が実物資本に等しいという関係により，次式が成立する．

$$AS_t = K_t \qquad (2\text{-}B13)$$

② 労働市場の均衡条件

効率単位で計った，企業によって需要される総労働需要が家計によって供給される総労働供給に等しいという関係により，次式が成立する．

$$L_t = N_t \sum_{s=21}^{RE} p_s (1+n)^{-(s-21)} \{x^l + x^m + x^h\} e_s \qquad (2\text{-}B14)$$

③ 財市場の均衡条件

総産出量が，消費・投資・政府支出の和に等しいという関係により，次式が成立する．

$$Y_t = AC_t + (K_{t+1} - K_t) + G_t \qquad (2\text{-}B15)$$

以上の方程式体系を連立させて，コンピュータを用いた均衡計算を行う．

〈補論 C〉：アンケートによるパラメータの推定

経済産業研究所（2006）のアンケート結果に基づいて，次の2点について推計を行った．1つは，家計の効用関数において政府からの公共サービスに与えられるウェイト・パラメータ（μ）の推定である．もう1つは，わが国の国民が許容できる潜在的な国民負担率についての加重平均値の推定である．

① ウェイト・パラメータ（μ）の推定

アンケートの問2（政府支出の増減への考え）に基づいて，公共サービスに与えられるウェイト・パラメータに関して次のような推定を行った（1章の図1-1を参照）．まず，移転支出である「社会保障」を除いた4つの項目，「公共事業」「文教および科学振興」「防衛」「治安」について，ウェイトを

「今より増やすべきだ」：1
「どちらかといえば今より増やすべきだ」：0.75
「今と同じくらいがよい」：0.5
「どちらかといえば今より減らすべきだ」：0.25
「今より減らすべきだ」：0

として，それぞれの加重平均値を導出した．その結果は，表2-6に示されている．

次に，これら4つの項目について，わが国の現実での予算配分における構成比率を考慮して，全体の加重平均値を算出した．治安以外の3項目に関しては，財務省（2006c）により平成18年度の一般歳出のデータを用いた．治安については，一般歳出に項目が無いため，財務省（2006b）により，平成18年度の警察庁の概算要求額を用いた．このようにして，社会保障を除く全体の加重平均値，すなわち，公共サービスに与えられるウェイト・パラメータの推定値，

表2-6　政府支出の各項目の加重平均値と構成比率

	アンケート結果に基づく加重平均値	2006年度予算における構成比率（％）
公共事業	0.340	41.4
文教および科学振興	0.620	30.1
防衛	0.398	27.7
治安	0.728	0.8

出典：経済産業研究所（2006）と財務省（2006b，2006c）より作成．

0.4436が得られた．

② 国民が許容できる潜在的な国民負担率の加重平均値の推定

アンケートの問14（潜在的な国民負担率の許容範囲）に基づいて，わが国の国民が許容できる潜在的な国民負担率についての加重平均値の推定を行った（1章の図1-17を参照）．「30％以下」「30％～40％」「40％～50％」「50％～60％」「60％～70％」「70％以上」を，それぞれ25％，35％，45％，55％，65％，75％で代表し，加重平均値を算出した．このようにして，許容できる潜在的な国民負担率の加重平均値，42.4％が導出された．

〈参考文献〉

岩本康志（2006）「社会保障の規模拡大は経済に悪影響を与えるのか」『季刊社会保障研究』42(1)号，2-3頁．
経済産業研究所（2006）「最適負担に関する国民の意識調査報告書」最適負担率研究会．
厚生労働省（2005）「平成16年賃金構造基本統計調査（平成17年度）」労働法令協会．
国立社会保障・人口問題研究所（2002）「日本の将来推計人口（平成14年1月推計）：平成13（2001）年～平成112（2100）年」．
財務省（2006a）「税のはなしをしよう．」5月．
財務省（2006b）「平成18年度一般会計概算要求額調」
（http://www.mof.go.jp/jouhou/syukei/h18/h170913.htm. で入手可能）

財務省 (2006c)「平成18年度一般歳出概算(財務省原案)」 (http://www.mof.go.jp/genan18/yosan003.pdf. で入手可能)
内閣府 (2003)『平成15年版 経済財政白書』.
本間正明・跡田直澄・岩本康志・大竹文雄 (1987)「年金:高齢化社会と年金制度」浜田宏一・黒田昌裕・堀内昭義編『日本経済のマクロ分析』東京大学出版会, 第6章: 149-175頁.

Altig, D., Auerbach, A. J., Kotlikoff, L. J., Smetters, K. A., and Walliser, J. (2001) "Simulating Fundamental Tax Reform in the United States," *American Economic Review* 91(3): pp. 574-595.

Asano, S. and Fukushima, T. (1994) "Some Empirical Evidence on Demand System and Optimal Commodity Taxation," *Discussion Papers in Economics and Business*, 94-01, Faculty of Economics, Osaka University.

Atkinson, A. B. (1999) *The Economic Consequences of Rolling Back the Welfare State*, The MIT Press.

Auerbach, A. J. and Kotlikoff, L. J. (1983) "An examination of empirical tests of social security and savings," In : Helpman, E., Razin, A., and Sadka, E. (eds.), *Social policy evaluation : an economic perspective*, New York : Academic Press, pp. 161-179.

Auerbach, A. J. and Kotlikoff, L. J. (1987) *Dynamic Fiscal Policy*, Cambridge : Cambridge University Press.

Borcherding, T. E. (1985) "The Causes of Government Expenditure Growth : A Survey of the U. S. Evidence," *Journal of Public Economics* 28(3): pp. 359-382.

Ihori, T., Kato, R. R., Kawade, M., and Bessho, S. (2005) "Public Debt and Economic Growth in an Aging Japan," COE Discussion Papers COE-F-100, Faculty of Economics, The University of Tokyo.

Okamoto, A. (2004) *Tax Policy for Aging Societies : Lessons from Japan*, Springer.

Okamoto, A. (2005a) "Simulating Progressive Expenditure Taxation in an Aging Japan," *Journal of Policy Modeling* 27(3): pp. 309-325.

Okamoto, A. (2005b) "Simulating Fundamental Tax Reforms in an Aging Japan," *Economic Systems Research* 17(2): pp. 163-185.

Okamoto, A. (2006) "An Optimal Rate of the National Burden in an Aging Japan," *Kyoto Economic Review* 75(1): pp. 13-34.

Okamoto, A. (2007) "Optimal Tax Combination in an Aging Japan," *International Economic Journal*, 21(1): pp. 91-114.

Okamoto, A. and Tachibanaki, T. (2002) "Integration of Tax and Social Security Systems," in *Social Security Reform in Advanced Countries* edited by Ihori, T. and Tachibanaki, T., Routledge, London and New York: pp. 132-160.

3章 望ましい財源調達手段[*]

橘木俊詔・岡本章・川出真清・畑農鋭矢
宮里尚三・島俊彦・石原章史

1. 一般均衡モデルと政府支出の便益評価

　Auerbach and Kotlikoff（1987）により確立したライフサイクル一般均衡モデル（以後，「一般均衡モデル」）の成果は目覚しい．わが国でも，本間ほか（1987a, 1987b）を嚆矢として数多くの研究が現れ，さまざまな視点からの興味深い分析結果を得ている．これらの先行研究の貢献を踏まえた上で，現在の標準的な一般均衡モデルが有する特徴を大胆にまとめれば，以下のような諸点を強調できるだろう[1]．

　第1に，個々の家計の生涯全体にわたる通時的な効用最大化行動を基礎として数値計算を行うことである．つまり，伝統的なマクロ計量モデルの重大な欠陥であったミクロ的基礎付けが明瞭になり，標準的な経済理論に基づく定量的政策評価が可能になった．第2に，動学的なモデルであるため，家計の最適化行動によって決定される貯蓄が実物資本の蓄積と結び付けられ，将来の産出水

---

[*] 本章を作成するにあたり，経済産業研究所の中間報告会およびディスカッション・ペーパー検討会において，吉冨勝前所長，細谷祐二前研究調整ディレクター，川本明研究調整ディレクター，森川正之コンサルティングフェロー，山崎伸彦コンサルティングフェローを始めとする参加者の方々から貴重かつ有益なコメントを頂いた．ここに記して感謝したい．残る過誤は著者たちの責任である．

[1] ライフサイクル一般均衡モデルの発展の歴史や手法の展望については上村（2002）を参照．

準に影響を与える．部分均衡モデルとは異なり，貯蓄の変化は利子率の変化をも引き起こして，将来の経済の経路に決定的な影響を及ぼすのである．第3に，寿命の不確実性やそれに伴う遺産行動を考慮したモデルであれば，寿命の確実性を仮定したモデルに比べて，特に高齢期の消費・貯蓄行動を現実的に捉えることが可能となる．また，寿命の不確実性の導入にあたって，現実のわが国のデータである生命表を用いるので，この面からもシミュレーションは現実性を持つ．

しかし，現段階における一般均衡モデルは，様々な政策課題に応えるための必要要件を十分に備えているとは言えない．たとえば，上村（2002）は以下の8つの課題を挙げている．

①開放経済モデルへの拡張
②多財モデルへの拡張
③所得分布の移行過程における評価
④世帯内構造のモデル化
⑤遺産動機の精緻化
⑥期待形成の検討
⑦失業のモデル化と人口成長の内生化
⑧パラメータ推定と感応度分析の進展

たしかに，いずれも注目に値する重要な課題である．しかしながら，未曾有の高齢社会を間近に控えて，政府の規模や国民負担について議論を深めるために真っ先に解決せねばならないモデル改善の課題は別にあるとわれわれは考える[2]．政府支出の便益評価の側面である．これまでの一般均衡モデルの多くは政府の経済行動を負担の側面でしか捉えておらず，政府の規模や国民負担を検討する上で極めて不十分な成果しか期待できない．辛うじて，民間部門の生産関数に生産基盤型社会資本ストックを含めた加藤（2002）やKato（2002），生産基盤型社会資本の生産力効果に加えて生活基盤型社会資本の持つ効用増大

---

2) ただし，⑧については4節で検討を加えている．この問題に関しては本書7章も参照のこと．

効果をモデル化した川出（2003a, 2003b）や川出・別所・加藤（2004）を挙げることができるが，政府支出の便益を網羅的に把握したものとはなっていない．また，上枝（2001）は介護市場を一般均衡モデルに組み込んだ先駆的な貢献であるが，高齢者介護の分析を中心課題としているため，われわれの問題意識と整合的でない定式化が見られる．

そこで，本章のモデル改善に際して，最大の努力は政府支出の便益評価を一般均衡モデルに組み込むことに払われた．しかも，政府支出を一体のものとしてモデルに取り込むのではなく，医療支出や介護支出を一般政府支出と分離して個別にモデル化したのである．これらの政府支出を区別して一般均衡モデルの枠組みに取り込んだことは，本モデルの最大の貢献であり，分析上の重要な特徴であると言えよう．

本章の構成は以下のとおりである．続く第2節では一般均衡モデルの定式化について説明する．第3節では，モデルに登場するキーパラメータの設定について若干の解説を加える．第4節では，主要なシミュレーションの結果を提示し，そこから得られる政策的含意を明らかにする．第5節は本論のまとめである．

2. 政府支出の便益を含む一般均衡モデル

本モデルでは，21歳から95歳までの75期間のライフサイクルを持つ複数の世代が重複し，各世代内には異なる所得階層が存在する．われわれのモデルは，このタイプの最近の研究として注目されるAltig et al.（2001）と似通った構造を持つが，細分化された政府支出を効用関数に組み込んでいる点が大きく異なる．

以下では，モデルを構成する3部門である家計・企業・政府の基本的構造について順に述べ，最後に市場均衡の条件を示す．モデルは離散的時間で1年を単位として記述される．

2.1 家 計

家計には低・中・高所得の3つの所得階級があり，各世代内で同数ずつ存在

するものとする．世代間の人口構成は，人口成長率と期待生存率に依存する．j歳の家計が$j+1$歳まで生きている条件付確率を$q_{j+1|j}$とすると，21歳の家計がs歳まで生存する確率p_sは

$$p_s = \prod_{j=21}^{s-1} q_{j+1|j} \tag{3-1}$$

である〔2章の (2-1) 式と同じ〕．ただし，$p_{21}=1$, $p_{96}=0$ とする．

所得階級 $i(=1,2,3)$ の代表的家計の効用関数は，

$$U^i = \frac{1}{1-\frac{1}{\gamma}} \sum_{s=21}^{95} p_s (1+\delta)^{-(s-21)} \left\{ (C_s^i)^{1-\frac{1}{\rho}} + \kappa^l (l_s^i)^{1-\frac{1}{\rho}} \right\}^{\frac{1-\frac{1}{\gamma}}{1-\frac{1}{\rho}}} \tag{3-2}$$

と表される．ただし，

$$C_s^i = c_s^i + \kappa^h h_s + \kappa^m m_s + \kappa^g g$$

である．上付きの添え字 $i(=1,2,3)$ は所得階級を表し，低・中・高の3階級をそれぞれ表す．下付きの添え字 s は年齢を表している．

(3-2) 式の効用関数の中身を確認しよう．まず C_s^i は私的財の他に公的支出の一部を含むものであり，Aschauer (1985) の有効消費 (effective consumption) 概念に近い．また，l_s^i は余暇，δ は将来を割り引くための調整係数，γ は異時点間の代替の弾力性，ρ は同時点内での消費と余暇の間での代替の弾力性，κ^l は余暇に対するウェイト・パラメータである．

次に有効消費の中身を見ると，医療と介護を除く私的財の消費（支出）c_s^i，医療サービスへの支出 h_s, 介護サービスへの支出 m_s, 家計当たりの一般政府支出 g などから構成される．また，κ^h は医療サービスに対するウェイト・パラメータ，κ^m は介護サービスに対するウェイト・パラメータ，κ^g は一般政府支出に対するウェイト・パラメータである．なお，N_t を t 期に生まれた（$t+21$ 期に経済活動を開始する）各所得階級ごとの家計数，n を出生数の成長率とすると，$AN_t = 3N_t \sum_{s=21}^{95} p_s (1+n)^{-s}$ である．

所得階級 i に属する各家計の s 歳での予算制約式は次のようになる．

$$\begin{aligned}A_{s+1}^i = &\{1+r(1-\tau_r)\}A_s^i + [1-\tau_w-\tau_p-\tau_h-\tau_m]wx^i e_s(1-l_s^i) \\ &+ (1-\tau_m)b_s^i + a_s^i - (1+\tau_c)c_s^i - \theta_h h_s - \theta_m m_s\end{aligned} \tag{3-3}$$

$$0 \leq l_s^i \leq 1 \quad (21 \leq s \leq 61)$$
$$l_s^i = 1 \quad (62 \leq s \leq 95) \tag{3-4}$$

ここで，A_s^i は s 歳の期首に家計が保有する資産，r は利子率，w は労働の効率単位当たりの賃金率，e_s は稼得能力の年齢プロファイル，x^i は3所得階級の稼得能力の差異を表す加重係数，b_s^i は公的年金給付，a_s^i は s 歳のとき相続する遺産である．また，τ_w は労働所得税率，τ_r は利子所得税率，τ_c は消費税率，τ_p は公的年金保険料率（被雇用者負担分），τ_h は公的医療保険料率，τ_m は公的介護保険料率，θ_h は医療の自己負担率，θ_m は介護の自己負担率である．退職年齢は61歳であるとしている．

遺産については，死亡時期の不確実性の導入と整合的な，意図せざる遺産の存在を仮定する．つまり，死亡した家計の保有資産が，現在生存している家計に対して移転される．より具体的には，死亡した家計の遺産は，各所得層のグループ内部で，その時点における50歳の家計に相続される．各代表的家計が s 歳の時点で受け取る相続額は，各グループの総遺産を BQ_t^i，相続税率を τ_{beq} とすると，

$$a_s^i = \begin{cases} \dfrac{(1-\tau_{beq})BQ_t^i}{N_t p_{50}(1+n)^{-50}} & (s = 50 \text{ のとき}) \\ 0 & (s \neq 50 \text{ のとき}) \end{cases} \tag{3-5}$$

である．ここで，

$$BQ_t^i = N_t \sum_{s=21}^{95} (p_s - p_{s+1})(1+n)^{-s} A_{s+1}^i$$

として表される．

低・中・高所得層それぞれの代表的家計は，制約式（3-3）のもとで（3-2）式の期待効用を最大化するように，生涯全体にわたる消費・余暇を決定する．効用最大化の一階条件より，消費と余暇の水準の流列を表す漸化式は

$$V_s^i = \left(\frac{p_{s-1}}{p_s}\right)\left[\frac{1+\delta}{1+r(1-\tau_r)}\right]V_{s-1}^i \tag{3-6}$$

である．ただし

$$V_s^i = \left[\left\{(C_s^i)^{1-\frac{1}{\rho}} + \kappa^l(l_s^i)^{1-\frac{1}{\rho}}\right\}^{\frac{1-\frac{1}{\gamma}}{1-\frac{1}{\rho}}} (C_s^i)^{-\frac{1}{\rho}}\right]$$

となる．初期値 V_{21}^i を与えると上の式よりそれ以降の各年齢の V_s^i が得られる．各年齢の V_s^i より数値的に C_s^i, l_s^i が求められる．

社会厚生関数としてはベンサム型を採用し，

$$SW = \sum_{i=1}^{3} U^i \qquad (3\text{-}7)$$

とする．SW が社会厚生である．これは3所得階級の期待生涯効用の単純な和である．定常状態を考える場合には，1世代で代表することができるため，これで十分である．

2.2 企 業

企業は，2種類の資本と労働を用いて生産を行うと仮定する．資本は減価しないものとする．労働は完全代替であるが，低・中・高所得層の別，さらにその年齢により効率性が異なる．生産関数は次のようにコブ=ダグラス型で定式化する．

$$Y_t = QK_t^\alpha L_t^{1-\alpha} \qquad (3\text{-}8)$$

ここで，Y_t は総生産物，K_t は民間資本，L_t は家計により供給される効率単位で計った総労働供給，Q は規模パラメータ，α は資本分配率を表すパラメータである．

企業は労働に対し，賃金と年金保険料（雇用主負担分）を，また資本に対してレンタル料と資本所得税をそれぞれ支払うものとする．企業の利潤最大化問題は次式のように定式化される．

$$\max \Pi_t = Y_t - (1+\tau_{pf})wL_t - rK_t \qquad (3\text{-}9)$$

ここで，τ_{pf} は雇用主負担分の年金保険料率である．

2.3 政 府

政府部門は狭義の政府部門と公的年金部門，医療保険部門，介護保険部門から成る．

① 狭義の政府部門

狭義の政府部門は税を徴収し，それを一般政府支出と他の部門への移転に費やす．t 期における狭義の政府部門の予算制約式は，次のように表される．

$$T_t = G_t + \eta_p F_t + \eta_h H_t^D + \eta_m M_t^D \tag{3-10}$$

ここで，T_t は労働所得税・利子所得税・消費税・相続税による総収入，G_t は一般政府支出の総計，F_t は基礎年金給付の総計，H_t^D は公的医療保険の総需要，M_t^D は公的介護保険の総需要，η_p, η_h, η_m は F_t, H_t^D, M_t^D のうち一般税収により賄われる国庫負担割合を表すパラメータである．

T_t は，次のように定義される．

$$T_t = LX_t + \tau_r r AS_t + \tau_c AC_t + \tau_{beq} \sum_{i=1}^{3} BQ_t^i \tag{3-11}$$

ここで，LX_t は労働所得税収であり，次式で表されるように3所得階級についての単純和により得られる．

$$LX_t = N_t \sum_{s=21}^{61} \left[p_s(1+n)^{-s} \sum_{i=1}^{3} \left\{ \omega_1 w x^i e_s (1-l_s^i) + \frac{1}{2} \omega_2 \{ w x^i e_s (1-l_s^i) \}^2 \right\} \right] \tag{3-12}$$

ウェイトが同じであるのは各階級の人口に占める割合が等しいからである．この労働所得税は累進税である．累進税の導入方法については Auerbach and Kotlikoff（1987）や Altig et al.（2001）での方法を採用した．z を課税ベース，ω_1 と ω_2 を累進度を表すパラメータとして

$$\tau_w = \omega_1 + \frac{1}{2} \omega_2 z \tag{3-13}$$

と表される．$\omega_2=0$ のとき比例税となる．ω_1 が小さいほど，そして ω_2 が大きいほど，累進度は高くなる．課税ベースは粗賃金率 $wx^i e_s (1-l_s^i)$ である．利子所得税・消費税・資本所得税については比例税を適用する．

② 公的年金部門

公的年金制度はわが国の現行の制度に近い賦課方式とし，基礎年金部分と各家計の標準報酬年額に比例する部分とから成るとする．受給開始年齢を ST,

基礎部分を f，標準報酬年額を H^i，H^i に比例する部分の加重係数を θ_b，実際に働くのをやめた年齢（退職年齢以下）を RH^i と表すと，年金給付額は次のように表される．

$$b_s^i = \begin{cases} f+\theta_b H^i & (s \geq ST) \\ 0 & (s < ST) \end{cases}$$

$$\text{ここで，} H^i = \frac{1}{RH^i-20} \sum_{s=21}^{RH^i} wx^i e_s (1-l_s^i)$$
(3-14)

このように，年金給付は，各所得階級の稼得能力の差異を反映したものとなる．

t 期における公的年金部門の予算制約式は，次のように表される．

$$R_t = (1-\eta_p)F_t + P_t \tag{3-15}$$

R_t は年金保険料収入，F_t は基礎年金給付の総計，P_t は報酬比例部分の総給付である．また，前述のとおり，η_p は一般税収により賄われる国庫負担割合を表すパラメータである．R_t, F_t, P_t は，次のように定義される．

$$R_t = (\tau_p + \tau_{pf})wL_t \tag{3-16}$$

$$F_t = N_t \sum_{s=ST}^{95} \{p_s(1+n)^{-s} 3f\} \tag{3-17}$$

$$P_t = N_t \sum_{s=ST}^{95} \left\{ p_s(1+n)^{-s} \sum_{i=1}^{3} \theta_b H^i \right\} \tag{3-18}$$

③ 公的医療保険部門

公的医療保険制度については，医療サービスの期間は 21 歳から 95 歳までとする．負担に関しては，21 歳から退職まで保険料を支払い，生存中は自己負担を行うものとする．

t 期における公的医療保険部門の予算制約式は次式で表される．ただし，前述のとおり，η_h は一般税収により賄われる国庫負担割合を表すパラメータである．

$$H_t^S = (1-\eta_h)H_t^D \tag{3-19}$$

ここで，H_t^D は公的医療保険の総需要（総給付），H_t^S は公的医療保険の総供給（総保険料）であり，次式が成立している．

$$H_t^D = N_t \sum_{s=21}^{95} p_s (1+n)^{-s} 3(1-\theta_h) h_s \qquad (3\text{-}20)$$

$$H_t^S = N_t \sum_{s=21}^{61} p_s (1+n)^{-s} \sum_{i=1}^{3} \tau_h w x^i e_s (1-l_s^i) \qquad (3\text{-}21)$$

④ 公的介護保険部門

公的介護保険制度については，65歳からそのサービスを受けるものとする．40歳から退職までは稼得所得から支払い，退職後も年金から負担を行うものとする．

$$\begin{cases} \tau_m = 0 & (s = 21, 22, ..., 39) \\ \tau_m > 0 & (s = 40, 41, ..., 95) \end{cases}$$

t 期における公的介護保険部門の予算制約式は次のように表される．ただし，前述のとおり，η_m は一般税収により賄われる国庫負担割合を表すパラメータである．

$$M_t^S = (1-\eta_m) M_t^D \qquad (3\text{-}22)$$

ここで，M_t^D は公的介護保険の総需要（総給付），M_t^S は公的介護保険の総供給（総保険料）であり，次式が成立している．

$$M_t^D = N_t \sum_{s=65}^{95} p_s (1+n)^{-s} 3(1-\theta_m) m_s \qquad (3\text{-}23)$$

$$M_t^S = N_t \sum_{s=40}^{61} p_s (1+n)^{-s} \sum_{i=1}^{3} \tau_m w x^i e_s (1-l_s^i) \\ + N_t \sum_{s=ST}^{95} p_s (1+n)^{-s} \sum_{i=1}^{3} \tau_m b_s^i \qquad (3\text{-}24)$$

2.4 市場均衡

最後に，資本・労働・財市場の均衡条件を記述する．

家計により供給される資本 AS_t は3所得階級の単純和により次式のように表される．

$$AS_t = N_t \sum_{s=21}^{95} \left\{ p_s (1+n)^{-s} \sum_{i=1}^{3} A_s^i \right\} \qquad (3\text{-}25)$$

家計の供給する資産が，民間資本に等しいという関係により，資本市場の均衡条件

$$AS_t = K_t \qquad (3\text{-}26)$$

が得られる．

効率単位で計った企業の総労働需要が家計による総労働供給に等しいという関係により，労働市場の均衡条件

$$L_t = N_t \sum_{s=21}^{61} \left\{ p_s(1+n)^{-s} \sum_{i=1}^{3} x^i e_s (1-l_s^i) \right\} \qquad (3\text{-}27)$$

が得られる．

家計の総消費 AC_t は3所得階級の単純和により次式のように表される．

$$AC_t = N_t \sum_{s=21}^{95} \left\{ p_s(1+n)^{-s} \sum_{i=1}^{3} C_s^i \right\} \qquad (3\text{-}28)$$

これを用いて，総生産物が民間消費と投資および政府支出の和に等しいという関係により，財市場の均衡条件

$$Y_t = AC_t + (K_{t+1} - K_t) + G_t \qquad (3\text{-}29)$$

が得られる．

3. モデル構造を規定するパラメータの設定

前節で提示した体系に基づき計算を行うためには，モデルの構造を規定するパラメータに具体的な数値を与えなければならない．おおまかに分けると，家計や企業の行動様式を決めるパラメータと政府部門の財政制度を設定するためのパラメータである．本節では，これらのパラメータの設定について解説を加える．

3.1 家　計

① 人口構造

j 歳の家計が $j+1$ 歳まで生存している条件付確率 $q_{j+1|j}$ は国立社会保障・人口問題研究所『日本の将来推計人口（2002年1月推計）』により推計された将来生命表から得た男女別の生残率の男女間平均値を用いた．ただし，$p_{21}=1$，

表 3-1 家計の選好に関するパラメータ設定

	意味	標準	Altig et al.	先行研究	高弾力性
γ	異時点間の代替の弾力性	0.939443	0.25	0.3	1.5
ρ	同時点内の代替の弾力性	0.931162	0.8	0.6	0.931162
κ^l	余暇に対するウェイト	0.800470	1.0	0.1	0.800470
δ	将来を割り引くための調整係数	−0.02	−0.07	−0.01	−0.015
κ^h	医療サービスに対するウェイト	1.0			
κ^m	介護サービスに対するウェイト	1.0			
κ^g	一般政府支出に対するウェイト	0.54794182			

$p_{96}=0$ とする.

N_t を t 期に生まれた ($t+21$ 期に経済活動を開始する) 各所得階級ごとの家計数, n を出生数の成長率とすると, 21歳以上家計数は $3N_t \sum_{s=21}^{95} p_s (1+n)^{-s}$, 65歳以上家計数は $3N_t \sum_{s=65}^{95} p_s (1+n)^{-s}$ と計算できる. シミュレーションにおいては, 65歳以上家計数の21歳以上家計数に占める割合が現実の65歳以上人口比率に近くなるように n を設定した. 具体的な65歳以上家計数の21歳以上家計数に占める割合は, 2005年時点の定常状態を計算するケースで 0.2490363, 2050年時点では 0.4447062 である.

② 選好など

家計の選好に関わるパラメータの設定については表 3-1 にまとめた.

まず, 効用関数の形状を決定する γ (異時点間の代替の弾力性), ρ (同時点内の代替の弾力性), κ^l (余暇に対するウェイト) については, 日本の現実のデータを用いて推定作業を行い, その結果得られた値を「標準」ケースとして採用した[3]. また, これら3つのパラメータの違いによる計算結果の相違を比較検討するため, Altig et al. (2001) と同等のケース (「Altig et al.」ケース), わが国の先行研究において長く用いられてきた数値を利用したケース (「先行研究」ケース), さらには異時点間の弾力性の値を大きくしたケース (「高弾力性」ケース) についても計算を行っている. ただし, 将来を割り引く

---

3) 詳細については7章を参照されたい. ただし, 本章で用いた値は推定作業の中間段階におけるものであり, 7章の最終的な結果と必ずしも一致しない.

表 3-2　企業行動に関するパラメータ設定

	意味	標準	Altig et al.	先行研究	高弾力性
Q	規模パラメータ	0.452	0.45	0.64	0.4
α	資本分配率	0.3			

ための調整係数 δ については，計算可能性を考慮して数値が与えられていることに注意が必要である[4]．また，これら4つのケースにおいて効用関数は異なる形状を持つから，各ケース間で効用や社会厚生を比較することには意味がないことにも留意すべきであろう．

　有効消費を形成する3つの財政支出関連項目，すなわち，医療サービス，介護サービス，一般政府支出に対するウェイトについては以下のように考えた．まず，医療サービスと介護サービスは私的財と似た性質を有するものとし，ウェイトを1に設定した．一般政府支出については，本研究会において実施したアンケートの結果を参考にウェイト・パラメータを算出した[5]．

③　その他

　家計の意思決定に関連する残されたパラメータとして，稼得能力の年齢プロファイル e_s，3所得階級の稼得能力の差異を表す加重係数 x^i，医療支出の年齢プロファイル h_s，介護支出の年齢プロファイル m_s がある．これらのうち，稼得能力の年齢プロファイルは厚生労働省『賃金構造基本統計調査』（賃金センサス）の年齢別賃金データより得た．また，3所得階級の稼得能力の差異には，財務省資料において代表的家計と想定されている3階級の所得格差を当てた[6]．医療支出については年齢別の医療費データを用いた[7]．介護支出については，年齢別の要介護確率に，要介護度別の介護費用を掛け合わせて計算した[8]．

4）　シミュレーション結果が現実に近い姿を見せるように将来を割り引くための調整係数 δ と後述する生産関数の規模パラメータ Q を用いて調整を行った．具体的には，資本労働比率や資本生産比率を可能な限り現実の値に近づけるようにした．ただし，計算可能であること，収束までの必要時間が長すぎないことも考慮した．
5）　補論 A を参照．アンケートの詳細については本書1章を参照．
6）　財務省「税のはなしをしよう．」(2005年10月発行)．
7）　補論 B を参照．

表 3-3 狭義の政府部門に関するパラメータ設定

	意味	標準	Altig et al.	先行研究	高弾力性
ω_1	累進度を表すパラメータ	−0.03752	−0.03885	−0.04736	−0.03637
ω_2	累進度を表すパラメータ	0.216	0.274	0.170	0.230
τ_r	利子所得税率	0.2（政策変更の場合は変化）			
τ_c	消費税率	0.05（政策変更の場合は変化）			
τ_{beq}	相続税率	0.1			

3.2 企 業

企業の生産活動に関するパラメータの設定は表 3-2 のとおりである．ここで，前述の δ と同様に計算可能性を考慮して，Q には調整のための数値が与えられていることに注意が必要である．

3.3 政府部門

① 狭義の政府部門

社会保障を除く狭義の政府部門において外生的に決定される必要があるのは4つの税率，すなわち労働所得税率，利子所得税率，消費税率，相続税率である．これらのうち，利子所得税率，消費税率および相続税率は比例税であり，当初の税率は表 3-3 のように単一に設定される．利子所得税率と消費税率については現実の制度に従い，相続税率については Kato (1998) の設定に倣った．ただし，政策変更シミュレーションを行う際には，財源確保のために利子所得税率や消費税率が内生的に決定される場合もある．

労働所得税は累進税である．課税ベースを z とおけば，ω_1 と ω_2 をパラメータとして，労働所得税率は，

$$\tau_w = \omega_1 + \frac{1}{2}\omega_2 z$$

と表される．この式を用いて，財務省資料（前掲）を参考に，低・中・高所得層の労働所得税率がそれぞれ 3.5%，6.0%，10.4% 程度となり，平均の労働

---

8) 補論 C を参照．

表3-4 公的年金部門に関するパラメータ設定

	意味	標準	Altig et al.	先行研究	高弾力性
τ_p	公的年金保険料率（被雇用者負担分）	0.07144			
τ_{pf}	公的年金保険料率（雇用主負担分）	0.07144			
η_p	基礎年金の国庫負担割合	1/3			
ST	受給開始年齢	62			
RH	退職年齢	61（以下）			
θ_b	標準報酬年額に比例する部分の加重係数	0.88447	1.0892	0.62007	0.9614

表3-5 公的医療・公的介護保険部門に関するパラメータ設定

	意味	標準値
τ_h	公的医療保険料率	0.082
θ_h	医療の自己負担率	0.3
η_h	公的医療保険の国庫負担割合	0.30942415
τ_m	公的介護保険料率	0.0125
θ_m	介護の自己負担率	0.1
η_m	公的介護保険の国庫負担割合	0.5

所得税率が 7.44% になるように，ω_1, ω_2 を調整した．

② 公的年金部門

　公的年金部門については，保険料率，基礎年金に対する国庫負担割合，受給開始年齢，退職年齢を，現実の制度を参考にして表3-4のように設定した．また，中所得層の報酬比例部分/基礎年金部分の値が 0.77661 程度になるように標準報酬年額に比例する部分の加重係数である θ_b を調整した．

③ 公的医療・公的介護保険部門

　公的医療・公的介護保険部門については，それぞれ保険料率，自己負担率，国庫負担割合を設定した．いずれも最新の制度を踏まえているが，公的医療保険の国庫負担割合に関しては統計データを利用して推計した[9]．

表 3-6　シミュレーションのケース分け

基準			0.3094	0.5
国庫補助	医療	0.25	0.25	0.5
	国庫	0.5	0.50	0.5
	介護	0.25	0.3094	0.25
	国庫	0.75	0.3094	0.75

表 3-7　社会厚生・所得階層別効用：基準からの変化率

内生制度変更	消費税率				利子所得税率			
	医療国庫		介護国庫		医療国庫		介護国庫	
	0.25	0.5	0.25	0.7	0.25	0.5	0.25	0.75
社会厚生	−0.013%	0.040%	−0.005%	0.004%	0.000%	−0.003%	0.005%	−0.005%
低所得	−0.012%	0.036%	−0.004%	0.004%	0.001%	−0.006%	0.005%	−0.005%
中所得	−0.013%	0.040%	−0.004%	0.004%	0.000%	−0.005%	0.005%	−0.005%
高所得	−0.015%	0.045%	−0.005%	0.005%	−0.001%	0.000%	0.004%	−0.005%

4. シミュレーション分析

ここでは，公的医療保険と公的介護保険の国庫負担割合を変更した場合の影響をシミュレーション分析した．ケースは表 3-6 のとおりである．

また，公的医療保険と公的介護保険の規模を不変にとどめるため，消費税率か利子所得税率を内生的に変更し，政府の予算制約が満たされるように計算を行った．したがって，シミュレーションのケースは，消費税率が内生の場合と利子所得税率が内生の場合に分かれる．消費税率が内生の場合には消費税と社会保険料の比較，利子所得税率が内生の場合には利子所得税と社会保険料の比較になることに注意を払うべきである．

加えて，高齢化の影響と効用関数のパラメータ設定の影響について比較検討を行う．まず，高齢化の状況が異なる 2005 年の定常状態と 2050 年の定常状態を比べる．また，効用関数のパラメータが異なる 4 つのケース，すなわち「標準」，「Altig et al.」，「先行研究」，「高弾力性」の 4 つのケースについて同様のシミュレーション計算を行い，結果の比較検討を試みた．

---

9)　補論 D を参照．

表 3-8 マクロ経済指標：基準からの変化率

内生	消費税率				利子所得税率			
制度変更	医療国庫		介護国庫		医療国庫		介護国庫	
	0.25	0.5	0.25	0.75	0.25	0.5	0.25	0.75
所得	−0.36%	1.13%	−0.11%	0.10%	−0.03%	0.01%	0.12%	−0.13%
資本	−0.94%	3.00%	−0.10%	0.11%	0.39%	−1.40%	0.81%	−0.82%
労働	−0.11%	0.34%	−0.10%	0.10%	−0.20%	0.63%	−0.17%	0.17%

表 3-9 財政指標：基準からの変化幅

内生	消費税率				利子所得税率			
制度変更	医療国庫		介護国庫		医療国庫		介護国庫	
	0.25	0.5	0.25	0.75	0.25	0.5	0.25	0.75
国民負担率	0.10%	−0.29%	0.03%	−0.03%	0.01%	0.00%	−0.03%	0.04%
租税負担率	−0.40%	1.28%	−0.27%	0.27%	−0.46%	1.48%	−0.30%	0.31%
社会保険料率	0.50%	−1.57%	0.29%	−0.29%	0.46%	−1.48%	0.27%	−0.27%

4.1 厚生の比較

表 3-7 は，社会厚生と所得階層別効用について，基準の計算結果からの変化率を示したものである．概ね，消費税を財源とする場合には国庫負担割合を上げたほうが厚生の上昇をもたらし，利子所得税を財源とする場合には国庫負担割合を下げたほうが厚生の上昇をもたらすことがわかる．税で賄わない場合には社会保険料が財源となることに注意すれば，医療・介護支出の財源としては消費税がもっとも望ましく，次いで社会保険料，最後に利子所得税という順番になると言える．

4.2 マクロ経済指標

このような変化の主な要因の1つは，所得に代表されるマクロ経済環境の変化である．表 3-8 は，これらマクロ経済指標について，基準の計算結果からの変化率を示したものである．これを見ると，所得の増加が厚生の上昇に寄与していることが読み取れるが，特に重要なことは所得の増大が主に資本蓄積によって生じている点である．

表 3-10　2005 年定常状態と 2050 年定常状態の社会厚生変化の比較

内生制度変更	消費税率				利子所得税率			
	医療国庫		介護国庫		医療国庫		介護国庫	
	0.25	0.5	0.25	0.75	0.25	0.5	0.25	0.75
2005	−0.013%	0.040%	−0.005%	0.004%	0.000%	−0.003%	0.005%	−0.005%
2050	0.070%	0.405%	0.124%	0.201%	−0.102%	0.202%	0.066%	−0.114%

表 3-11　パラメータの違いによる社会厚生に対する政策効果の比較

	内生制度変更	消費税率				利子所得税率			
		医療国庫		介護国庫		医療国庫		介護国庫	
		0.25	0.5	0.25	0.75	0.25	0.5	0.25	0.75
2005	標準	−0.32	1.00	−0.11	0.11	0.01	−0.09	0.11	−0.12
	Altig et al.	−0.33	1.00	−0.08	0.08	−0.18	0.54	0.03	−0.03
	先行研究	−0.33	1.00	0.04	−0.04	−0.17	0.47	0.17	−0.18
	高弾力性	−0.32	1.00	−0.13	0.12	0.05	−0.24	0.12	−0.13
2050	標準	0.17	1.00	0.31	0.50	−0.25	0.50	0.16	−0.28
	Altig et al.	0.18	1.00	0.35	0.50	−0.03	0.86	0.27	0.26
	先行研究	0.08	1.00	0.32	0.35	0.17	0.07	0.48	−0.15
	高弾力性	0.22	1.00	0.34	0.53	−0.03	0.49	0.24	0.00

つまり，消費税がもっとも望ましいのは資本蓄積に対する阻害効果が弱いからであり，逆に利子所得税の評価が低くなるのは資本蓄積を大きく阻害するためである．また，国民負担率に関連する指標について基準からの変化幅を示した表 3-9 によると，国民負担率の変化はあまり重要ではないことがわかる．厚生に決定的な影響を及ぼすのは，財源調達方法の構成であって，国民負担率の絶対水準ではない．

4.3　高齢化の影響

表 3-10 は，高齢化の影響を検討するために，2005 年の定常状態と 2050 年の定常状態を計算し，社会厚生の基準からの変化について比較したものである．第 1 に，消費税の厚生拡大効果は高齢化の進んだ 2050 年において大きくなることがわかる．第 2 に，2050 年においては，現状の医療費国庫負担割合は望ましくない．言い換えると，国庫負担割合を上げるか，または下げる政策が現状よりも望ましい．第 3 に，2050 年においては消費税がもっとも望ましいこ

表 3-12 2005 年定常状態と 2050 年定常状態の
マクロ経済指標の比較（変化率）

	標準	Altig et al.	先行研究	高弾力性
所得	−29.1%	−32.6%	−25.9%	−34.8%
資本	−23.1%	−27.3%	−26.2%	−32.4%
労働	−31.5%	−34.8%	−25.7%	−35.8%
賃金	−5.8%	−6.4%	−8.6%	−8.4%

表 3-13 2005 年定常状態と 2050 年定常状態の
財政指標の比較（変化幅）

	標準	Altig et al.	先行研究	高弾力性
租税負担率	+11.0%	+12.2%	+11.1%	+12.8%
保険料率	+18.3%	+20.0%	+15.6%	+21.0%
国民負担率	+29.4%	+32.2%	+26.8%	+33.7%
消費税率	+9.5%	+9.4%	+9.3%	+9.9%

とに変わりはないが，社会保険料と利子所得税の優劣は曖昧になる．

4.4 弾力性パラメータ等の影響

表 3-11 は，医療費の国庫負担割合 0.5 のケースにおける社会厚生の変化率を 1 に基準化したときの各政策による社会厚生の変化率の相対的な評価をパラメータの組み合わせによって比較したものである[10]．

2005 年においては，利子所得税と社会保険料の優劣がパラメータによって異なる可能性が注目される．すなわち，異時点間の弾力性が高いケースでは社会保険料の方が望ましく，異時点間の弾力性が低いケースでは利子所得税の方が望ましい．

また，2050 年においては，「先行研究」のケースで消費税増税の優勢の度合いが強く，利子所得税よりも社会保険料が望ましくなっている．このケースでは余暇ウェイトが小さく，労働の重要性が相対的に低く，資本蓄積の重要性が高くなるためと考えられる．

余暇ウェイトの設定が重要であることを別の視点からも確認しておこう．表 3-12 と表 3-13 は 2005 年定常状態と 2050 年定常状態を比較し，マクロ経済指

---

[10] 効用関数のパラメータが異なるため，変化率を直接的に比較することには意味がなく，各パラメータ・ケースの中での相対的な評価しかできない．

標と財政指標の変化について示したものである．この表によると，「先行研究」のケースで労働供給の減少の程度が小さく，それに伴って所得の減少も小さく抑えられていることがわかる．国民負担率の視点から見ても，労働供給の減少が小幅で済むため，社会保険料率の上昇を抑制することができ，その分だけ国民負担率も低くなる．

5. 財源調達手段の展望：消費税へのシフト

　Auerbach and Kotlikoff（1987）により確立した一般均衡モデルによる分析は経済分析にとって極めて重要な貢献を行ってきた．しかし，現段階における一般均衡モデルは，さまざまな政策課題に応えるための必要要件を十分に備えているとは言えない．とりわけ，政府支出の便益評価が十分にモデル化されていない点は大きな課題であろう．そこで，本章のモデル改善に際して，最大の努力は政府支出の便益評価を一般均衡モデルに組み込むことに払われた．しかも，政府支出を一体のものとしてモデルに取り込むのではなく，医療支出や介護支出を一般政府支出と分離して個別にモデル化したのである．これらの政府支出を区別して一般均衡モデルの枠組みに取り込んだことは，本研究の最大の貢献であり，分析上の重要な特徴であると言えよう．

　また，シミュレーション計算を行う上で外生的に設定する必要のあるパラメータについても，先行研究に盲目的に従うのではなく，核となる部分については詳細な再考察を加えた上で数値の再設定を試みた．とりわけ，以下の2点は新たな貢献として強調していいだろう．1つは，政府支出のウェイトについて，別途実施したアンケート調査に基づく評価を行った点である．2つめは，代替の弾力性などの効用関数の構造パラメータについて，別途推定した結果を基に，既存研究とは大きく異なる数値を採用し，これまでのパラメータ値に基づく計算結果との比較を試みた点である．

　このように既存研究からの発展・拡張を図ったモデルにより分析を行った結果，公的な医療給付や介護給付の財源調達手段としては，社会保険料や利子所得税よりも消費税が望ましいとの結論が得られた．この結論は，資本蓄積の阻害という点から見ると，消費税の攪乱効果がもっとも弱いことから生じており，

多くの先行研究の成果や標準的なマクロ経済理論と整合的である[11]．ただし，消費税の優位性の程度はパラメータ設定に大きく依存しており，先行研究の計測結果は過度に消費税に有利であった可能性も排除できない．

また，人口構造の高齢化の程度に注目して，2005年時点の定常状態と2050年時点の定常状態を比較すると，消費税への財源シフトによる社会厚生の改善度は2050年時点で遥かに大きいものであった．したがって，パラメータ設定に注意を払うべきであるものの，高齢化が進行した社会においては，社会保険料や利子所得税から消費税へのシフトがより望ましいものになると結論付けることができる．

〈補論A〉 一般政府支出のウェイト

アンケート調査の問2では次のような設問，
「次の5つの項目に対する政府支出は，今より増やすべきだと思いますか，それとも減らすべきだと思いますか．（増やす場合，税金増があるとお考えください）」
を設定し，「社会保障」「公共事業」「文教および科学振興」「防衛」「治安」の5項目について尋ねた．回答は「今より増やすべきだ」，「どちらかといえば今より増やすべきだ」，「今と同じくらいがよい」，「どちらかといえば今より減らすべきだ」，「今より減らすべきだ」の5段階で得た．

このデータを用いて，「今より増やすべきだ」に1点，「どちらかといえば今より増やすべきだ」に0.75点，「今と同じくらいがよい」に0.5点，「どちらかといえば今より減らすべきだ」0.25点，「今より減らすべきだ」に0点を与え，各支出項目別に平均得点を算出した．結果は次表のとおりである．

---

[11] 上村（2000, 2001）や金子・中田・宮里（2003）などのように移行過程を含むモデルによる公的年金財政の分析においても消費税の優位性が確認されている．ただし，金子・中田・宮里（2003）によると，消費税による財源調達は世代間格差を減ずることに有効であるものの，世代内格差を拡大する可能性がある．

支出項目別平均得点

社会保障	公共事業	文教および科学振興	防衛	治安
0.718	0.340	0.620	0.398	0.728

　次に，社会保障を除いた4つの項目について，直近の予算における構成比を考慮して，4項目の加重平均得点を算出した．予算の構成比は，2004年度の国民経済計算における一般公共サービス，教育，防衛，公共の秩序・安全の4つを用いて計算した．得られた構成比は順に 0.226, 0.487, 0.121, 0.166 であり，加重平均得点は 0.54794182 となった．

〈補論B〉医療支出の年齢プロファイル

　まず，厚生労働省「平成14年度（2002年度）国民医療費」の第5表より，年齢階級別一人あたり医療費（千円）を得た．ただし，このデータは0歳に始まる5歳区分のデータであり，1歳刻みで医療費を捉えることはできない[12]．そこで，s 歳時の医療費 h_s が年齢 s の関数となっている回帰モデルを考え，その推定値を1歳刻みの医療費とすることとした．

　対象を20歳から95歳までとし，各年齢の h_s には前出のデータを当てはめた．また関数形は年齢 s の二次関数とした．最小二乗法により得られた回帰式

$$\hat{h}_s = 86.75979 - 4.62691s + 0.152449s^2$$
$$(1.488) \quad (2.04824) \quad (7.740) \quad R^2 = 0.939$$

により推定された値を各年齢の医療費とした（カッコ内はt値）．

〈補論C〉介護支出の年齢プロファイル[13]

　簡潔に述べれば，年齢階級別に発生する介護費用の期待額は，要介護確率と要介護状態に陥ったときの費用を掛け合わせれば計算できる．ただし，2つの点に注意が必要である．1つは，要介護度の程度によって費用は異なるので，

---
12) 最上位階級は75歳以上となっている．
13) 以下の記号は補論Cの中のみで有効である．

要介護度別に確率を推定し，要介護度別の費用と掛け合わせる必要がある．2つめに，既存統計からは要介護確率の基となる要介護者割合は5歳刻みでしか得られないので，1歳刻みのデータを作成するためには，何らかの推定作業が必要となる．

年齢階級別の要介護者割合

まず，年齢階級別の要介護者割合の推計方法について説明しよう．

年齢階級 s の要介護度 i の要介護者数を C_s^i，人口を N_s，要介護度 i の認定率を p_s^i とすると，

$$p_s^i = \frac{C_s^i}{N_s}$$

の関係が成り立つ．ここで，年齢階級別の人口 N_s は総務省統計局の推計人口（2006年1月1日）により容易に入手可能であったが，年齢階級別の要介護度別要介護者数 C_s^i をそのままの形で入手することができなかった．そこで，C_s^i を次のように推計する．

まず，厚生労働省『介護保険事業状況報告』（2005年11月）より要支援および要介護度別の要介護認定者数を得た．これを C^i としよう．この値は年齢階級別ではないが，要介護度別に年齢階級構成がわかるデータがあれば C_s^i を計算できる．そこで，次に厚生労働省『国民生活基礎調査』（2004年）の第2巻・第11表より，要介護者総数を10,000人としたときの各年齢階級・要介護度別の相対度数を得た．この数値を q_s^i とおこう．さらに，q_s^i を要介護度 i 別に年齢 s について合計（$\sum_s q_s^i$）し，q_s^i との比率をとれば要介護度別の年齢階級構成が得られる[14]．

最後に，得られた年齢階級構成と前述の C^i を掛け合わせると，

$$C_s^i = C^i \times \frac{q_s^i}{\sum_s q_s^i}$$

として年齢階級別の要介護度別要介護者数 C_s^i が計算できるので，年齢階級別

---

14) 要介護度不詳に関しては無視した．

の要介護者割合 p_s^i も算出可能である.

各年齢の要介護確率の推定

上述のように計算して得た要介護者割合は概ね5歳区分になっている[15]．ここでは，1歳刻みで要介護確率を推定するために，要介護者割合 p_s^i が年齢 s の関数となっている回帰モデルを考え，その推定値を1歳刻みの要介護確率とすることとした．想定した回帰式は，

$$\ln p_s^i = \beta_0^i + \beta_1^i s + \varepsilon_s^i$$

である．ただし，ε_s^i は誤差項を表す．

対象を40歳から95歳までとし，各年齢の p_s^i には前項の方法で算出した各年齢階級の p_s^i を当てはめた．最小二乗法により推定した結果は下表のとおりである．さらに，この推定結果を用いて，要介護度別に要介護者割合の推定値，

$$\hat{p}_s^i = \exp(\hat{\beta}_0^i + \hat{\beta}_1^i s),$$

を求め，この $\hat{p}_s^i$ を各年齢の要介護度別要介護確率とした．

要介護度別の要介護確率の推定

	要支援	要介護度				
		1	2	3	4	5
β_0^i	−10.3622 (−34.4790)	−8.6117 (−40.2949)	−8.8259 (−42.5372)	−9.2749 (−35.1504)	−9.6606 (−39.9459)	−8.2674 (−34.8990)
β_1^i	0.0810 (17.6157)	0.0664 (20.3054)	0.0580 (18.2666)	0.0617 (15.2835)	0.0667 (18.0146)	0.0450 (12.4127)
決定係数	0.8263	0.8635	0.8365	0.7816	0.8327	0.7019

注：各係数の下段カッコ内は t 値．

年齢別介護費用

厚生労働省『介護保険事業状況報告』（2005年11月）の第5表には要介護度別の総給付額が掲載されているので，これを要介護度別の要介護者数（C^i）で除すと，要介護度別の平均給付額が得られる（次表）．

---

[15] 厳密には，40〜64歳，65〜69歳，70〜74歳，75〜79歳，80〜84歳，85〜89歳，90歳以上の区分でデータが得られる．

要介護度別の平均給付額（円）

	要支援	要介護度				
		1	2	3	4	5
平均給付額	24,460	63,288	113,836	168,932	213,167	233,768

このようにして得られた要介護度別の平均給付額を E^i としよう．平均給付額 E^i と要介護確率 $\hat{p}_s^i$ を掛け合わせ，要介護度 i について合計すれば，s 歳における介護給付額，

$$E_s = \sum_i E^i \times \hat{p}_s^i$$

が算出される．さらに現在の自己負担率が1割であるから，この値を 10/9 倍すれば各年齢の介護サービスへの支出 m_s が求まる．

〈補論 D〉 公的医療保険の国庫負担割合

厚生労働省「平成14年度国民医療費」によると，2002年度の国民医療費は総額で31兆1,240億円，うち70歳以上の総額は11兆9,066億円であった．差し引きすれば，69歳以下の分は19兆2,174（=311,240−119,066）億円となる．これらのうち，70歳以上では自己負担率が概ね1割であるから，およそ9割は公的な医療保険によって賄われていると考えると，その額は10兆7,159.4（=119,066×0.9）億円となる．また，69歳以下では自己負担率が概ね3割であるから，およそ7割は公的な医療保険によって賄われている．上と同様に計算すると，その額は13兆4,521.8（=192,174×0.7）億円である．公的医療保険が賄う金額はこれらの合計であるから，24兆1,681.2（=107,159.4+134,521.8）億円ということになる．

他方，厚生労働省『平成16年版 厚生労働白書』によると，2002年度の一般歳出における医療費の国庫負担分は7兆4,782億円であった．したがって，国庫による医療費の補助割合は 0.30942415（≒74,782/241,681.2）と計算される[16]．

---

16) 最新のデータを用いると2005年度の値を算出することが可能であるが，大きな変化はない．

〈参考文献〉

上枝朱美（2001）「高齢者介護と持家資産——ライフサイクル一般均衡モデルによる分析」『社会科学ジャーナル』第47号：85-112頁.
上村敏之（2000）「公的年金の財源調達と世代間の経済厚生——人口構成の高齢化に関する一般均衡シミュレーション分析」『産研論集（関西学院大学）』第27号：29-42頁.
上村敏之（2001）「公的年金の縮小と国庫負担の経済厚生分析」『日本経済研究』第42号：205-227頁.
上村敏之（2002）「社会保障のライフサイクル一般均衡分析——モデル・手法・展望」『経済論集』第28巻1号：15-36頁.
加藤竜太（2002）「高齢化社会における財政赤字・公共投資・社会資本」井堀利宏・加藤竜太・中野英夫・土居丈朗・中里透・近藤広紀・佐藤正一編著『財政赤字と経済活動：中長期的視点からの分析』経済分析（内閣府経済社会総合研究所）163号，第1章：7-70頁.
金子能宏・中田大悟・宮里尚三（2003）「年金と財政——基礎年金の国庫負担水準の影響」『季刊家計経済研究』第60号：20-28頁.
川出真清（2003a）「高齢化社会における財政政策——世代重複モデルによる長期推計」PRI Discussion Paper Series（財務省財務総合政策研究所）03A-25.
川出真清（2003b）「世代間格差と再分配——日本におけるシミュレーションモデルによる評価」PRI Discussion Paper Series（財務省財務総合政策研究所）03A-26.
川出真清・別所俊一郎・加藤竜太（2004）「財政赤字と将来負担——部門別社会資本を考慮した長期推計」井堀利宏編『日本の財政赤字』岩波書店，第6章：125-152頁.
本間正明・跡田直澄・岩本康志・大竹文雄（1987a）「ライフサイクル成長モデルによるシミュレーション分析——パラメターの推定と感度分析」『大阪大学経済学』第36巻3・4号：99-109頁.
本間正明・跡田直澄・岩本康志・大竹文雄（1987b）「年金：高齢化社会と年金制度」浜田宏一・黒田昌裕・堀内昭義編『日本経済のマクロ分析』東京大学出版会，第6章：149-175頁.

Altig, D., A. J. Auerbach, L. J. Kotlikoff, K. A. Smetters and J. Walliser (2001) "Simulating Fundamental Tax Reform in the United States," *American Economic Review* 91 : pp. 574-595.
Aschauer, D. A. (1985) "Fiscal Policy and Aggregate Demand," *American Economic Review* 75 : pp. 117-127.

Auerbach, A. J. and L. J. Kotlikoff (1987) *Dynamic Fiscal Policy*, Cambridge : Cambridge University Press.

Kato, R. (1998) "Transition to an Aging Japan : Public Pension, Savings, and Capital Taxation," *Journal of the Japanese and International Economies* 12 : pp. 204-231.

Kato, R. R. (2002) "Government Deficit, Public Investment, and Public Capital in the Transition to an Aging Japan," *Journal of the Japanese and International Economies* 16 : pp. 462-491.

4章 基礎年金・最低保障年金の分析
―― スウェーデン方式との比較・検証（1）*

岡本　章・島　俊彦

1. はじめに

　現在わが国で急速に進行している少子高齢化は，財政および社会保障制度に深刻な影響を与えている．というのも，現在の制度は，人口構成が若く，経済成長率も高い時代に基本的な骨格が構築されているからである．少子高齢化が進行し，人口が減少し始め，経済成長も鈍化するのに伴って，既存の制度の持続可能性に問題が生じている．とりわけ，公的年金制度の持続可能性を確保することが重要な課題となっており，わが国では 2004 年に年金制度の改革が行われた．しかしながら，これは抜本的な改革とは言えないものであり，国民の年金に対する不信感を完全に払拭することはできなかった．このため，さらなる年金改革の必要性が指摘されている．

　年金改革のお手本として，スウェーデンの年金制度が現在世界中から注目を浴びている．1999 年に大幅に改革されたスウェーデンの新年金制度は，年金保険料の固定，拠出と給付の一対一対応[1]，年金給付が経済成長率や寿命に連

---

*　本章の作成にあたり，経済産業研究所の吉冨勝前所長，細谷祐二前研究調整ディレクター，山崎伸彦コンサルティングフェロー，森川正之コンサルティングフェローなどから大変貴重なご意見をいただいた．ここに記して感謝の意を表したい．なお，本章は文部科学省科学研究費補助金（基盤研究 (C) No. 15530215）による研究成果の一部が含まれている．

1)　宮里（2006）では，多くの特徴を持つスウェーデンの年金制度の中で，拠出と給付の一対一対応という点に着目した分析が行われている．

動して調整される仕組みが組み込まれているなど，世代間格差の問題や年金財政の健全化に対して示唆に富む制度である．わが国においても，公的年金制度の構築にあたってスウェーデンの制度が参考にされている．例えば，2004年の年金改革において新たに導入されたマクロ経済スライドは，スウェーデンの給付調整の仕組みを参考にしたものと言える．

このように様々な特徴をもつスウェーデンの年金制度であるが，本章では，スウェーデンの年金制度が所得（報酬）比例年金と最低保障年金から構成されているという点に着目して分析を行う．所得比例年金は拠出した額と完全にリンクする形で給付が行われるのに対し，最低保障年金は所得比例年金だけでは年金額が少ない人のために設けられている．また，最低保障年金は保険料ではなく，税で賄われる．わが国の現行制度では，基礎年金により所得の再分配が行われているが，スウェーデンで実施されているような最低保障年金でそれを行うとすると，果たして社会厚生は改善するのだろうか？

直感的には，スウェーデンの年金制度は，所得比例年金が中心となるため，労働意欲を高め，経済成長を促進するのではないかと考えられる．すなわち，効率性を向上させる可能性があるのではないかと考えられる．また，公平性についても，所得保障を行うべき低所得層に限定して最低保障年金を適用していることから，現行のわが国の基礎年金方式よりも効率的に所得再分配機能を果たすことができ，社会厚生を改善する可能性があるのではないか，ということが本章の問題意識である．

本章では，まず，わが国の現行制度である基礎年金方式とスウェーデンの最低保障年金方式について，効率性と公平性の両方の観点から分析を行う．また，基礎年金方式，最低保障年金方式それぞれのケースについて，その水準や財源調達法の違いによる影響についても検証する．これらの分析結果を踏まえた上で，さらに，社会厚生を最大化する年金制度を探求し，わが国において最も望ましい公的年金制度のあり方について具体的な政策提言を行う．

このような分析を行うにあたって，本章では，Auerbach and Kotlikoff (1983a, 1983b) に始まる一連の研究によって開発された，ライフサイクル一般均衡モデルによるシミュレーション分析の手法を用いる．この分析手法の有用性のために，これまで数多くの研究が行われてきた．例えば，Auerbach and Kotlikoff（1987），Auerbach et al.（1989），Altig et al.（2001），本間ほか（1987），およびIhori et al.（2005）などである．しかしながら，これらの分析のほとんどは，高齢化が生産，消費，および経済成長に与える影響のみを分析している．年金改革の問題を取り扱う場合には，効率性の観点からだけではなく，公平性の観点からも検証する必要がある．

本章では，弾力的な労働供給を導入したライフサイクル一般均衡モデルに，異なる稼得能力をもつ3人の代表的家計を導入する．これによって，効率性の問題のみならず，公平性の問題を取り扱うことが可能になり，年金改革のための，包括的で有益な指針を見出すことができるものと考えられる．さらに，2005年のわが国の現実を模した定常状態のモデルの下で，様々な年金改革案が効率性および公平性に与える影響についてシミュレーション分析を行う．

本章の構成は，次の通りである．次節では，シミュレーションで使用される理論モデルが記述される．第3節では，シミュレーション分析の方法と仮定について説明される．第4節では，シミュレーション結果とその解釈について述べられる．第5節では，結論が述べられる．

2. 基本モデル

分析に用いるライフサイクル一般均衡モデルの特徴については，2章第2節を参照．

2.1 家計の行動

家計は，低・中・高所得層の3階級に分割されており，それぞれの所得層を代表する3人の代表的家計を考慮する．各家計は同じ期待生存確率と同じ効用関数をもつが，稼得能力が異なるために，所得水準も異なる．家計は21歳の時点で意思決定主体として経済に現れ，最大95歳まで生きるが，毎期年齢に依存した死亡確率に直面する．j歳の家計が$j+1$歳まで生きる，条件付き確率を$q_{j+1|j}$とする．このとき，21歳の家計がs歳まで生き延びる確率は，次式のように表される〔2章（2-1）式と同じ〕．

$$p_s = \prod_{j=21}^{s-1} q_{j+1|j} \qquad (4\text{-}1)$$

条件付き確率 $q_{j+1|j}$ は，国立社会保障・人口問題研究所（2002）の人口のデータから算出されている．

家計の効用は，消費と余暇の水準に依存する．家計は 21 歳から最大で RE 歳（定年）まで働く．労働供給は弾力的で，（自発的あるいは強制的な）退職の後はゼロとなる．家計は，生涯全体にわたっての期待効用を最大化するように，労働供給と余暇の間での選択，および消費と貯蓄の間での富の分配に関する意思決定を 21 歳時点で行う．所得層 i の代表的家計の効用関数は，次式のように，時間について分離可能型かつ相対的危険回避度一定の通時的効用関数で特定化する．

$$U^i = \frac{1}{1-\frac{1}{\gamma}} \sum_{s=21}^{95} p_s (1+\delta)^{-(s-21)} \left\{ (C_s^i)^{1-\frac{1}{\rho}} + \phi (l_s^i)^{1-\frac{1}{\rho}} \right\}^{\frac{1-\frac{1}{\gamma}}{1-\frac{1}{\rho}}} \qquad (4\text{-}2)$$

ここで，C_s^i は s 歳での消費（支出），l_s^i は s 歳での余暇，ϕ は家計の余暇に対する比重を示すパラメータ，δ は将来を割り引くための調整係数，γ は異なる年次での異時点間の代替の弾力性のパラメータ，および ρ は消費と余暇の同時点間の代替の弾力性のパラメータである．上付き文字 $i (=l, m, h)$ は，それぞれ低・中・高所得層を表している．

s 歳の家計のフローの予算制約式は，次の通りである．

$$\begin{aligned}A_{s+1}^i = &\{1+r(1-\tau_r)\}A_s^i + [1-\tau_w\{wx^i e_s(1-l_s^i)\} \\ & -\tau_p]wx^i e_s(1-l_s^i) + b_s^i(l_s^i) + a_s^i - (1+\tau_c)C_s^i \end{aligned} \qquad (4\text{-}3)$$

ここで，A_s^i は s 期の期首に家計によって保有される資産額，r は利子率，w は労働の効率単位当たりの賃金率，e_s は家計の年齢―労働効率プロファイルである[2]．$1-l_s^i$ は労働供給量，$b_s^i(l_s^i)$ は公的年金の給付額，a_s^i は s 歳に相続される遺産額である．$\tau_w\{wx^i e_s(1-l_s^i)\}$ は労働所得税率，τ_c は消費税率，τ_r は利子所得税率，τ_p は公的年金の保険料率である．x^i は，3 つの所得層の間での労働の効率性の違いに対応する比重係数である．

---

2) 年齢―労働効率プロファイル e_s の推定については，2 章の脚注 2)を参照のこと．

租税制度は，労働所得税・利子所得税・消費税・相続税により構成される．労働所得税については，Auerbach and Kotlikoff（1987）と同様の方法で，累進税が導入されている．α と β の2つのパラメータを用いると，粗賃金率 $wx^i e_s(1-l_s^i)$ に対して，平均税率 τ_w が $\alpha + 0.5\beta\{wx^i e_s(1-l_s^i)\}$，限界税率 $\overline{\tau_w}$ が $\alpha + \beta\{wx^i e_s(1-l_s^i)\}$ と表される．$\beta=0$ のとき，比例税になる．税収を一定に保ちながら，β を増加させるのと同時に α を減少させることにより，累進度を高めることができる．なお，(4-3) 式の $\tau_w\{wx^i e_s(1-l_s^i)\}$ は，τ_w が $wx^i e_s(1-l_s^i)$ の関数であることを表す．一方，利子所得税・消費税・相続税は比例税が仮定されている．

年金制度はわが国の現行の公的年金制度を反映し，基礎年金と所得比例年金の二階建てで，賦課方式のものを仮定する．

$$b_s^i(l_s^i) = \begin{cases} f + \theta H^i & (s \geq ST) \\ 0 & (s < ST) \end{cases} \quad (4\text{-}4)$$

ここで，

$$H^i = \frac{1}{RH^i - 20} \sum_{s=21}^{RH^i} wx^i e_s(1-l_s^i) \quad (4\text{-}5)$$

年金の支給開始年齢を ST 歳，各家計の標準報酬年額を H^i，自発的な退職年齢を RH^i（$21 \leq RH^i \leq RE$）[3]，各所得層の基礎年金給付額を f，および H^i に与えられる加重係数を θ とする．このように，年金給付額 $b_s^i(l_s^i)$ は3つの所得層の稼得能力の差異を反映したものとなっている．なお，$b_s^i(l_s^i)$ は年金給付額が余暇の関数であることを表している．

遺産動機については，死亡時期の不確実性に起因する意図せざる遺産の存在を仮定する．死亡した家計によって資産として保有されていた遺産が，生存している50歳の家計に受け渡される．そのため，$s=50$ の時のみ a_s^i が正となり，それ以外の場合はゼロとなる．遺産の相続は，同一の所得層に属する家計の間でなされる．50歳の家計によって相続される遺産の合計額を BQ_t^i とすると，a_{50}^i は

---

[3] $RH^i=21, 22, \cdots, RE$ についてシミュレーションを行い，各所得層の効用を最大化する退職年齢を RH^i として選んでいる．

$$a^i_{50} = \frac{(1-\tau_h)BQ^i_t}{N_t p_{50}(1+n)^{-29}} \quad (4\text{-}6)$$

で表される．ここで，

$$BQ^i_t = N_t \sum_{s=21}^{95} (p_s - p_{s+1})(1+n)^{-(s-21)} A^i_{s+1} \quad (4\text{-}7)$$

N_t は t 期に新たに意思決定主体として参入する各所得層の家計の総数，n は出生数の成長率，τ_h は相続税率である．定常状態でのライフサイクル一般均衡モデルの下では，受け渡される遺産額は，各家計によって選択される年齢─資産プロファイルと密接に関連している．

各家計の通時的効用最大化問題を解く場合には，(4-3) 式で表される予算制約の他に，労働供給が負にならないという制約を課す．ある期において家計が負の労働供給を最適解として選択する場合，その期以降家計は退職し，労働供給をゼロとする．また，定年 RE 歳（強制的な退職年齢）より後は必ず退職すると仮定する．この制約は，次式によって表される．

$$\begin{cases} 0 \leq l^i_s \leq 1 & (21 \leq s \leq RE) \\ l^i_s = 1 & (RE+1 \leq s \leq 95) \end{cases} \quad (4\text{-}8)$$

(4-3) 式と (4-8) 式で表される2つの制約の下で，各家計は (4-2) 式で表される期待生涯効用を最大化する（補論 A.1 を参照のこと）．効用最大化問題を解くことにより，家計の消費と余暇の時間的経路が導かれる．

$$V^i_s = \left(\frac{p_{s-1}}{p_s}\right)\left[\frac{1+\delta}{1+r(1-\tau_r)}\right] V^i_{s-1} \quad (4\text{-}9)$$

ここで，

$$V^i_s = \left\{ (C^i_s)^{1-\frac{1}{\rho}} + \phi (l^i_s)^{1-\frac{1}{\rho}} \right\}^{\frac{\frac{1}{\rho}-\frac{1}{\gamma}}{1-\frac{1}{\rho}}} (C^i_s)^{-\frac{1}{\rho}} \quad (4\text{-}10)$$

もし初期の消費と余暇の合成物 V^i_{21} の水準が定まれば，(4-9) 式より全ての V^i_s の水準が決まる．V^i_s の水準が定まれば，消費 C^i_s と余暇 l^i_s の水準が決まる．(4-3) 式より，各家計が各年齢で保有する資産額が求められる．また，(4-2) 式より，各家計の期待生涯効用が導出される．

3つの所得層の稼得能力の差異を考慮した社会厚生関数を，次式のように定

式化する〔2章の (2-8) 式と同じ〕.

$$SW = U^l + U^m + U^h \qquad (4\text{-}11)$$

この関数は3つの所得層についての，21歳時点での期待生涯効用の合計である．定常状態においてシミュレーション・ケースの間での比較を行う場合，t 期に重複して存在する全ての家計の効用を考慮する必要はない．本章の目的はケース間での厚生水準を比較することにあるので，1つのコーホートの生涯効用を比較するだけで十分である．この社会厚生関数はベンサム型であるが，低所得層の効用水準にかなり依存している．この点でロールズ型に近いものとなっている．この関数は，すべての所得層の消費と余暇の合成物の水準が同一であるときに最大化される．

企業の行動に関しては，規模に関して収穫一定の生産関数をもつ，単一の生産部門を仮定する（企業・政府部門の基本構造および市場均衡条件については，補論Bを参照のこと）．

3. シミュレーション分析

3.1 シミュレーションの方法

前節で提示されたシミュレーション・モデルは，家計による完全予見の仮定の下で解かれる．家計は利子率，賃金率，税率，保険料率などを正確に予測する．もし租税および公的年金制度が決定されるならば，ガウス＝ザイデル法によりモデルを解くことができる〔計算過程については，Auerbach and Kotlikoff (1987) を参照のこと〕．

3.2 ケース分け

本章では，2005年の定常状態において，年金制度の改革を実施した場合の効果について検証する．シミュレーション・ケース間での比較に際して，年金の規模の違いが結果に与える影響を排除するために，すべてのケースで年金の規模を同一にしている[4]．また，ケース間での税収の違いが結果に与える影響を排除するために，すべてのケースで税収を同一にしている．ここでは，次の

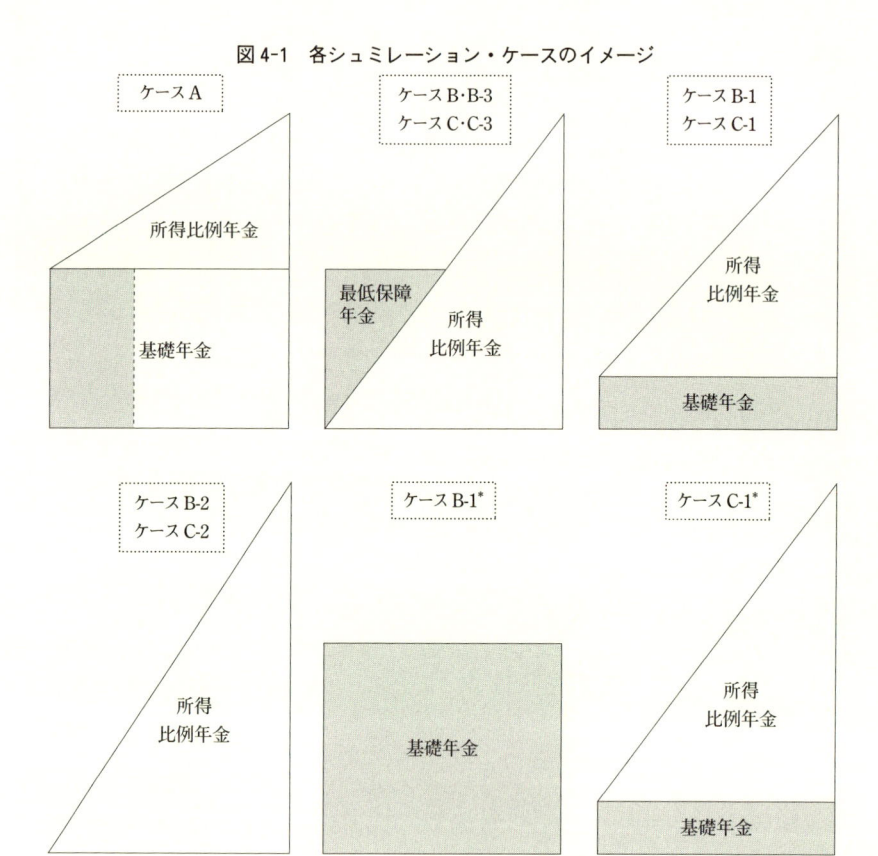

図 4-1 各シュミレーション・ケースのイメージ

ようにして税収の中立性を仮定した．各所得層の政府支出 g を外生的に与え，ケース間で一定にした．このとき，すべてのケースで人口が同一であることから，政府支出 G_t も一定となる．

基準ケースを A とし，2005 年のわが国の現実にできるだけ近くなるように

---

4) 家計による完全予見を前提とした本モデル分析の枠組みの下では，もし年金制度が存在しないとすると，それが存在する場合よりも社会厚生が高まる．これは，年金制度が無い場合には，老後の生活資金を全て個人貯蓄で賄わなければならないため，貯蓄が促進され，資本ストックが増加し，国民生産が高まるからである．しかしながら，年金制度には，完全予見を前提とした本モデル分析では捉えることのできない利点がある．例えば，年金制度の長所として，「将来の様々な不確実性に対処でき，安心感を得ることができること」などを挙げることができる．

表4-1 基準ケースとスウェーデン型年金制度のケースの設定

パラメータ	ケースA (基準ケース)	ケースB (スウェーデン型； 消費税で調整)	ケースC (スウェーデン型； 利子所得税で調整)
所得比例年金の比重係数 θ	0.220	0.449	0.444
最低保障年金 $\underline{b}$	なし	0.1785	0.1785
各所得層の基礎年金給付 f	0.1114	なし	なし
年金保険料率 τ_p	14.29%	15.96%	15.79%
総税収 T_t	8.86	8.26	8.25
年金部門への税移転 S_t	1.19	0.59	0.58
資本ストック K_t	361.6	358.0	374.9
効率単位で計った総労働供給 L_t	141.5	143.3	142.6
国民所得 Y_t	56.3	56.6	57.2

設定した．公的年金制度については，基礎年金と所得比例年金で構成される二階建ての制度を仮定した．基礎年金の3分の1が狭義の政府部門からの移転（すなわち，租税）により賄われ，その他の部分は保険料で賄われるものとする（各ケースの年金制度のイメージについては，図4-1を参照のこと）．スウェーデン型の年金制度を導入した場合には，第2節および補論Bで提示されている，基本モデルに次のような変更が加えられる（スウェーデン型の年金制度の下での家計の効用最大化問題については，補論A.2を参照のこと）．

公的年金制度に関して，基礎年金が廃止される．最低保障年金 $\underline{b}$ を導入し，低所得層については，中所得と同水準の年金給付が保証される．低所得層の元々の年金給付額（すなわち，所得比例年金によるもの）と最低保障年金の差額 S_t を税で補塡する．各所得層の年金給付額は，次式のように定義される．

$$b_s^i(l_s^i) = \begin{cases} \underline{b} & (s \geq ST,\ i = l) \\ \theta H^i & (s \geq ST,\ i = m, h) \\ 0 & (s < ST) \end{cases} \qquad (4\text{-}4)'$$

ここで，$\underline{b} = \theta H^m$，$H^i = \dfrac{1}{RH^i - 20} \displaystyle\sum_{s=21}^{RH^i} wx^i e_s (1 - l_s^i)$ である．

また，t 期における狭義の政府部門の予算制約式は，次のように表される．

表4-2 基準ケースとスウェーデン型年金制度のケースのシミュレーション結果

	ケースA	ケースB	ケースC
労働所得税率[1] $\tau_w\{wx^i e_s(1-l_s^i)\}$	7.44%	7.53%	7.65%
消費税率 τ_c	5%	3.57%[2]	5%
利子所得税率 τ_r	20%	20%	15.15%[2]
相続税率 τ_h	10%	10%	10%
利子率 r	4.67%	4.74%	4.58%
賃金率 w	0.260	0.256	0.260
資本労働比率 K/L	2.556	2.499	2.628
低所得層の総貯蓄 AS^l	79.44	76.45	80.74
高所得層の総貯蓄 AS^h	165.80	160.84	167.99
低所得層の労働供給 L^l	33.17	32.33	32.24
高所得層の労働供給 L^h	62.86	64.39	64.05
低所得層の効用[3] U^l	−62.42	−62.51	−62.19
高所得層の効用[3] U^h	−44.66	−44.66	−44.44
社会厚生[3] SW	−159.92	−160.20	−159.37

注1：労働所得税の累進度に係わるパラメータは，すべてのケースで $\alpha=-0.0439$, $\beta=0.52$ が適用されている．表の値は平均労働所得税率を示している．
注2：この変数が税収に関して内生変数であることを示す．
注3：効用の数値は，実際の結果の 1/10,000 の値を提示している．

$$T_t = G_t + S_t \tag{4-B3}'$$

ここで，$S_t = N_t \sum_{s=ST}^{95} p_s(1+n)^{-(s-21)}(\underline{b}-\theta H^l)$ である．

t 期における公的年金部門の予算制約式は，次式のように定義される．

$$R_t = P_t \tag{4-B4}'$$

ケースB・Cでは，スウェーデン型の年金制度が導入される．現行の年金制度（ケースA）からスウェーデン型の年金制度（ケースB・C）に移行する場合に，狭義の政府部門から年金部門への税移転額が変化する．それに伴う税収の調整を消費税で行うケースがB，利子所得税で行うケースがCである（ケ

表4-3 基礎年金方式のケースと所得比例年金のみのケースの設定

	ケースB-1 (基礎年金; 消費税で調整)	ケースB-2 (所得比例年金のみ; 消費税で調整)	ケースC-1 (基礎年金; 利子所得税で調整)	ケースC-2 (所得比例年金のみ; 利子所得税で調整)
所得比例年金の比重係数 θ	0.449	0.494	0.444	0.485
最低保障年金 b	なし	なし	なし	なし
代表的家計当たりの基礎年金給付 f	0.0166	なし	0.0162	なし
年金保険料率 τ_p	15.97%	17.57%	15.80%	17.22%
総税収 T_t	8.20	7.67	8.19	7.67
年金部門への税移転 S_t	0.53	0	0.52	0
資本ストック K_t	360.0	355.0	380.2	385.6
効率単位で計った総労働供給 L_t	144.7	145.2	143.9	143.9
国民所得 Y_t	57.1	57.0	57.8	58.0

ースA・B・Cの設定とシミュレーション結果については，表4-1，4-2を参照のこと）．

次に，ケースB・Cにおいて，公的年金での所得再分配の方式を最低保障年金から基礎年金に変更した場合の影響について調べる．ここでは，純粋に最低保障年金方式と基礎年金方式の効果の違いを検証する．所得比例年金に与えられる比重係数 θ をケースB・Cと同一に保ったままで，最低保障年金から基礎年金に移行したケースをそれぞれB-1・C-1とする．また，ケースB・Cにおいて，最低保障年金を廃止し，公的年金は所得比例年金のみに限定するケースを，それぞれB-2・C-2とする（ケースB-1・B-2・C-1・C-2の設定とシミュレーション結果については，表4-3，4-4を参照のこと）．

さらに，ケースB-1・C-1において，社会厚生を最大化するように基礎年金の規模を調整したケースを，それぞれB-1*・C-1*とする．また，本章では単純化のために，低所得層に与えられる最低保障年金の水準を中所得層の年金給付の水準と同一としているが，最低保障年金の水準の変化がシミュレーション結果に与える影響を分析する．ケースB・Cにおいて，最低保障年金を減額し，

**表 4-4 基礎年金方式のケースと所得比例年金のみのケースの
シミュレーション結果**

	ケース B-1	ケース B-2	ケース C-1	ケース C-2
労働所得税率[1] $\tau_w\{wx^i e_s(1-l_s^i)\}$	7.53%	7.43%	7.68%	7.64%
消費税率 τ_c	3.29%[2]	2.32%[2]	5%	5%
利子所得税率 τ_r	20%	20%	14.18%[2]	11.12%[2]
相続税率 τ_h	10%	10%	10%	10%
利子率 r	4.76%	4.81%	4.56%	4.51%
賃金率 w	0.256	0.252	0.260	0.260
資本労働比率 K/L	2.487	2.445	2.642	2.679
低所得層の総貯蓄 AS^l	86.36	86.40	91.33	93.86
高所得層の総貯蓄 AS^h	156.93	153.37	165.54	166.51
低所得層の労働供給 L^l	33.95	34.07	33.78	33.80
高所得層の労働供給 L^h	64.30	64.52	63.89	63.88
低所得層の効用[3] U^l	−62.70	−62.97	−62.30	−62.36
高所得層の効用[3] U^h	−44.53	−44.65	−44.27	−44.27
社会厚生[3] SW	−160.08	−160.65	−159.11	−159.18

注1：労働所得税の累進度に係わるパラメータは，すべてのケースで $\alpha=-0.0439$, $\beta=0.52$ が適用されている．表の値は平均労働所得税率を示している．
注2：この変数が税収に関して内生変数であることを示す．
注3：効用の数値は，実際の結果の 1/10,000 の値を提示している．

中所得層の給付水準の 8 割としたケースを，それぞれ B-3・C-3 とする（ケース B-1*・B-3・C-1*・C-3 の設定とシミュレーション結果については，表 4-5, 4-6 を参照のこと）．

以上で説明したシミュレーション・ケースは，次の通りである．

① ケース A（基準ケース：2005 年）

労働所得税については，その累進度がわが国の現実に近くなるように設定し，平均税率は 7.44% とする．消費税率・利子所得税率・相続税率は，それぞれ 5%・20%・10% とする．現行の公的年金制度を想定し，基礎年金の 3 分の 1 が租税により賄われる．

表 4-5 最適規模の基礎年金ケースと最低保障年金の減額ケースの設定

	ケース B-1* (最適基礎年金； 消費税で調整)	ケース B-3 (最低保障年金削減； 消費税で調整)	ケース C-1* (最適基礎年金； 利子所得税で調整)	ケース C-3 (最低保障年金削減； 利子所得税で調整)
所得比例年金の比重係数 θ	0	0.492	0.410	0.483
最低保障年金 b	なし	0.1428	なし	0.1428
各所得層の基礎年金給付 f	0.2012	なし	0.0303	なし
年金保険料率 τ_p	0.00%	17.47%	14.57%	17.17%
総税収 T_t	14.11	7.76	8.64	7.76
年金部門への税移転 S_t	6.44	0.09	0.97	0.09
資本ストック K_t	413.9	353.2	375.1	379.9
効率単位で計った総労働供給 L_t	138.9	143.6	143.9	142.6
国民所得 Y_t	57.8	56.4	57.5	57.4

② ケース B (スウェーデン型の年金制度：消費税で税収調整)

ケース A において，基礎年金の代わりに最低保障年金を導入する．低所得層は中所得層と同水準の年金給付を保障される．年金部門への税移転額の調整を消費税で行う．

③ ケース C (スウェーデン型の年金制度：利子所得税で税収調整)

ケース A において，基礎年金の代わりに最低保障年金を導入する．低所得層は中所得層と同水準の年金給付を保障される．年金部門への税移転額の調整を利子所得税で行う．

④ ケース B-1 (基礎年金：消費税で税収調整)

ケース B において，所得比例年金に与えられる比重係数を一定に保ったまま，最低保障年金の代わりに基礎年金を導入する．年金部門への税移転額の調整を消費税で行う．

⑤ ケース C-1 (基礎年金：利子所得税で税収調整)

ケース C において，所得比例年金に与えられる比重係数を一定に保ったまま，最低保障年金の代わりに基礎年金を導入する．年金部門への税移転額の調整を利子所得税で行う．

⑥ ケース B-2 (所得比例年金のみ：消費税で税収調整)

表 4-6　最適規模の基礎年金ケースと最低保障年金の減額ケースの シミュレーション結果

	ケース B-1*	ケース B-3	ケース C-1*	ケース C-3
労働所得税率[1]　$\tau_w\{wx^i e_s(1-l_s^i)\}$	8.64%	7.41%	7.70%	7.61%
消費税率　τ_c	14.06%[2]	2.68%[2]	5%	5%
利子所得税率　τ_r	20%	20%	16.89%[2]	12.25%[2]
相続税率　τ_h	10%	10%	10%	10%
利子率　r	4.19%	4.79%	4.60%	4.53%
賃金率　w	0.291	0.253	0.261	0.260
資本労働比率　K/L	2.981	2.459	2.607	2.665
低所得層の総貯蓄　AS^l	84.62	84.52	89.01	91.12
高所得層の総貯蓄　AS^h	196.75	153.38	164.55	164.82
低所得層の労働供給　L^l	32.57	32.44	33.77	32.28
高所得層の労働供給　L^h	61.63	64.54	63.90	63.98
低所得層の効用[3]　U^l	−60.19	−63.07	−62.27	−62.53
高所得層の効用[3]　U^h	−43.55	−44.72	−44.29	−44.38
社会厚生[3]　SW	−154.98	−160.91	−159.09	−159.60

注1：労働所得税の累進度に係わるパラメータは，すべてのケースで $\alpha=-0.0439$，$\beta=0.52$ が適用されている．表の値は平均労働所得税率を示している．
注2：この変数が税収に関して内生変数であることを示す．
注3：効用の数値は，実際の結果の 1/10,000 の値を提示している．

ケース B において，最低保障年金を廃止し，公的年金は所得比例年金のみとする．年金部門への税移転額の調整を消費税で行う．

⑦ **ケース C-2**（所得比例年金のみ：利子所得税で税収調整）

ケース C において，最低保障年金を廃止し，公的年金は所得比例年金のみとする．年金部門への税移転額の調整を利子所得税で行う．

⑧ **ケース B-1***（最適な規模の基礎年金：消費税で税収調整）

ケース B-1 において，社会厚生を最大化するように基礎年金の規模を定める．年金部門への税移転額の調整を消費税で行う．

⑨ **ケース C-1***（最適な規模の基礎年金：利子所得税で税収調整）

ケース C-1 において，社会厚生を最大化するように基礎年金の規模を定め

る．年金部門への税移転額の調整を利子所得税で行う．

⑩ **ケース B-3**（最低保障年金の減額：消費税で税収調整）

ケース B において，最低保障年金を減額する．低所得層は中所得層の8割の水準の年金給付を保証される．年金部門への税移転額の調整を消費税で行う．

⑪ **ケース C-3**（最低保障年金の減額：利子所得税で税収調整）

ケース C において，最低保障年金を減額する．低所得層は中所得層の8割の水準の年金給付を保証される．年金部門への税移転額の調整を利子所得税で行う．

3.3 パラメータの設定

本章では日本経済の分析を念頭に置いているため，できる限り日本の現実に近くなるようにパラメータの値の設定を行っている．2005年の基準ケース A では，資本・労働比率 K/L などの変数の値が，日本の現実値に近くなるように設定を行っている．パラメータの値の設定にあたって，わが国のデータを用いてパラメータの推定を行った本書7章での推定結果を参考にしている（シミュレーションで使用されるパラメータの値については，表4-7を参照のこと）．

まず，国立社会保障・人口問題研究所（2002）のデータを用いて，次のパラメータの値を算出している．期待生存確率 p_s に関しては，モデルでは性による区別が無いため，2005年の男性と女性の平均値を使用している．また，このデータによると，2005年における21歳以上人口に対する65歳以上人口の割合は24.90%である．シミュレーションでのこの割合が24.90%になるように，出生数の増加率 n を調整している．

次に，効用関数における余暇の比重パラメータ ϕ の設定について説明する．ケース A において，中所得層の家計が，就労期（21歳から61歳）に初期賦存量（1日当たり16時間）のおよそ50%を労働に費やすように，ϕ を選んでいる．

低・中・高所得層の稼得能力の差異を表すパラメータ $x^l \cdot x^m \cdot x^h$ に関しては，財務省（2005）による表4-8のデータを用いて推定を行っている．モデルでの低・中・高所得層を，それぞれ年収500万円・700万円・1,000万円の家

表 4-7 基準ケースのシミュレーションでのパラメータの値

	パラメータの値
出生数の増加率	$n=0.00693$
t 期における各所得層の新規参入者の数	$N_t=1$
余暇に対するウェイト・パラメータ	$\phi=0.8005$
将来を割り引くための調整係数	$\delta=-0.008$
異時点間の代替の弾力性	$\gamma=0.5$
同時点間の代替の弾力性	$\rho=0.9312$
生産関数での資本分配率	$\varepsilon=0.3$
生産関数での規模パラメータ	$B=0.3$
各所得層の政府支出	$g=0.3049$
定年（強制的な退職年齢）	$RE=61$
公的年金の支給開始年齢	$ST=62$
基礎年金のうち，税で賄われる部分の比率	$\mu=0.3333$
各所得層の基礎年金の給付額	$f=0.5532$
公的年金での所得比例年金の比重係数	$\theta=0.2213$

計と見なし，この所得の比率から，$x^l \cdot x^m \cdot x^h$ を割り当てている．ここでは，中所得層を基準とし，$x^m=1$ としている．また，このデータを用いて，労働所得税の累進度を決定するパラメータ α, β の値を算出している．表 4-8 は，「夫婦子 2 人」のケースについて，年収 500 万円・700 万円・1,000 万円の家計の個人所得税（所得税と住民税）の実効税率を示している．ケース A でのシミュレーションにおける低・中・高所得層の労働所得税率が，それぞれの実効税率の値に近くなるように，また，これと同時に，労働所得税の平均税率がこのデータから示唆される値（7.44％）になるように，α, β の値を選んでいる．

最後に，わが国の現行の公的年金制度は基礎年金と所得比例年金の二階建てで構成されており，基礎年金の 3 分の 1 が税で賄われている．これに基づいて，ケース A では基礎年金のうち，税で賄われる部分の比率を示す μ を 3 分の 1 としている[5]．各所得層の基礎年金給付額 f に関しては，中所得層についての基礎年金に対する所得比例年金の金額の比率が，ケース A において 0.777 となるように定めている．これは，厚生労働省（2005b）のデータによる推定値

表 4-8　個人所得税（所得税および住民税）の実効税率

	年間給与収入（百万円）	労働効率についてのウェイト	個人所得税（所得税および住民税）（千円）	実効税率（％）
低所得層	5	$x^l=0.7143$	177	3.54
中所得層	7	$x^m=1$	418	5.97
高所得層	10	$x^h=1.4286$	1,041	10.41

出典：財務省（2005）の「夫婦子2人」のケースについてのデータより作成．

である．ケースAでの年金における所得比例年金の比重係数 θ は，保険料率 τ_p が2005年の厚生年金の保険料率（14.29％）となるように選ばれる．

4. 基礎年金方式と社会厚生

4.1　シミュレーション結果とその解釈

① スウェーデン型の年金制度への移行の影響

　ケースAでは，公的年金制度は現行制度に従って，基礎年金と所得比例年金（二階建て部分）から構成される．基礎年金の3分の1が租税で賄われ，残りの3分の2と所得比例年金は年金保険料で賄われる．スウェーデン型の年金制度に移行した場合（ケースB・C）には，基礎年金の代わりに最低保障年金によって所得の再分配が図られる．低所得層の年金給付額が中所得層のそれと同額になるように，差額を最低保障年金で補っている．最低保障年金は租税によって賄われるが，ケースB・Cでの最低保障年金の総額は，ケースAでの基礎年金の3分の1よりも小さい．このため，狭義の政府部門から年金部門への移転額 S_t は，1.19（ケースA）から0.59（ケースB），0.58（ケースC）へと約半分に減少する（表4-1を参照のこと）．それに伴い，総税収 T_t も減少する．ケースAの8.86から，ケースBでは8.26，ケースCでは8.25と減少し

5）Okamoto and Tachibanaki（2002）のモデルでも，年金制度は基礎年金と二階建て部分（所得比例年金）から構成され，基準ケースでは，現行のわが国の公的年金制度に従って，基礎年金の3分の1が租税によって賄われる．その論文では，税からの移転部分の比率を基礎年金の2分の1に上昇させたケースを取り上げ，そのことが効率性および公平性に与える影響を分析している．

ている．税収一定の下で，税収の調整をケースBでは消費税で，ケースCでは利子所得税で行っている．このため，前者での消費税率は5％から3.57％に，後者での利子所得税率は20％から15.15％に低下している（表4-2を参照のこと）．

本章では，公的年金の規模の変化が結果に与える影響を回避するために，ケース間で公的年金の規模を同一に保っている．ケースB・Cでの最低保障年金の大きさは，ケースAでの基礎年金よりもかなり小さい（約6分の1）．このため，ケースB・Cでは，所得比例年金の比重係数θが上昇している．ケースAでは0.220であるが，ケースBでは0.449・ケースCでは0.444へと約2倍に上昇している．これは，労働供給を増加させた場合に，相対的により多くの年金給付が与えられることを意味する．これを反映して，総労働供給L_tが141.5（ケースA）から143.3（ケースB）・142.6（ケースC）へと上昇しているものと考えられる．ただし，最低保障年金の存在により，労働供給の多寡に係わらず，中所得層と同水準の年金給付を受け取ることのできる低所得層の労働供給L^lは減少している．ケースAでは33.17であるが，32.33（ケースB）・32.24（ケースC）へと低下している．

資本ストックは，ケースBでは減少している（361.6→358.0）が，ケースCでは増加している（361.6→374.9）．この理由について，次のように考えることができる．ケースBでは消費税率が3.57％に低下しているが，一方，ケースCでは利子所得税率が15.15％に低下している．消費税は相対的に最も資本蓄積を促進し，逆に，利子所得税は相対的に最も資本蓄積を阻害する[6]．このように，ケースB・Cでの税収全体に占める消費税・利子所得税の割合の違いが，資本蓄積に影響を与えたものと考えることができる．

社会厚生は，資本蓄積の減少しているケースBではやや悪化（-159.92から-160.20へ）し，資本蓄積の増加しているケースCでは若干改善

---

[6] Okamoto（2004）の第5章では，すべての税を比例税としたモデルを用いて，相対的に資本蓄積効果の強い順に，消費税，相続税，労働所得税，利子所得税であることが示されている．Okamoto（2007）では，税収一定の仮定の下では，消費税を増税すると同時に利子所得税を減税することにより，資本蓄積が促進され，社会厚生が改善することが示唆されている．また，Okamoto（2005a, 2005b）では，累進支出税が効率性および公平性の両方の観点から最も望ましいことが報告されている．

(−159.92から−159.37へ)している.現行のわが国の基礎年金方式からスウェーデンの最低保障年金方式に移行すると,(その程度は最低保障年金の水準に依存するが)年金部門への税移転額を大幅に削減することができるものと考えられる.この減少分をどの税の削減に充てるかによって資本蓄積への影響が大きく異なり,その選択が社会厚生の水準を左右することが示唆された.

② 基礎年金方式と最低保障年金方式の比較

ケースB・Cにおいては,基礎年金を廃止して最低保障年金を設けるとともに,所得比例年金が大きくなり,その比重係数 θ がケースAの約2倍になっている.ケースAからB・Cへの移行に伴い,これら2つの効果が存在するものと考えられる.ここでは,まず,前者の効果について検討を行う.比重係数 θ をケースB・Cとそれぞれ同一に保ったままで,最低保障年金を廃止し,基礎年金を復活させたケースを考慮する.基礎年金は全額,狭義の政府部門からの移転で賄われる.税収調整を消費税で行うケースがB-1,利子所得税で行うケースがC-1である(表4-3を参照のこと).なお,ここでの基礎年金方式のケースB-1・C-1は最低保障年金方式との比較に焦点を当てた分析を行うために設けられているものである.ケースAでの,わが国の現行の公的年金制度を反映した基礎年金とは規模・構成が異なることに留意する必要がある.

最低保障年金を受けられなくなった低所得層についてみてみると,基礎年金方式のケースB-1・C-1への移行に伴い,効用は低下している.ケースBでは−62.51であるが,ケースB-1では−62.70に悪化している(表4-4を参照のこと).また,ケースCでは−62.19であるが,ケースC-1では−62.30に悪化している.一方,その他の所得層については,効用は上昇している.低所得層の労働供給は,基礎年金方式のケースB-1・C-1への移行に伴い,増加している.ケースBでは32.33であるが,ケースB-1では33.95へと増加している.また,ケースCでは32.24であるが,ケースC-1では33.78へと増加している.ケースB・Cでは,労働供給の多少に係わらず,低所得層は中所得層と同水準の年金給付を保障されていたが,基礎年金方式のケースB-1・C-1への移行によりそれが無くなったために,労働意欲が刺激されたものと考えられる.低所得層の労働供給が増加したことも一因となり,総労働供給も増え,国

民所得も増大している．ケースBの総労働供給・国民所得はそれぞれ143.3・56.6であるが，ケースB-1では144.7・57.1へと増加している．また，ケースCの総労働供給・国民所得はそれぞれ142.6・57.2であるが，ケースC-1では143.9・57.8へと増加している．

このようにして，最低保障年金方式のケース（B・C）から基礎年金方式のケース（B-1・C-1）への移行に伴い，社会厚生は改善している．ケースBでは−160.20であるが，ケースB-1では−160.08へと向上している．また，ケースCでは−159.37であるが，ケースC-1では−159.11へと向上している．この結果は，スウェーデンの年金制度に見られるような最低保障年金を設けるよりも，基礎年金によって所得再分配を図ったほうが，より高い社会厚生を達成できる可能性があることを示唆している．また，その中でも税収の調整に伴い，利子所得税を減税する場合（ケースC-1）に，より高い社会厚生が達成された．

③ 年金制度を所得比例年金のみに限定するケースの影響

ケースAからB・Cへの移行に伴い，所得比例年金の比重係数θが約2倍になっている．ここではこの効果について検証するために，極端なケースを考慮する．すなわち，ケースB・Cにおいて最低保障年金を廃止し，所得比例年金のみにしたケースを取り上げる．直感的には，所得比例年金のみのケースは効率性の面では優れているが，所得再分配機能を果たす基礎年金や最低保障年金が無いために，公平性の面では劣ると考えられる．社会厚生が改善するかどうかは，これらの相対的な大きさで決まる．消費税により税収調整を行うケースをB-2，利子所得税により税収調整を行うケースをC-2とする．ケース間で年金の規模を一定としているので，比重係数θが上昇する．ケースB-1では0.449であったが，ケースB-2では0.494へと上昇する．また，ケースC-1では0.444であったが，ケースC-2では0.485へと上昇する（表4-3を参照のこと）．

所得比例年金のみのケースB-2の社会厚生は−160.65であり，基礎年金ケースB-1での−160.08よりも悪化している（表4-4を参照のこと）．また，所得比例年金のみのケースC-2の社会厚生は−159.18であり，基礎年金ケース

C-1 の −159.11 よりも低い．それゆえに，基礎年金ケースのほうが所得比例年金のみのケースよりも望ましいと考えられる．所得比例年金のみのケースの社会厚生が低いことの主要な理由として，所得再分配の欠如のために，低所得層の効用が悪化することが挙げられる．ケース B-2 の低所得層の効用（−62.97）は，ケース B-1（−62.70）よりも悪化している．同様に，ケース C-2 の低所得層の効用（−62.36）は，ケース C-1（−62.30）よりも悪化している．

　以下では，所得比例年金のみのケース B-2・C-2 が，資本ストック・労働供給・国民所得に与える影響について述べる．まず，ケース B-2 の資本ストック（355.0）は，ケース B-1（360.0）よりも小さく，予想に反するシミュレーション結果が得られている．この理由を次のように考えることができる．ケース B-2 では，基礎年金や最低保障年金が無いために，年金部門への税移転額がゼロとなる．税収の調整を消費税で行っているため，消費税率は 2.32% に低下している．これは，相対的に最も資本蓄積効果の強い消費税から，労働所得税（年金保険料）への代替が行われたことを意味する．このために，資本蓄積が減少したものと考えることができる．

　一方，ケース C-2 の資本ストック（385.6）は，ケース C-1（380.2）よりも大きい．この理由として，次のことが考えられる．ケース C-2 では税収の調整を利子所得税で行っていることから，利子所得税率は 11.12% に低下している．これは，相対的に最も資本蓄積を阻害する利子所得税から労働所得税（年金保険料）への代替が行われたことを意味する．このために，資本蓄積が増加したものと考えることができる．

　次に，労働供給に与える影響について述べる．ケース B-2・C-2 では，年金制度による所得再分配が存在しないため，低所得層の労働意欲が刺激される．ケース B-2 での低所得層の労働供給（34.07）は，ケース B-1（33.95）よりも大きくなっている．同様に，ケース C-2 での低所得層の労働供給（33.80）は，ケース C-1（33.78）よりも大きくなっている．これを反映して，所得比例年金のみのケースでは総労働供給も増加している．ケース B-2 での総労働供給（145.2）は，ケース B-1（144.7）よりも大きくなっている．ケース C-2

での総労働供給は，ケースC-1と同じである（143.9）．

　最後に，国民所得に与える影響について説明する．ケースB-2では資本ストックが減少する一方で，総労働供給が増加している．国民所得は57.0であり，ケースB-1（57.1）よりもやや小さくなっている．ケースC-2では，資本ストック・総労働供給ともに増加（あるいは同水準を維持）している．このため，国民所得（58.0）は，ケースC-1（57.8）よりも増加している．

　以上より，年金制度を所得比例年金のみに限定する場合（ケースB-2・C-2）には，所得再分配機能が存在しないため，低所得層の効用が悪化し，これに伴い社会厚生も悪化することが示唆された．したがって，年金制度を所得比例年金のみに限定するケース（B-2・C-2）よりも，基礎年金も存在するケース（B-1・C-1）のほうが望ましいと考えられる．

④ 社会厚生を最大化する基礎年金の規模

　これまでの考察により，基礎年金方式のケース（B-1・C-1）が，基準ケース（A），最低保障年金方式のケース（B・C），および所得比例年金のみのケース（B-2・C-2）よりも高い社会厚生を達成できることが明らかとなった．次に，より望ましい公的年金制度のあり方を探るために，ケースB-1・C-1それぞれについて，社会厚生を最大化するような基礎年金の規模を求める．年金部門への税移転額の変化の調整を消費税で行うケースをB-1*，利子所得税で行うケースをC-1*とする．各ケース間で年金の規模を同一に保つため，所得比例年金の比重係数θで調整を行う（表4-5を参照のこと）．

　消費税で税収の調整を行う場合，基礎年金の規模が大きいほど，所得比例年金の規模が小さいほど社会厚生が改善する（表4-6を参照のこと）．結局，所得比例年金を全廃し，公的年金は基礎年金のみに限定する場合（ケースB-1*）に社会厚生が最も高くなる（−154.98）．この場合に消費税率は14.06％まで上昇している．これは，労働所得税（年金保険料）から相対的に最も資本蓄積効果の強い消費税への代替を意味している．このため，資本ストックはケースB-1の360.0から413.9（ケースB-1*）へと大幅に増加している．総労働供給については，基礎年金の充実により，労働供給の多寡に係わらず，老後の年金給付がある程度保証されているため，ケースB-1（144.7）よりも低くなっ

ている（ケース B-1*：138.9）．これらの効果の総合的な結果として，ケース B-1*での国民所得は 57.8 となり，ケース B-1（57.1）よりも高くなっている．

また，基礎年金の充実に伴い，所得の再分配が大きくなり，低所得層の効用が改善している．ケース B-1 での低所得層の効用は -62.70 であるが，ケース B-1*では -60.19 へと向上している．このように，消費税の増税によって基礎年金を増額することにより，効率性および公平性の両面で社会厚生が改善したものと考えられる．

利子所得税で税収の調整を行う場合には，基礎年金の規模をケース C-1 の 2 倍弱にすることにより，社会厚生が最も高まる（ケース C-1*：-159.09）．各所得層の基礎年金給付 f は，ケース C-1 では 0.0162 であるが，ケース C-1*では 0.0303 となっている．各ケース間で年金の規模を同一に保つため，所得比例年金の比重係数 θ は，ケース C-1 の 0.444 から 0.410（ケース C-1*）に低下している．ここでは，利子所得税で税収の調整を行っているため，基礎年金の規模が小さいほど利子所得税を減税できる．利子所得税は労働所得税（年金保険料）よりも相対的に資本蓄積を阻害するので，この税が減税されると資本蓄積が促進される．しかしながら，基礎年金の水準を引き下げ過ぎると低所得層の効用が低くなり過ぎてしまい，社会厚生が悪化する．要するに，効率性の点では基礎年金の規模は小さいほうが良いが，公平性の点では大きいほうが良い．これら両方の効果がバランスするところで，最適な基礎年金の規模が導出されたものと考えられる．

以上より，消費税で税収の調整を行うケース B-1*の時に，最も高い社会厚生が達成された．わが国の現行の公的年金制度と同規模の年金制度を想定した場合には，公的年金は基礎年金のみに限定し，その財源調達法としては消費税が最も望ましいことが示された．この基礎年金の規模は，現行の基礎年金の 2 倍弱となっている．各所得層の基礎年金給付 f は，ケース A では 0.1114，ケース B-1*では 0.2012 である．現在わが国での夫婦 2 人の基礎年金の給付額が，1 カ月あたり約 13 万円であるので，ここでの（最適な）基礎年金の給付額は約 23 万円になる．このとき，年金保険料は廃止されるが，基礎年金全額を税で賄うために，消費税率が約 14％になっている．

⑤ 最低保障年金を減額した場合の感度分析

　ケースB・Cではスウェーデン型の年金制度を導入しているが，低所得層に対する最低保障年金額は中所得層の年金給付額と同一の水準という単純化のための仮定を置いている．これはかなり手厚い保証と考えられるが，最低保障年金額がもっと低い場合には，シミュレーション結果はどのように変更されるのであろうか．この影響について調べるために，ケースB・Cについて最低保障年金額を中所得層の年金給付額の8割に抑えた場合（ケースB-3とC-3）について感度分析を行った（表4-5を参照のこと）．

　年金部門への税移転の調整を消費税で行うケース（B-3），利子所得税で行うケース（C-3），いずれの場合においても，最低保障年金を減額すると社会厚生が悪化している（表4-6を参照のこと）．ケースBの社会厚生は－160.20であるが，ケースB-3では－160.91へと悪化している．また，ケースCでは－159.37であるが，ケースC-3では－159.60へと悪化している．社会厚生の悪化の主要な理由として，低所得層の効用の低下を挙げることができる．ケースBの低所得層の効用は－62.51であるが，ケースB-3では－63.07へと悪化している．また，ケースCでは－62.19であるが，ケースC-3では－62.53へと悪化している．

　最低保障年金の減額により，低所得層の労働供給は増加している．ケースBの低所得層の労働供給は32.33であるが，ケースB-3では32.44へと増加している．また，ケースCでは32.24であるが，ケースC-3では32.28へと増加している．総労働供給で見てみると，ケースBの総労働供給は143.3であるが，ケースB-3では143.6へとやや増加している．ケースCとC-3では共に142.6であり，同一水準である．

　また，最低保障年金の減額により，自らの貯蓄で老後の生活資金を賄う必要性が高まるために，低所得層の総貯蓄は増加している．ケースBの低所得層の総貯蓄は76.45であるが，ケースB-3では84.52へと増加している．また，ケースCでは80.74であるが，ケースC-3では91.12へと大幅に増加している．資本ストックで見てみると，ケースBの資本ストックは358.0であるが，ケースB-3では353.2へと減少している．このような結果は，相対的に最も資本蓄積を促進する消費税から労働所得税（年金保険料）への代替の結果とし

て得られたものと考えられる．なぜならば，年金部門への税移転額の減少に伴い，ケースB-3では消費税率が，ケースBの3.57%から2.68%へと低下しているからである．一方，ケースCの資本ストックは374.9であるが，ケースC-3では379.9へと増加している．このような結果は，相対的に最も資本蓄積を阻害する利子所得税から労働所得税（年金保険料）への代替の結果として得られたものと考えられる．というのも，年金部門への税移転額の減少に伴い，ケースC-3では利子所得税率が，ケースCの15.15%から12.25%へと低下しているからである．

最後に，国民所得に対する影響について述べる．ケースBからB-3への移行に伴い，総労働供給は増加しているが，資本ストックは減少している．その結果，国民所得はやや減少する（56.6→56.4）．一方，ケースCからC-3への移行に伴い，総労働供給は変化しないが，資本ストックは増加している．その結果，国民所得はやや増加する（57.2→57.4）．

4.2 留意すべき点

本章でのシミュレーション結果を解釈するにあたって，次の4点に留意する必要がある．まず，本章では少子高齢化の影響が考慮されているが，2005年の定常状態の分析のみを取り扱っている．租税・社会保障制度の改革は，異なる世代に異なる影響を与える．特に，現在世代と将来世代は改革から異なる影響を受ける．このため，本シミュレーション・モデルの特性を活かし，移行過程の分析に拡張を行う必要がある．

次に，家計は正確に利子率，賃金率，税率，保険料率などを予測するという完全予見の仮定の下で，シミュレーション・モデルが解かれている．もし完全予見の仮定が無ければ，生涯効用の最大化を図る家計は，より多くの資産をもつことになるだろう．家計が危険回避的であればあるほど，この効果は大きくなる．

第3番目に，本章のシミュレーションでは，家計の死亡時期の不確実性と整合的な形で意図せざる遺産が導入されている．ホリオカほか（2000）は，意図せざる遺産と戦略的遺産動機によるものが，わが国の遺産の大部分を占めているとの実証的な結果を報告している．このため，意図的な遺産動機である戦略

的遺産動機をモデルに導入することが望まれる.

　最後に，シミュレーションの結果は与えられたパラメータの値に依存しているので，パラメータの値が変化した場合の影響に注意する必要がある．特に，効用関数における異時点間での代替の弾力性γの変化は，資本蓄積に大きな影響を与える．

5．おわりに

　本章では，わが国における今後の公的年金制度の改革の方向性について，ライフサイクル一般均衡モデルによるシミュレーション分析の手法を用いて検討を行った．その際，近年世界中から注目を集めているスウェーデンの年金制度が，所得比例年金と（税により賄われる）最低保障年金から構成されている点に着目して分析を行った．

　まず，公的年金における所得の再分配に関して，わが国の現行制度で採用されている基礎年金方式と，スウェーデンの年金制度で用いられている最低保障年金方式の比較を行った．シミュレーション分析の結果，現行の基礎年金方式から最低保障年金方式への移行は，必ずしも社会厚生を改善するわけではなかった．現行の基礎年金方式から最低保障年金方式への制度変更に伴い，年金部門への税移転額が変化するが，その財源調達法（すなわち，どの税によって税収の調整を行うか）が決定的に重要であることが見出された．相対的に資本蓄積効果の強い消費税が税収に占める比率が高くなると，資本蓄積が促進され，社会厚生が改善した．逆に，相対的に資本蓄積効果の弱い利子所得税の比率が高くなると，資本蓄積が阻害され，社会厚生が悪化した．

　次に，基礎年金方式と最低保障年金方式を純粋に比較した結果，前者のほうが後者よりも高い社会厚生を達成できることが示唆された．また，公的年金を所得比例年金のみに限定するケースも検討したが，低所得層の効用が低くなり過ぎるために公平性の点で問題があり，高い社会厚生を達成することができなかった．効率性の点でも，公的年金を所得比例年金のみに限定することにより，必ずしも高い効率性が達成されるわけではないことが示された．

　最後に，わが国において最も望ましい公的年金制度のあり方について検討し

た．その結果，わが国の現行の公的年金制度と同規模の年金制度を想定した場合には，所得比例年金を完全に廃止し，公的年金は基礎年金のみに限定し，消費税により財源調達を行うことが最も望ましいとの結果が得られた．この基礎年金の規模は，わが国の現行の基礎年金の2倍弱となった．わが国での夫婦2人の基礎年金の給付額は，現在1ヵ月当たり約13万円であるが，ここでの基礎年金の給付額は約23万円になる．このとき，年金保険料は廃止されるが，基礎年金全額を税で賄うために，消費税率が約14%に上昇している．

〈補論 A〉：家計の効用最大化

A.1 基準ケース

第2節での各家計の通時的効用最大化問題は，制約式（4-3）と（4-8）の下で（4-2）式を最大化する問題として考えることができる．以下では，退職年齢を RH^i に固定したときの効用最大化問題を考える．次式のようにラグランジュ関数を置く．

$$L^i = U^i + \sum_{s=21}^{95} \lambda_s^i \big[-A_{s+1}^i + \{1+r(1-\tau_r)\}A_s^i \\ + [1-\tau_w\{wx^i e_s(1-l_s^i)\} - \tau_p]wx^i e_s(1-l_s^i) \\ + b_s^i(l_s^i) + a_s^i - (1+\tau_c)C_s^i \big] + \sum_{s=21}^{RH^i} \eta_s^i (1-l_s^i) \quad (4\text{-A1})$$

ここで，上付き文字 $i(=l, m, h)$ はそれぞれ低・中・高所得層を示し，λ_s^i と η_s^i はそれぞれ予算制約式（4-3）と（4-8）に関するラグランジュ乗数を表す．$s=21, 22, \cdots, 95$ に関して，消費 C_s^i，余暇 l_s^i，資産 A_{s+1}^i についての一階の条件を求めると，

$$p_s(1+\delta)^{-(s-21)} \left\{ (C_s^i)^{1-\frac{1}{\rho}} + \phi(l_s^i)^{1-\frac{1}{\rho}} \right\}^{\frac{\frac{1}{\rho}-\frac{1}{\gamma}}{1-\frac{1}{\rho}}} (C_s^i)^{-\frac{1}{\rho}} = \lambda_s^i (1+\tau_c) \quad (4\text{-A2})$$

$$p_s(1+\delta)^{-(s-21)}\left\{(C_s^i)^{1-\frac{1}{\rho}}+\phi(l_s^i)^{1-\frac{1}{\rho}}\right\}^{\frac{\frac{1}{\rho}-\frac{1}{\gamma}}{1-\frac{1}{\rho}}}\phi(l_s^i)^{-\frac{1}{\rho}}$$
$$=\lambda_s^i[(1-\alpha-\tau_p)wx^ie_s-\beta(wx^ie_s)^2(1-l_s^i)] \quad (4\text{-}A3)$$
$$+\sum_{k=ST}^{95}\lambda_k^i\frac{\theta wx^ie_s}{RH^i-20}+\eta_s^i \quad (s\leq RH^i)$$

$$\lambda_s^i=\{1+r(1-\tau_r)\}\lambda_{s+1}^i \quad (4\text{-}A4)$$

$$\eta_s^i(1-l_s^i)=0 \quad (s\leq RH^i) \quad (4\text{-}A5)$$

$$1-l_s^i=0 \quad (s>RH^i) \quad (4\text{-}A6)$$

$$\eta_s^i\geq 0 \quad (4\text{-}A7)$$

(4-A2) 式と (4-A4) 式により，消費と余暇の合成物の時間的経路を示す (4-9) 式が導出される．もし消費と余暇の合成物 V_{21}^i の初期の水準が定まれば，(4-9) 式よりすべての V_s^i の水準が決まる．V_s^i の水準が定まれば，次のように消費 C_s^i と余暇 l_s^i のそれぞれの水準が決まる．

$s=21, 22, \cdots, RH^i$ に関して，(4-A2) 式と (4-A3) 式により次式が導出される．

$$C_s^i=\left[\frac{(1-\alpha-\tau_p)wx^ie_s-\beta(wx^ie_s)^2(1-l_s^i)+\frac{1}{\lambda_s^i}\sum_{k=ST}^{95}\lambda_k^i\frac{\theta wx^ie_s}{RH^i-20}+\frac{\eta_s^i}{\lambda_s^i}}{\phi(1+\tau_c)}\right]^{\rho}l_s^i \quad (4\text{-}A8)$$

$\eta_s^i=0$ の時に l_s^i の値が与えられれば，V_s^i の値が得られる．シミュレーションにより得られた V_s^i の値が，(4-9) 式により V_{21}^i から算出された値になるように，l_s^i の値を調整する．選ばれた l_s^i の値が1以上であれば，$l_s^i=1$ として C_s^i の値が得られる．l_s^i の値が1よりも小さければ，(4-A8) 式より C_s^i の値が導出される．

$s=RH^i+1, RH^i+2, \cdots, 95$ に関しては，$l_s^i=1$ という条件により次式が得られる．

$$V_s^i=\left\{(C_s^i)^{1-\frac{1}{\rho}}+\phi\right\}^{\frac{\frac{1}{\rho}-\frac{1}{\gamma}}{1-\frac{1}{\rho}}}(C_s^i)^{-\frac{1}{\rho}} \quad (4\text{-}A9)$$

この式を満たすように C_s^i の値が選ばれる．

A.2 スウェーデン型の年金制度のケース

スウェーデン型の年金制度を導入した場合には,上述での方法に対して次のような変更がなされる.$s=21, 22, \cdots, RH^i$ に関して,l_s^i についての一階条件は次式で表される.

$$p_s(1+\delta)^{-(s-21)}\left\{(C_s^i)^{1-\frac{1}{\rho}}+\phi(l_s^i)^{1-\frac{1}{\rho}}\right\}^{\frac{\frac{1}{\rho}-\frac{1}{\gamma}}{1-\frac{1}{\rho}}}\phi(l_s^i)^{-\frac{1}{\rho}}$$
$$=\lambda_s^i[(1-\alpha-\tau_p)wx^ie_s-\beta(wx^ie_s)^2(1-l_s^i)] \quad (4\text{-}A3)'$$
$$+z^i\sum_{k=ST}^{95}\lambda_k^i\frac{\theta wx^ie_s}{RH^i-20}+\eta_s^i \quad (s\leq RH^i)$$

ここで,z^i は低所得層の場合にはゼロであり,中・高所得層の場合には1である.$s=21, 22, \cdots, RH^i$ について,(4-A2) 式と (4-A3)′式より

$$C_s^i=\left[\frac{(1-\alpha-\tau_p)wx^ie_s-\beta(wx^ie_s)^2(1-l_s^i)+z^i\frac{1}{\lambda_s^i}\sum_{k=ST}^{95}\lambda_k^i\frac{\theta wx^ie_s}{RH^i-20}+\frac{\eta_s^i}{\lambda_s^i}}{\phi(1+\tau_c)}\right]^{\rho}l_s^i \quad (4\text{-}A8)'$$

〈補論B〉:企業・政府の行動と市場均衡

第2節では,シミュレーション・モデルにおける家計の基本構造が述べられた.ここでは,企業・政府の基本構造および市場均衡条件について説明される.

企業の行動

企業は1つの生産部門で表されるものとし,資本と労働を用いて生産を行う,規模に関して収穫一定の生産関数を仮定する.資本は同質的で減価しないものとし,労働はその効率性のみが異なるものとする.すなわち,労働は完全代替であるが,低・中・高所得層の別,および年齢によって効率性が異なる.集計された生産関数を,次式のようにコブ=ダグラス型で特定化する.

$$Y_t=BK_t^\varepsilon L_t^{1-\varepsilon} \quad (4\text{-}B1)$$

ここで,Y_t は総生産量,K_t は総資本,L_t は効率単位で計った総労働供給,B は規模パラメータ,ε は資本分配率を表している.生産関数の一次同次性より,次式が成立する.

$$Y_t = rK_t + wL_t \tag{4-B2}$$

政府の行動

　政府部門は，狭義の政府部門と年金部門から構成される．狭義の政府部門は租税を調達して，一般的な政府支出と年金部門への移転を賄う．公債は存在しないものとし，均衡予算を仮定する．t期の狭義の政府部門の予算制約式は，次式で与えられる．

$$T_t = G_t + \mu F_t \tag{4-B3}$$

ここで，T_tは労働所得税・利子所得税・消費税・相続税からの総税収を示す．G_tは年金部門への移転を除く，一般的な政府支出[7]，F_tは基礎年金の給付総額，μは基礎年金給付のうち，租税によって賄われる比率を表している．

　公的年金制度は，賦課方式によって運営されるものと仮定する．t期の年金部門の予算制約式は，次式で与えられる．

$$R_t = (1-\mu)F_t + P_t \tag{4-B4}$$

ここで，R_tは年金保険料の総収入，P_tは所得比例年金の給付総額を示す．T_t，G_t，F_t，R_t，P_tは，次式のように定義される．

$$T_t = LX_t + \tau_r rAS_t + \tau_c AC_t + \tau_h BQ_t \tag{4-B5}$$

$$G_t = N_t \sum_{s=21}^{95} p_s(1+n)^{-(s-21)} 3g \tag{4-B6}$$

$$F_t = N_t \sum_{s=ST}^{95} \{p_s(1+n)^{-(s-21)} 3f\} \tag{4-B7}$$

$$R_t = \tau_p w L_t \tag{4-B8}$$

$$P_t = N_t \sum_{s=ST}^{95} [p_s(1+n)^{-(s-21)} \theta\{H^l + H^m + H^h\}] \tag{4-B9}$$

ここで，gは各所得層の政府支出である．労働所得税収LX_tと遺産総額BQ_tは，次のように表される．

[7) Okamoto（2006）および本書2章では，政府支出が家計にもたらす便益を明確に考慮したモデルを用いている．その論文では，政府部門が家計にもたらす便益と負担を包括的に考慮することにより，少子高齢化の急速に進展するわが国における最適な国民負担率について検討を行っている．

$$LX_t = N_t \sum_{s=21}^{RE} p_s(1+n)^{-(s-21)} \Big[\alpha w x^l e_s(1-l_s^l)$$

$$+ \frac{1}{2}\beta\{wx^l e_s(1-l_s^l)\}^2 + \alpha w x^m e_s(1-l_s^m)$$

$$+ \frac{1}{2}\beta\{wx^m e_s(1-l_s^m)\}^2 + \alpha w x^h e_s(1-l_s^h)$$

$$+ \frac{1}{2}\beta\{wx^h e_s(1-l_s^h)\}^2 \Big] \tag{4-B10}$$

$$BQ_t = BQ_t^l + BQ_t^m + BQ_t^h \tag{4-B11}$$

また，家計の供給する資産総額 AS_t・消費総額 AC_t は，それぞれ3つの所得層の和として，次式のように表される．

$$AS_t = N_t \sum_{s=21}^{95} p_s(1+n)^{-(s-21)} \{A_s^l + A_s^m + A_s^h\} \tag{4-B12}$$

$$AC_t = N_t \sum_{s=21}^{95} p_s(1+n)^{-(s-21)} \{C_s^l + C_s^m + C_s^h\} \tag{4-B13}$$

市場均衡

最後に，資本・労働・財市場の3つの市場の均衡条件について述べる．

① 資本市場の均衡条件

家計によって供給される資産総額が実物資本に等しいという関係により，次式が成立する．

$$AS_t = K_t \tag{4-B14}$$

② 労働市場の均衡条件

効率単位で計った，企業によって需要される総労働需要が家計によって供給される総労働供給に等しいという関係により，次式が成立する．

$$L_t = N_t \sum_{s=21}^{RE} p_s(1+n)^{-(s-21)} [x^l e_s(1-l_s^l) + x^m e_s(1-l_s^m) + x^h e_s(1-l_s^h)] \tag{4-B15}$$

③ 財市場の均衡条件

総産出量が，消費・投資・政府支出の和に等しいという関係により，次式が

成立する．

$$Y_t = AC_t + (K_{t+1} - K_t) + G_t \qquad (4\text{-B}16)$$

以上の方程式体系を連立させて，コンピュータを用いた均衡計算を行う．

〈参考文献〉

厚生労働省（2005a）「平成16年賃金構造基本統計調査（平成17年度）」労働法令協会．
厚生労働省（2005b）『平成17年版 厚生労働白書』．
国立社会保障・人口問題研究所（2002）「日本の将来推計人口（平成14年1月推計）：平成13（2001）年～平成112（2100）年」．
財務省（2005）『税のはなしをしよう．』10月．
ホリオカ，チャールズ・ユウジ，西川雅史，岩本志保，甲野貴嗣（2000）「日本における遺産動機の重要度，性質，影響について」日本経済学会2000年度秋季大会報告論文．
本間正明・跡田直澄・岩本康志・大竹文雄（1987）「年金：高齢化社会と年金制度」浜田宏一・黒田昌裕・堀内昭義編『日本経済のマクロ分析』東京大学出版会，第6章：149-175頁．
宮里尚三（2006）「世代内の異質性を考慮した年金改革の分析——スウェーデンの年金改革を背景として」『季刊社会保障研究』42（1）号，59-65頁．

Altig, D., Auerbach, A. J., Kotlikoff, L. J., Smetters, K. A., and Walliser, J. (2001) "Simulating Fundamental Tax Reform in the United States," *American Economic Review* 91 (3): pp. 574-595.

Auerbach, A. J. and Kotlikoff, L. J. (1983a) "National Savings, Economic Welfare, and the Structure of Taxation," in Feldstein, M. ed., *Behavioral Simulation Methods in Tax Policy Analysis*, Chicago: University of Chicago Press, pp. 459-498.

Auerbach, A. J. and Kotlikoff, L. J. (1983b) "An Examination of Empirical Tests of Social Security and Savings," in Helpman, E., Razin, A., and Sadka, E. eds., *Social Policy Evaluation: An Economic Perspective*, New York: Academic Press, pp. 161-179.

Auerbach, A. J. and Kotlikoff, L. J. (1987) *Dynamic Fiscal Policy*, Cambridge : Cambridge University Press.

Auerbach, A. J., Kotlikoff, L. J., Hagemann, R. P., and Nicoletti, G. (1989) "The Economic Dynamics of an Aging Population : The Case of Four OECD Countries," *NBER Working Paper* 2797.

Ihori, T., Kato, R. R., Kawade, M., and Bessho, S. (2005) "Public Debt and Economic Growth in an Aging Japan," COE Discussion Papers COE-F-100, Faculty of Economics, The University of Tokyo.

Okamoto, A. (2004) *Tax Policy for Aging Societies : Lessons from Japan*, Springer.

Okamoto, A. (2005a) "Simulating Progressive Expenditure Taxation in an Aging Japan," *Journal of Policy Modeling* 27(3) : pp. 309-325.

Okamoto, A. (2005b) "Simulating Fundamental Tax Reforms in an Aging Japan," *Economic Systems Research* 17(2) : pp. 163-185.

Okamoto, A. (2006) "An Optimal Rate of the National Burden in an Aging Japan," *Kyoto Economic Review* 75 (1) : pp. 13-34.

Okamoto, A. (2007) "Optimal Tax Combination in an Aging Japan," *International Economic Journal* 21(1) : pp. 91-114.

Okamoto, A. and Tachibanaki, T. (2002) "Integration of Tax and Social Security Systems," in Ihori, T. and Tachibanaki, T. eds., *Social Security Reform in Advanced Countries*, London and New York : Routledge, pp. 132-160.

第5章 所得比例型年金の是非
―― スウェーデン方式との比較・検証 (2)*

宮里　尚三

1. はじめに

　先進国の多くの国で確定拠出型あるいは所得比例型の年金制度への改革が模索されている．それらの年金制度が模索されるのは世代間格差の是正が背景にある．個人の拠出した保険料がすべて年金給付として返ってくるのであれば，世代間格差に関する不満が解消されるからである．確定拠出型の公的年金制度をいち早く導入したのは，スウェーデンである．スウェーデンの新年金制度はみなし確定拠出年金制度と呼ばれており，拠出と給付のリンクが非常に強い年金制度である．一方，わが国も2004年に年金制度の改革が行われた．わが国の新年金制度はスウェーデンの新年金制度といくつかの類似点を持っている．類似点を挙げれば，保険料水準の固定，年金財政の健全性を保つための仕組みなどである．固定された保険料の水準はわが国では18.3％，スウェーデンでは18.5％である．また，スウェーデンでは自動均衡機能と呼ばれる給付調整機能が導入されている．一方でわが国ではマクロ経済スライドと呼ばれる給付調整機能が導入されている．その調整機能は，平均余命が延びたり，少子化等

---

*　本章の作成にあたり，経済産業研究所の吉冨勝前所長，川本明研究調整ディレクター，細谷祐二前研究調整ディレクター，山崎伸彦コンサルティングフェロー，およびセミナーの参加者などから貴重なご意見をいただいた．ただし，本章に残される過誤は著者の責任である．なお，本章は文部科学省科学研究費補助金（若手研究（B）No.18730198）の研究成果の一部である．

により労働力が減少したりした場合など年金給付の削減を行い年金財政の健全性を保つ仕組みである．しかしながら，拠出と給付の一対一対応に関して両制度は異なる．スウェーデンではみなし確定拠出年金制度の創設により原則として拠出した分は給付として返ってくる制度になっている．一方，わが国の2004年改革では拠出と給付の一対一対応に関しては，明確な制度改正はなかった．

世代間格差の是正とういう観点からは，拠出と給付の一対一対応や完全な所得比例型の年金制度は非常に魅力的である．しかし世代内の格差も考慮した場合，それらの制度では老後の給付水準が個人によって大きく異なる．さらに長生きのリスクに対して，それらの年金制度は確定給付型の年金制度よりリスク回避機能は劣るであろう．したがって，完全な所得比例型の年金制度が伝統的な確定給付型の年金制度より社会厚生を高めるかどうかはわからない．

本章では，拠出と給付の一対一対応あるいは完全な所得比例型の年金制度に着目して考察を行う．第2節でまずわが国とスウェーデンの年金改革について述べ，第3節でモデルの説明をし，第4節でシミュレーションを行う．そして第5節でまとめを述べる．

2. スウェーデンと日本の年金改革

2.1 スウェーデン：みなし確定拠出年金制度の導入

少子高齢化，寿命の伸び，持続的な高い経済成長率を望めない，といったことが先進各国の共通の問題となる中，スウェーデンは1999年に公的年金制度を大幅に改革した．スウェーデンの新年金制度は大きく分けて2つの部分より構成されている．一方は賦課方式で運営されているみなし（概念上の）確定拠出年金制度（NDC：Notional Defined Contribution）と呼ばれる部分と，もう一方は積立方式運営されているプレミアム年金（Premium Pension）と呼ばれる部分で構成されている．NDC制度への保険料は16%，プレミアム年金への保険料は2.5%，トータルで18.5%となっている．NDC制度は賦課方式であるため保険料は基本的には退職世代に対して財源が使われることになる．

一方，プレミアム年金は個人勘定に資産が蓄積していくようになっている．プレミアム年金制度の利回りは市場の利回りということになるが，NDC制度の利回りは賃金成長率が利回りに用いられることになる．

さて，スウェーデンの新年金制度の大きな特徴は，やはり賦課方式でありながら確定拠出型の制度と言われているNDC制度の部分であろう．NDCにおける年金給付額は経済変動と平均余命に合わせて調整される仕組みになっている．新規裁定時の年金給付額は次のように決められる．

新規裁定時の年金給付額 ＝ みなし年金資産 ÷ 年金除数

個人は，NDCに16%の保険料を支払うが，その保険料があたかも個人の資産のように蓄積されたとするのである．また蓄積されたとみなされる資産は名目賃金上昇率をみなし運用利回りとして年金資産額を計算することになる．計算されたみなし年金資産を年金除数（annuitization divisor）と呼ばれる値で割ることで新規裁定時の年金給付額が決まる．年金除数には平均余命などが考慮されている．スウェーデンのNDC制度では個人の保険料拠出はみなし年金資産に蓄積されるため，原則的には拠出と給付が一対一に対応している．スウェーデンではNDCという拠出と給付の一対一対応を原則とした年金制度へ変更することにより世代間格差の是正を試みたのである[1]．

スウェーデンの新年金制度は所得比例年金部分と最低保障年金部分に分けられているのも大きな特徴である．所得比例部分は完全に拠出した額とリンクする形で給付が行われるのに対し，最低保障年金は所得比例部分だけでは年金額が少ない人のための年金だと言える．また，その財源は保険料ではなく税で賄われているのも大きな特徴である．また，最低保障年金部分は所得比例部分が増加すれば，最低保障年金額が低下する仕組みとなっている．仮に所得比例部

---

[1] スウェーデンの年金改革の背景には世代内の不公平の解消も大きな要因だと言われている．旧制度は年金受給額の算定ベースが生涯賃金ではなく，賃金の高かった15年間の賃金（15年ルール）に置かれていた．また，満額年金の受給要件が30年拠出（30年ルール）となっていた．そのようなルールがあったため，例えば同じ勤労期間であっても，年齢別賃金カーブの傾きが急な人ほど多くの年金受給額を得ることができたのである．そのような世代内の不公平を解消するために拠出に結びついた給付への制度変更を支持する声が高かったと言われている．以上の点はPalmer（2000）やPalmer（2002）を参照のこと．

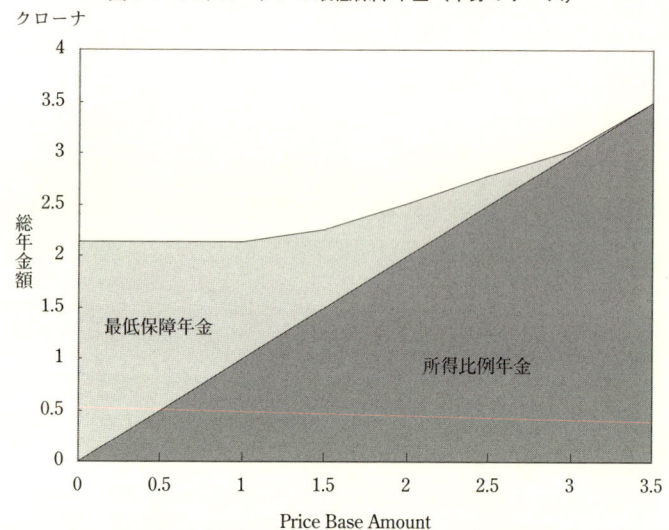

図 5-1 スウェーデンの最低保障年金（単身のケース）

出典：Government Office of Sweden (2002) *National Strategy Report on the Future of Pension Systems——Sweden*.

分がゼロの場合，単身の年金受給者なら 2.13 price base amounts が得られ，同居している受給者なら 1.9 price base amounts が得られることになっている．Price base amounts は最低保障年金を計算するときに用いられる指数で 2002 年時点では 1 price base amount は 37,900 クローナ（1 クローナが約 15 円と換算して計算すると，1 price base amount は 56 万 8,500 円である）[2] となっている．所得比例年金と最低保障年金の関係を図に示したのが図 5-1 である．

ここで，最低保障年金の詳しい減額率を示すと次のとおりである．(1) 単身のケース＝0～1.26 price base amounts：100％，1.26～3.07 price base amounts：48％．(2) 同居のケース＝0～1.14 price base amounts：100％，1.14～2.72 price base amounts：48％．

最低保障年金制度は 65 歳以上のスウェーデン居住者に対して給付が可能となっている．満額の最低保障年金を受給するためには 40 年間，スウェーデン

---

2) 2007 年 5 月 15 日時点の 1 クローナは 17.73 円である．

に居住していることが原則となっている．期間は 25 歳よりカウントされることになっている．また，居住期間に比例して満額の最低保障年金額は減額されることになっている．

スウェーデンの年金改革では年金財政の健全性を保つために，自動均衡機能 (Automatic Balance Mechanism) を導入したことも特徴的である．自動均衡機能を簡単に言うと，出生率低下による被保険者数の減，積立金の利回りの実質的低下などにより年金財政が悪化した場合に給付額が調整される仕組みである．自動均衡機能は公的年金の資産より債務が上回った場合に発動され，給付の調整が行われる．

ここではごく簡単にスウェーデンの年金制度の概要[3]について述べたが，以下の分析においては特に拠出と給付の一対一対応という観点に着目して分析を行うことにする．

2.2 日本：保険料固定方式とマクロ経済スライド

2004 年 6 月 5 日にわが国では新しい公的年金法が成立したが[4]，2004 年の年金改革はスウェーデンの年金制度を参考にしたといわれている．以下，わが国の新しい年金制度について概観し，またスウェーデンの年金制度の共通点，相違点について述べる．

わが国の新しい公的年金制度は保険料固定方式と呼ばれている．これまで 5 年に 1 度行われる公的年金の財政計算をもとに公的年金財政にあわせて保険料の引き上げのペースを調整する方式を採用してきた．これまでわが国と同様，多くの国で年金財政にあわせて保険料を調整する方式が採用されてきたが，1999 年にスウェーデンでみなし（概念上の）確定拠出年金制度が公的年金として採用されたのをきっかけに多くの国で保険料を固定する動きが広まった．その国際的な流れの中でわが国も 2004 年に公的年金の保険料を固定する方式を採用することになった．

---

3) スウェーデンの年金制度のより詳しい解説は National Social Insurance Board in Sweden (2002) や Settergren, O. (2001) を参照のこと．
4) 高山 (2004) では日本の新年金制度について詳しく解説し，また他の国の年金制度と比較しながら日本の新年金制度を分析している．

この新しい公的年金制度は，スウェーデンと異なり保険料がすぐに固定されるのではない．2003年時点での厚生年金の保険料は13.58％（総報酬ベース）であるが，それを2004年10月から毎年0.345ポイント引き上げ，2017年以降は18.30％に固定することになっている．また，わが国の場合，保険料が固定されることが決まった一方で所得代替率（退職した後に現役世代の賃金の何割の水準を年金給付として受け取るかを表す率）が50％を下回らないようにすると政府が公表したのが特徴的である．わが国の公的年金制度は他の国と同様，賦課方式で運営されているため，所得代替率の下限を定めるということは，保険料が決められた率より引き上げられる可能性が依然として残っているということである．逆に言えば，保険料の率をどのような社会経済状況でも変えないならば，所得代替率の下限が当初の予定よりさらに低くなる可能性が残っていることになる．

　新しい年金制度の特徴として，マクロ経済スライドと呼ばれる給付調整の仕組みが導入されたことも挙げられる．わが国の公的年金には過去の賃金を反映するかたちで計算される部分がある．これは賃金再評価とも呼ばれ，その再計算の指標としてこれまで賃金成長率が用いられてきた．しかし，新しい制度ではその賃金再評価率が次のように変更になった．

$$\text{賃金再評価率} = \text{賃金成長率} - \text{人口要因変化率}$$

　以前の制度では賃金再評価率は賃金成長率だったのに対し，新しい制度では人口要因の変化率を差し引く形で再評価が行われることになっている．ここで人口要因変化率は次のように加入者数と平均余命が考慮されている．

$$\text{人口要因変化率} = \text{加入者数の減少率} + \text{平均余命の伸び率}$$

　以前の制度では加入者数の減少や平均余命の伸びが年金給付額に反映されていなかったが，新しい制度ではそれらの要因が反映されることとなった．このマクロ経済スライドはスウェーデンの自動均衡機能と呼ばれる給付調整と似た仕組みである．わが国でもスウェーデン同様，平均余命などにあわせて年金給付を調整する仕組みが導入されたことになるが，この制度を導入したことによって，人々が長生きする確率が高まると年金給付額が減らされることになるので，公的年金の持っている長生きのリスクを軽減する機能が低下したことになる．

さて，わが国の新しい年金制度はスウェーデンの新年金制度といくつかの共通点があることを見たが，1つ大きな違いがある．スウェーデンの場合，みなし（概念上の）確定拠出（NDC）を導入することにより個人の拠出があたかも個人の勘定に資産として増えていくような仕組みを公的年金に取り入れた．そのためスウェーデンの新年金制度では拠出と給付が基本的には一対一対応の関係にある．しかしながら，わが国の2004年公的年金改革ではみなし（概念上の）確定拠出といった個人の拠出と給付のリンクを重視した制度改革には至っていない．個人の拠出と給付がリンクした制度は世代間格差を解消する制度と考えられているため，拠出と給付の一対一対応を公的年金に導入する動きが多くの国で進んでいる．しかしながら，拠出と給付の一対一対応（別の言い方をすれば完全な所得比例型の年金制度）は所得変動のリスクや長生きのリスクなどを個人が背負うことになる．そのため従前所得と給付がリンクせずに定額の給付を得られる年金制度と，完全な所得比例型年金制度を比べた場合，後者のほうが社会厚生を高めるかどうかということについては慎重に検討しなければいけない．次節以下ではシミュレーション分析を用いて定額給付年金と所得比例年金の社会厚生に与える効果を分析する．

3．モデル

本章ではライフサイクル一般均衡モデルを用いて分析を行う．ただし，労働生産性を確率的に扱うことにより世代内の異質性をモデルに組み込み分析を行う．公的年金の拠出と給付を強く結びつける年金制度は，必然的に世代内の再分配機能を低下させる．世代内の再分配機能の低下がどのように影響を及ぼすかを分析するにあたり，世代内の異質性を組み込んだモデルを用いることは有益である[5]．また，本章では長生きのリスクも考慮するために生存確率も考慮に入れたモデルを用いる．

---

5) 異質性を考慮した分析はHuggett（1996）やİmrohoroğlu, İmrohoroğlu and Joines（1995）で行われている．ただし，上記の分析では労働供給が外生的に扱われているのに対し，今回の分析では労働供給を内生化し分析を行う．また日本においては宮崎（1999），宮里（2006），山田（2006）などがある．

3.1 家計

個々人の消費や労働に対する選好は同一と仮定するが，労働生産性の実現値が個々人によって異なるため世代内の異質性が発生する．個人はN歳まで生存し，寿命に関する不確実性はないものとする．また，ここでは遺産動機はないと仮定するので，遺産は発生しない．各個人のi期の生存確率をπ_i，消費をc_i，労働をl_iとして各個人の効用関数は次のように表せる．

$$E\left[\sum_{i=1}^{N}\beta^{i-1}\pi_i u(c_i, l_i)\right] \tag{5-1}$$

ここでβは時間選好率を表している．また，瞬時的効用関数は相対的危険回避度一定を仮定する．

$$u(c_i, l_i) = \left[\left(c_i^{1-\frac{1}{\zeta}} + (h^{max}-l_i)^{1-\frac{1}{\zeta}}\right)^{\frac{1}{1-\frac{1}{\zeta}}}\right]^{1-\frac{1}{\gamma}} \Big/ 1-\frac{1}{\gamma} \tag{5-2}$$

ここで，γは相対的危険回避度を表すパラメータ，ζは消費と余暇の代替の弾力性を表すパラメータである．またh^{max}は個人が労働や余暇に使える最大の時間を表している．

各個人には年齢と固有ショックz_iに依存する労働生産性e_iが各期に賦与される．労働生産性の固有ショックは各個人に対して同じ確率法則に従っている一方で，実現値は各個人によって異なる．ここでは，労働生産性e_iの対数は以下のマルコフ過程に従うものとする．

$$z_i = \rho z_{i-1} + \varepsilon \tag{5-3}$$

ここで，$\log e_i = z_i$である．またρは自己相関係数を表し$0 \leq \rho \leq 1$である．なお，$\varepsilon \sim N(0, \sigma^2)$に従う．労働生産性$e_i$は退職までは平均1で正の値をとり対数正規分布に従うが，退職後は0になるものとする．労働生産性の固有ショックは，個人レベルでは労働生産性についての不確実性に直面するが，マクロ的には不確実性が存在しないことを意味する．

年金給付額をb_i，年金保険料をτとすると，個人の予算制約式は (5-4) 式のように表すことができる．

$$c_i + a_{i+1} = (1+r)a_i + (1-\tau)e_i w l_i + b_i \tag{5-4}$$

$$c_i > 0, \ l^{max} \geq l_i \geq 0, \ a_i \geq -w,$$

$$a_N \geq 0, \ a_1 = a_{N+1} = 0$$

ここで，l^{max} は最大限とりうる労働時間である[6]．また a_i は個人の各期の資産である．さらに r は利子率，w は賃金率を示している．$a_i \geq -w$ は平均賃金の1年分までを借金することができることを意味している．しかし，$a_N \geq 0$ を仮定することで，借金を残して死なないことになる．$a_1 = a_{N+1} = 0$ の仮定より，個人は経済に参加する時点では資産を持たない．また，資産を残さずに経済から退出することになる．

年金給付についてもう少し詳しく述べる．本章における年金制度は年金保険料が固定されたモデルを考えている．賦課方式の場合，年金保険料が固定されると年金財政の均衡式から所得代替率（給付乗率）が内生化される．したがって，本章のモデルでは年金財政の調整は所得代替率で行われることになる．

さて，次に年金給付の方法を述べる．まず，1つ目として i 期での年金給付額 b_i は経済全体の平均賃金に所得代替率 κ をかける方法である．これを給付算定方式1とする．この給付額算定の方法は基礎年金部分を表現していると考えられる．このケースにおける年金給付額 b_i は

$$b_i = \begin{cases} 0 & if \quad i = 1, ..., R \\ \kappa w & if \quad i = R+1, ..., N \end{cases} \tag{5-5}$$

となる．次に2つ目として，個人の過去の平均労働生産性を $\bar{e}_i$，として，年金給付額 b_i は

$$b_i = \begin{cases} 0 & if \quad i = 1, ..., R \\ \kappa \bar{e}_i w & if \quad i = R+1, ..., N \end{cases} \tag{5-6}$$

として与えられる．この方法を給付算定方式2とする．これは，所得比例型の年金制度を表している．本章では，基礎年金部分に焦点をしぼり分析を行うことにする．つまり，過去の賃金とリンクしていない基礎年金部分を所得比例型にした場合の分析を行う．

以上の枠組みで個人の最適化問題を考える．個人の意思決定問題は次の動的

---

6) 実際のシミュレーション分析では，最大限とりうる労働時間 l^{max} は個人が労働や余暇に使える最大の時間 h^{max} の 2/3 に設定している．

計画法で定式化できる．

$$V_i(x_i) = \max_{a_{i+1}, l_i} \left\{ u(c_i, l_i) + \beta E\left[\frac{\pi_{i+1}}{\pi_i} V_{i+1}(x_{i+1}) \mid e_i \right] \right\} \quad (5\text{-}7)$$

制約条件；(5-4) 式

ここで，年金給付算定方式がケース1の場合，i期の状態変数は$x_i = (a_i, e_i)$，ケース2の場合，$x_i = (a_i, e_i, \bar{e}_i)$ がi期の状態変数となる．また，$N+1$期の状態評価関数を$V_{N+1}(x_{N+1}) = 0$と仮定する．$V_{N+1}(x_{N+1}) = 0$とすることにより，バックワード・インダクションを用いて解を近似的に得ることができる[7]．

3.2 生産関数

生産関数はコブ＝ダグラス型の生産関数を考える．集計された総生産量，総資本投入量，総労働投入量をY, K, Lとすれば，生産関数は次のように表せる．

$$Y = AK^\alpha L^{1-\alpha} \quad (5\text{-}8)$$

ここで，Aは全要素生産性，αは資本分配率を表している．また各期における資本減耗率はδで表わす．完全競争のもと利子率rと賃金率wは

$$r = \alpha A(K/L)^{\alpha-1} - \delta \quad (5\text{-}9)$$
$$w = (1-\alpha)A(K/L)^\alpha \quad (5\text{-}10)$$

となる．

3.3 市場均衡

ここで，定常状態を定義するが，その前に状態変数の確率分布について述べる．年金給付算定方法がケース1の場合，第i世代の状態変数は(a_i, e_i)であり，ケース2の場合，第i世代の状態変数は$(a_i, e_i, \bar{e}_i)$である．状態変数x_iのとりうる集合を$\mathbf{X_i}$とし，測度空間を$(\mathbf{X_i}, \mathbf{B}(\mathbf{X_i}), \phi_i)$とする．ここで，$\mathbf{B}(\mathbf{X_i})$はボレル集合体であり，$\phi_i$は$B \in \mathbf{B}(\mathbf{X_i})$上の確率測度である．また，

---

[7] 解析的にモデルを解くことが困難であるため，数値計算を行う．本章における数値計算は宮崎（1999）を元に，労働供給を内生化し，生存確率を考慮する形で分析を行っている．また本章は宮里（2006）で行われたシミュレーション分析を基本に，公的年金で重要な生存確率を考慮して分析を行っている．

$$\sum_{i=1}^{N} \phi_i(\mathbf{X_i}) = 1 \qquad (5\text{-}11)$$

という基準化のもと，第 i 世代が $B \in \mathbf{B}(\mathbf{X_i})$ にある確率は $\phi_i(B)/\phi_i(\mathbf{X_i})$ となる．ここで，$P_i(x_i, B)$ を第 i 世代の状態が $x_i \in X_i$ で与えられたときに，次に状態 B になる確率とすると，ϕ_i は次の式で推移する．

$$\phi_{i+1}(B) = \int_{X_i} P_i(x_i, B) d\phi_i \qquad (5\text{-}12)$$

以上の点に留意して，定常均衡を次のように定義する．

定義：定常均衡は，$(\{c_i(x_i)\}_{i=1}^{N}, \{l_i(x_i)\}_{i=1}^{R}, a_1, a_{N+1}, \{a_{i+1}(x_i)\}_{i=1}^{N-1},$
$\{e_i\}_{i=1}^{N}, \{b_i\}_{i=1}^{N}, w, r, K, L, \kappa, \{\phi_i\}_{i=1}^{N})$ で以下の 5 つの条件を満たすものである．

① $\{c_i(x_i)\}_{i=1}^{N}$，$\{l_i(x_i)\}_{i=1}^{R}$，a_1，a_{N+1}，$\{a_{i+1}(x_i)\}_{i=1}^{N-1}$ が最適化問題を解くことによって得られている．

② 完全競争下で要素価格 (r, w) が決まっている．(5-9) 式，(5-10) 式．

③ 財市場，資本市場，労働市場が均衡している．

$$\sum_{i=1}^{N} \int_{X_i} (c_i(x_i) + a_{i+1}(x_i)) d\phi_i = AK^{\alpha} L^{1-\alpha} + (1-\delta)K \quad \text{(財市場均衡式)}$$

$$\sum_{i=1}^{N} \int_{X_i} a_{i+1}(x_i) d\phi_i = K \quad \text{(資本市場均衡式)}$$

$$\sum_{i=1}^{N} l_i \int_{X_i} e_i d\phi_i = L \quad \text{(労働市場均衡式)}$$

④ 各世代の状態変数の確率分布は個人の最適化行動と整合的であり，(5-11) 式と (5-12) 式を満たす．

⑤ 年金財政が均衡している．

$$\tau w \sum_{i=1}^{R} l_i \int_{X_i} e_i d\phi_i = \sum_{i=R+1}^{N} \int_{X_i} b_i d\phi_i \qquad (5\text{-}13)$$

表 5-1 パラメータ

時間選好率	β	0.947
危険回避度	γ	0.5
余暇と消費の代替の弾力性	ζ	0.9
持続性のパラメータ	ρ	0.95
固有ショックの分散を表すパラメータ	σ	0.17 or 0.10
資本労働比率	α	0.4
資本減耗率	δ	0.048
全要素生産性	A	1.1
生存確率	π	生命表の値より[1]

注1:生命表の値は国立社会保障・人口問題研究所 (2002) を用いている.

4. シミュレーション分析

4.1 パラメータの特定化

　ここではパラメータを特定化しモデルの数値計算を行う. 表 5-1 にパラメータの値をまとめている. まず, 資本労働比率 α, 時間選好率 β, 資本減耗率 δ は Cooly and Prescott (1995) にしたがって $\alpha=0.4$, $\beta=0.947$, $\delta=0.048$ と設定する. 相対的危険回避度のパラメータは $\gamma=0.5$, 余暇と消費の代替の弾力性 $\zeta=0.9$ に設定する. 次に全要素生産性 $A=1.1$ とする. 固有ショックに関しては Storesletten, Telmer, and Yaron (2004) にしたがって, 持続性のパラメータ $\rho=0.95$, 固有ショックの分散を表わす $\sigma=0.17$ と設定した. ここで設定した固有ショックの分散を表す値はアメリカのデータをもとにしたものである. わが国とアメリカの所得変動を比較した場合, わが国のほうが所得変動は低いと予想されるため, $\sigma=0.10$ の場合もシミュレーション分析を行う.
　また, 個人の生存期間 $N=60$ と設定し, 労働期間 $R=40$ と設定する. 生存確率は国立社会保障・人口問題研究所 (2002) の生命表の値を用いる. また, 今回の人口成長率は0として分析を行う. 以上の設定のもと, シミュレーション分析を行う[8].

表5-2 シミュレーション結果1

		基準ケース（給付算定方式1） 年金保険料 $\tau=10\%$	給付算定方式2	年金保険料 $\tau=0\%$
		$\sigma=0.17$		$\sigma=0.17$
資本	K	5.5963	5.8	6.1617
労働	L	0.77958	0.78558	0.79152
利子率	r	0.0637	0.0613	0.0574
賃金率	w	1.4045	1.425	1.4602
社会厚生	W	−94.726524	−95.05536	−89.846031

4.2 シミュレーション結果：社会厚生低下の可能性

本章の分析では，公的年金制度を，完全な所得比例型の制度へ変更した場合に，どのような影響があるかを分析することが目的である．わが国の厚生年金には報酬比例部分があるため，従前所得が反映されている部分もある．しかしながら，基礎年金に関しては従前所得とは関係なく定額に給付が行われる．本章の分析では，この基礎年金を完全な所得比例型に変更した場合に，どのような影響があるかをシミュレーション分析する．

まず，基礎年金部分に焦点をあてることにするが，現在のわが国の厚生年金におけるモデル世帯の給付額は238,125円である．そのうち基礎年金が134,034円（67,017円×2）なので，基礎年金が占める割合は56.3％となる．ここでは年金保険料を固定するモデルを前提にしている．2004年の改革では2017年以降の年金保険料を18.3％に固定することになった．今回の分析では，まず18.3％のうちの56.3％を基礎年金部分の保険料と考える．つまり18.3％×基礎年金部部分（56.3％）≒10％を年金保険料として分析を行う．

シミュレーション結果は表5-2にまとめられている．まず基準ケースを見ることにする．基準ケースとは給付算定方式1で定額給付のケースである．数値

---

8) 数値計算の手順について述べると，まず，[Step 1] K, L, κ を推測する．[Step 2] r, w を (5-9), (5-10) 式より求める．[Step 3] バックワード・インダクションを用いて (5-7) 式の最適化問題を解くことにより $\{c_i(x_i)\}_{i=1}^N$, $\{l_i(x_i)\}_{i=1}^R$, a_1, a_{N+1}, $\{a_{i+1}(x_i)\}_{i=1}^{N-1}$ を得る．[Step 4] Step 3で計算した値をもとに K, L, κ を計算する．[Step 5] Step 1とStep 4がほぼ等しくなるまで，Step 1での推測を更新する．以上のStepを繰り返し得られた値を定常均衡としている．

表5-3 シミュレーション結果2

		基準ケース（給付算定方式1）年金保険料 $\tau=10\%$	給付算定方式2	年金保険料 $\tau=0\%$
		$\sigma=0.10$		$\sigma=0.10$
資本	K	5.1455	5.2251	5.5419
労働	L	0.79044	0.7908	0.80166
利子率	r	0.0693	0.0683	0.0643
賃金率	w	1.3595	1.3669	1.3997
社会厚生	W	−92.8772	−93.31524	−88.141212

計算では資本が5.5963，労働0.7795，利子率6.37％，賃金率1.4045となった．また，厚生水準の比較を行うために，社会厚生を（5-14）式にしたがって求めることにする．基準ケースにおける社会厚生は−94.7265となった．

$$W = \sum_{i=1}^{N} \int_{X_i} \beta^{i-1} \pi_i u(c_i(x_i, l_i)) d\phi_i \qquad (5\text{-}14)$$

次に給付算定方式2のケースを見る．このケースでは資本5.8，労働0.7855，利子率6.13％，賃金率1.425となった．基準ケースに比べ資本が増加する結果となった．一方で給付算定方式2のもとでの社会厚生は基準ケースより低い−95.0553となった．給付算定方式2の場合，従前所得が給付水準に反映されるため，高所得者の生涯所得が増加する．それが高所得者の貯蓄の増加をもたらし，その結果，資本が増加したと考えられる．しかし給付算定方式2の場合，年金給付水準に世代内の再分配的要素がなくなるため，所得変動のリスクが大きくなり，社会厚生の水準は基準ケースより低くなったと考えられる．

次に公的年金の完全民営化，あるいは完全な積み立て型の年金制度へと変更したケースをみる（年金保険料 $\tau=0$）．このケースでは資本6.1617，労働0.7915，利子率5.74％，賃金率1.4602となった．基準ケース（給付算定方式1），給付算定方式2のいずれのケースよりも資本が高くなっている．また，社会厚生水準は−89.846と最も高くなっている．このケースでは所得変動のリスクが高まることによる厚生水準の低下より，貯蓄の増加による資本の蓄積による厚生水準の上昇の効果が上回ったと考えられる．

わが国とアメリカの所得変動を比較した場合，わが国のほうが所得変動は低いと予想されるため，$\sigma=0.10$ の場合もシミュレーション分析を行った（表

表5-4 シミュレーション結果3

		基準ケース（給付算定方式1） 生命保険料 $\tau=18.3\%$	給付算定方式2
		$\sigma=0.17$	
資本	K	5.0667	5.5078
労働	L	0.75978	0.77256
利子率	r	0.0703	0.0648
賃金率	w	1.3515	1.3954
社会厚生	W	-99.8053	-100.211

表5-5 シミュレーション結果4

		基準ケース（給付算定方式1） 生命保険料 $\tau=18.3\%$	給付算定方式2
		$\sigma=0.10$	
資本	K	4.7896	4.9585
労働	L	0.77034	0.77298
利子率	r	0.0745	0.0713
賃金率	w	1.3204	1.3441
社会厚生	W	-97.822891	-98.395843

5-3参照）．シミュレーションの結果は固有ショックの分散が高い場合でも低い場合でも本質的な違いはない．つまり，給付算定方式2のケースは基準ケースより資本が高くなるが，逆に社会厚生の水準は基準ケースより低くなった．

また，参考として年金保険料を18.3％にした場合についてもシミュレーションしてみた（表5-4，表5-5参照）．この場合，資本，労働ともに基準ケースより給付算定方式2のケースが大きくなる結果となった．また年金保険料率10％の場合と比べると，資本の上昇の度合いは年金保険料18.3％の下でのほうが大きくなることを見てとれる．社会厚生水準についても先ほどの結果と同じく給付算定方式2のほうが基準ケースより下回る結果となった．この結果は固有ショックの分散が低いケース（$\sigma=0.10$）でも本質的に変わらない．

5. おわりに

本章では，所得比例型の年金制度に着目して考察を行った．世代間格差の是

正という観点からは完全な所得比例型あるいは拠出と給付の一対一対応の年金制度は非常に魅力的である．しかし世代内の格差や長生きのリスクも考慮した場合，完全な所得比例型の年金制度が伝統的な確定給付型の年金制度より社会厚生を高めるかは不確かである．本章では従前所得が反映されない定額給付の基礎年金部分を完全な所得比例型に変更した場合のシミュレーションを行った．シミュレーションの結果からは，完全な所得比例型は定額給付より社会厚生が低くなることになった．わが国においても公的年金制度の報酬比例部分を高めた年金制度への改革が模索されるようになっているが，シミュレーションの結果から，完全な所得比例型の年金制度は社会厚生を低下させる可能性がある．世代間格差を解消するために，今後，報酬比例部分を高める改革が進むことは予想されるが，人々の厚生を過度に引き下げないため，最低保障年金が重要になるであろう．

　最後に最低保障年金を考える際の問題点を触れることにする．最低保障年金は通常，所得比例型の年金と組み合わせて導入されることが多い．現役時に低所得であった人が退職後，所得比例型年金だけに頼る場合，給付額が少なく生活に困るような事態を防ぐ目的が最低保障年金にはある．ここで重要となるのはどの水準まで最低保障年金で年金給付額のかさ上げをするかである．わが国の公的年金制度で最低保障年金の役割に近いのは基礎年金であるが，現状では基礎年金の給付額は標準的な生活保護の水準よりも低い．2004 年のデータでは基礎年金の給付額は 67,017 円（1 人当たり）であるのに対し，単身高齢世帯の標準的な生活保護の給付額は 80,820 円となっている．最低保障年金の水準として現行の基礎年金の水準に設定する場合，この数字からもわかるように生活保護の水準を下回ることになる．それでは，どの水準が最低保障年金として適切かということが今後の議論として重要になるであろう．最低保障年金の適切な水準については，今後の精緻な分析が望まれるところである．

〈参考文献〉

高山憲之(2004)『信頼と安心の年金改革』東洋経済新報社.
国立社会保障・人口問題研究所(2002)「日本の将来推計人口——平成14年1月推計」厚生統計協会.
宮崎憲治(1999)「世代内不平等を考慮に入れたOLGモデルによる年金に関するシミュレーション分析」未定稿論文.
宮里尚三(2006)「世代内の異質性を考慮した年金改革の分析——スウェーデンの年金改革を背景として」『季刊社会保障研究』42 (1) 号, 59-65頁.
山田知明(2006)「賦課方式公的年金による所得再分配政策が資産格差に与える影響について」『日本経済研究』第55号, 59-78頁.

Cooley, T. J. and E. Prescott (1995) "Economic Growth and Business Cycles," in T. J. Cooley (ed.), *Frontiers of Business Cycle Research*, Princeton University Press.
Government Office of Sweden (2002) *National Strategy Report on Future of Pension System——Sweden*.
Huggett, H. (1996) "Wealth Distribution in Life-Cycle Economics," *Journal of Monetary Economics* 38 : pp. 469-494.
İmrohoroğlu, A., S. İmrohoroğlu and D. H. Joines (1995) "A Life Cycle Analysis of Social Security," *Economic Theory* 6 : pp. 8-114.
National Social Insurance Board in Sweden (2002) *The Swedish Pension System——Annual Report 2001*.
Palmer, Edward (2000) *Swedish Pension Reform Model : Framework and Issues*, National Social Insurance Board in Sweden.
Palmer, Edward (2002) "Swedish Pension Reform : How Did It Evolve, and What Does It Mean for the Future?" in Martin Feldstein and Horst Siebert (eds.), *Social Security Pension Reform in Europe*, The University of Chicago Press, pp. 171-210.
Settergren, Ole (2001) "The Automatic Balance Mechanism of the Swedish Pension System," National Social Insurance Board in Sweden.
Storesletten, K., C. I. Telmer and A. Yaron (2004) "Cyclical Dynamics in Idiosyncratic Labor-Market Risk," *Journal of Political Economy* 112 : pp. 659-717.

6章 公共資本と公的年金の世代間厚生比較

川出　真清

1. はじめに

　日本は先進諸国の中でも急激に高齢化が進んでいる．経済の高齢化は生産力の減退と共に社会的負担の面からも大きな懸念を引き起こしている．高齢者は年金の他に，多くの医療や介護サービスも必要とする．そのため，引退者の生活を支える多くの資源が必要となり，社会保障制度による過大な公的負担を憂慮する議論が盛んに行われている．また，急激な労働人口の減少のみならず，豊富であった熟練労働力の大量引退による日本経済の活力低下も大きな懸念材料となっている．

　その一方で，政府は長期的な面で別の大きな問題を2つ抱えている．第1は現在でも続く大きな財政赤字である．2005年度には国と地方の長期債務残高が770兆円とGDP比で1.5倍を超え，政府債務が先進諸外国の中で突出している．これらが長期的に大きな便益として返ってくるなら，このような赤字も望ましいと考えられるかもしれない．しかし，公共投資は近年ではその効率性が疑問視され，「公共支出と最適負担に関する国民の意識調査」（本書の序章・1章，巻末資料参照）においても，その効率性を疑問視する考え方が非常に強くなっていることがわかる．政府債務は多くの場合，この公共投資の便益を長期的に配分するという名目で行われているが，効率性が疑問視されている状態での公債発行による公共投資はその役割を十分果たしているとは言い難い．こ

れらはすべて将来に大きな負担となって返ってくることが予想され，早急に対応が必要である．

第2は政府による社会保障の信頼性である．特に，公的年金は保険として考えた場合，既に引退した世代は支払以上に給付を受けている一方で，現役勤労世代および将来世代の多くは過払いとなるという指摘が随所で行われている．そのため，公的年金への不信感の高まりや国民年金の未納率の上昇が社会問題化している．これは引退世代が既に受給段階にある現行公的年金制度の土台を揺るがすおそれのある大きな問題である．

2つの問題は急激な高齢化による経済活力の低下を一層深刻にするものとして，大きな懸念を与えている．しかし，世代間の厚生を長期的に評価した場合，引退世代の厚生は現役世代のそれに比べて，良いのか否かも考える必要があるだろう．もし，引退世代の厚生が現役世代のそれよりも高ければ，公的年金等の現役世代の過払いを是正し，現役世代や将来世代を犠牲にした引退世代の繁栄を回避する必要がある．一方，現役世代や将来世代が引退世代よりも厚生面で恵まれている場合には，世代間の厚生差を小さくする努力として，再分配的な社会保障政策を評価することもできるだろう．したがって，今後の財政政策および社会保障政策を考える際に，世代間の厚生差と政策による世代間再分配効果を数量的に評価することは重要な意義があると思われる．

実際，日本においても，社会保障における公的年金の世代間再分配効果の研究は行われてきた．また，公債に関してもその維持可能性について個別の検討が進んでいる．しかし，資金調達の結果得られる公共資本も加える形で統一的に一般均衡の枠組みで検討したものは少ない．それらを評価するためには，高齢化経済の青写真を描き，そこでの経済諸変数の関係や各世代の厚生を評価することが必要となる．そこで本分析では，公債と租税によって調達される公共資本と，引退世代に対して過給付だとされる公的年金制度を厚生面から，包括的かつ数量的に評価する．

最後に，今後想定される政策変更として，公共投資の削減，年金制度の変更，財政赤字の削減についてシミュレーション分析を行う．その際には各政策を社会厚生基準で評価し，世代間厚生の観点で望ましい政策を比較する．なお，社会保障及び公共資本における政府の最適政策を求めることは各時点かつ多岐に

わたる政策オプションを動学的に最適化しなければならず困難を伴う．そのため，いくつかの政策オプションを準備し，オプション間の順位付けを試みる．

本章は次のように構成する．第2節で関連研究を概観し，第3節でモデルを提示する．第4節でデータおよびシミュレーションのシナリオを示す．第5節で基準モデルの結果を検討し，第6節でいくつかのシナリオを比較する．第7節でそれらの考察と結論を述べる．

2. 関連研究

世代問題に着目し，それを数量的に扱ったのは Auerbach et al.（1983）において開発されたライフサイクル一般均衡モデルである．それをわが国の高齢化社会の分析に初めて適用したのは本間ほか（1987）であり，間接税による財源調達の効果に加えてわが国の公的年金制度の分析が行われた．その後，流動性制約の導入，あるいは寿命の不確実性の導入とそれに伴う将来推計人口データの利用など，様々な拡張が行われた（岩本 1990，加藤 2002，Kato 2002，上村 2001）．特に，加藤（2002）および Kato（2002）は，Aschauer（1989）における公共資本の生産性に着目して，生産基盤型公共（社会）資本と技術進歩を生産に導入している．Kawade et al.（2005）では生活基盤型公共資本にまで対象を拡大して，厚生評価を行っている．また，Ihori et al.（2006）は日本の社会保障制度全般を組み込み，社会保障や医療政策の一般均衡的な効果を評価している．また，岡本（2000）および宮里・金子（2000）が同一世代内の異なる家計の存在を，Sadahiro and Shimasawa（2003）が人的資本蓄積を考慮するなど様々な拡張が行われている．

政府を介した受益と負担の世代間格差についても，公的部門の赤字累増や高齢化という世界的な背景の中で研究が進められてきた．租税と政府サービスにおける世代間の受益と負担の差に関する研究は Auerbach et al.（1991）による世代会計の概念に基づいた Auerbach et al.（1999）の国際的な推計をはじめとして，現在も多くの国で行われている．わが国でも，麻生・吉田（1996），日高ほか（1996），吉田（1998）などで推計が行われてきた．また，公的年金制度の世代間分配に焦点を合わせた分析では，厚生労働省の財政再計算モデル

の再現を試みた八田・小口（1999）がある．これらの研究はいずれも，財政政策や公的年金制度が将来世代から現役世代へ大きな移転を行っていることを指摘している．また，土居（2000）は政府債務は必ずしも持続可能とはいえない水準にまで至っていることを指摘しており，その場合にはもはや世代間格差以前の政策的整合性の問題に陥っている懸念すらあるだろう．

世代の厚生差を明示的に扱った議論として，Kawade et al.（2005）が生活基盤型公共資本も考慮に入れた一般均衡シミュレーションを構築して公債による資金調達における公共資本の総合的評価を行っている．ただ，Kato（2002）およびKawade et al.（2005）では財政再建に関する税制面での影響を分析する際に労働供給の内生化が行われておらず，効用関数もAuerbach et al.（1983）および国内の研究をサーベイした上村（2002）で示されている諸モデルと異なる部分があった．そのため，川出（2003）が労働供給も内生化し，効用関数を修正し，新たな公的年金制度改正の主要部分を考慮した世代重複モデルを構築し評価を試みている．川出（2003）は公的年金と公的支出をモデル化しているため，厚生評価以外にも，年金純受取や世代会計なども計算している．また，世代会計や年金純受取と，世代間の厚生がどのように対応しているかを分析し，受取過剰である世代が厚生面では必ずしも豊かではないという，対応の不一致の可能性を示唆している．ただ，川出（2003）は生活基盤型公共資本を導入しているが，そのパラメータの妥当な値が得られていない点が問題として残った．そのため，本章では比較的多く推計されている生産基盤型公共資本のみに限定して，その評価を試みる．

3. モデル

モデルはAuerbach et al.（1983）によるライフサイクル一般均衡モデルを基盤として，わが国の財政制度・公的年金制度を部分的に導入している．経済主体は家計，企業，政府の3つで構成され，一財経済とする．家計は通時的な生涯効用最大化を行い，企業も各時点で最適な生産を行う．

モデル内の不確実性は家計の死亡リスクのみであり，その他のマクロリスクは一切存在しない．また，貨幣は存在せず，時間は離散的である．それぞれの

表 6-1　変数一覧とその意味

変数	意味	変数	意味
A_t	家計総貯蓄	$l_{s,t}$	t 年の s 歳家計の余暇水準
AC_t	家計総消費	q_{s+1}	s 歳家計の $s+1$ 歳までの生存確率
AH_t	遺産総額	r_t	利子率
TA_t	相続税部分を除く課税民間資産	$r_{CG,t}$	政府消費の対総生産比
B_t	公的年金支給総額	$r_{IG,t}$	公共投資の対総生産比
CG_t	政府消費	$r_{IGP,t}$	生産基盤型公共投資の投資内比率
D_t	公債残高	s	モデル上の年齢
GE_t	政府歳出	t	年
KGP_t	生産基盤型公共資本量	α	労働分配率
GR_t	政府歳入	β	生産の生産基盤型公共資本弾力性
H_t	標準報酬年額	δ	時間選好率
IG_t	公共投資	δ_G	公共資本の資本減耗率
K_t	総民間資本量	δ_P	民間資本の資本減耗率
L_t	効率単位総労働供給量	ε_t	公的年金の代替率
P_s	s 歳まで生存する確率	κ	余暇の効率性パラメータ
$POP_{s,t}$	t 年の s 歳人口	η_t	公的年金支給の国庫負担率
RH_t	公的年金支給開始年齢	ξ	消費と余暇の代替の弾力性
Y_t	総生産量	ρ	異時点間の代替の弾力性の逆数
$a_{s,t}$	t 年の s 歳家計の期首保有資産	$\tau_{c,t}$	間接税率
b_t	公的年金支給額	τ_h	相続税率
$c_{s,t}$	t 年の s 歳家計の消費水準	$\tau_{p,t}$	公的年金保険料率
e_s	s 歳労働効率性	$\tau_{r,t}$	資本所得税率
g	登場時の世代年	$\tau_{w,t}$	労働所得税率
h_t	各家計が相続する遺産	Ω_t	技術水準

主体については以下で詳しく述べる．なお，変数リストとその説明を改めて，表 6-1 に記した．

3.1　家　計

家計は 20 歳で経済に登場する．登場後に各家計は死亡リスクに直面し，生存期間は最長で 80 年である．80 年生き残った経済主体は 99 歳の消費の後に死亡すると仮定している．各家計は賃金率，利子率，生存確率，財政・年金制度を所与として通時的な期待生涯効用最大化を行う．その際には，家計は消費と余暇に関して最大化を行う．各年齢における生存確率は 2000 年の推計値を用いており，世代内及び世代間とわず，すべての家計の効用関数は同一である．したがって各世代の家計は同一の代表的家計と考えることができる．また，世代間の利他的遺産動機は存在せず，意図せざる遺産のみがある．

家計は各期の生存確率を考慮した期待生涯効用を最大化する．家計がコントロールできるのは各期の消費と余暇，貯蓄とする．その上で，g 年に成人した世代（以降，「g 年世代」と呼ぶ）の期待生涯効用 $E[V_g]$ を

$$E[V_g] = \sum_{s=0}^{79} P_s (1+\delta)^{-s} \frac{u(c_{s,g+s}, l_{s,g+s})^{1-\rho}}{1-\rho} \quad (6\text{-}1)$$

とおく．P_s は生存確率を表し，j 歳の家計が $j+1$ 歳まで生存する確率を q_{j+1} とすると，$P_s = \Pi_{i=1}^{s} q_i$ で表される．また，異時点間の効用に関しては相対的リスク回避度一定の効用関数となっており，ρ は異時点間の代替の弾力性の逆数である．ここで，t 年に s 歳である代表的家計の消費水準を $c_{s,t}$，余暇時間を $l_{s,t}$，時間選好率のパラメータを δ とおいている．なお，世代と年齢，各時点は $t = s + g$ という関係で表される．

家計の各時点の効用は消費と余暇に関する CES 型効用関数，

$$u(c_{s,t}, l_{s,t}) = [c_{s,t}^{(\xi-1)/\xi} + \kappa l_{s,t}^{(\xi-1)/\xi}]^{\xi/(\xi-1)} \quad (6\text{-}2)$$

を仮定する．ξ は各時点の余暇と消費の代替の弾力性を表す．κ は余暇の効率を表す．この時，家計の予算制約式は

$$\begin{aligned}a_{s+1,t+1} = &[1+(1-\tau_{r,t})r_t]a_{s,t}+(1-\tau_{w,t}-\tau_{p,t})w_t e_s(1-l_{s,t}) \\ &+ b_t + [1+(1-\tau_{r,t})r_t](1-\tau_h)h_t - (1+\tau_{c,t})c_{s,t}\end{aligned} \quad (6\text{-}3)$$

とおく．$a_{s,t}$ は，t 時点の s 歳家計の期首保有資産であり，r_t，e_s は利子率，労

働の効率性の尺度である[1]．なお，労働の効率性は年齢毎に異なると仮定する．w_t は効率単位当たりの賃金率であり，$w_t e_s (1-l_{s,t})$ が家計の税引前労働所得となる．税はすべて累進性のない定率税であり，$\tau_{w,t}$ は労働所得税率，$\tau_{r,t}$ は資本所得税率，$\tau_{c,t}$ は間接税率，$\tau_{p,t}$ は公的年金保険料率を表す．家計は引退後に公的年金給付 b_t を得る．なお，私的年金市場は存在しないとして，死亡した家計が保有していた資産と負債は生存するすべての世代に等しく分配される．h_t は t 時点で相続する遺産，τ_h は相続税率を示している．

引退年齢は 2000 年までは 60 歳（$s=40$），それ以降は厚生年金の支給開始年齢に合わせて，2 年ごとに 1 歳ずつ上昇し 65 歳（$s=45$）になるまで上昇する．単純化のために，引退後の労働供給は 0 と仮定する．実際の公的年金支給開始年齢を RH_t+20 歳，標準報酬年額と代替率を H_t, ε_t とすると，賃金スライドによる公的年金給付額は

$$b_t = \begin{cases} \varepsilon_t H_t & (s \geq RH_t) \\ 0 & (s < RH_t) \end{cases} \qquad (6\text{-}4)$$

で表される．ここで引退直前の年齢は RH_t-1 歳なので，標準報酬年額 H_t は

$$H_t = \frac{1}{RH_t} \sum_{s=0}^{RH_t-1} w_t e_s (1-l_{s,t}) \qquad (6\text{-}5)$$

で定義する．

時点内及び異時点間の家計の最適化行動は，その最適問題の消費に関する一階条件として得られるオイラー方程式である

$$u'(c_{s,t}, l_{s,t}) = \frac{q_{s+1}[1+(1-\tau_{r,t+1})r_{t+1}]}{1+\delta} \frac{1+\tau_{c,t}}{1+\tau_{c,t+1}} u'(c_{s+1,t+1}, l_{s+1,t+1}) \qquad (6\text{-}6)$$

を満たす消費量 $c_{s,t}$ から求めることができる．また，余暇時間も上記と同じく，最適化問題の一階条件から，

$$l_{s,t} = \left[\frac{\kappa(1+\tau_{c,t})}{(1-\tau_{w,t}-\tau_{p,t})w_t e_s} \right]^{\xi} c_{s,t} \qquad (6\text{-}7)$$

で求めることができる．

---

1) 労働効率性の尺度 e_s の形状は加藤（2002）によっている．

3.2 企 業

企業は，労働市場および資本市場で決定される賃金率と利子率を所与として，完全競争市場の下で利潤最大化を行う．生産関数は生産基盤型公共資本が寄与するコブ＝ダグラス型生産関数である

$$Y_t = \Omega_t L_t^\alpha K_t^{1-\alpha} KGP_{t-1}^\beta \tag{6-8}$$

を仮定する．Y_t は総生産量，K_t は総民間資本量，L_t は効率単位で計った総労働供給量，KGP_t は生産基盤型公共資本量を表す．完全競争でかつ一次同次なので，生産物は労働と資本に全て分配される．Ω_t は技術水準であり，外生的に決定される．利潤最大化の一階条件から

$$w_t = \alpha \Omega_t L_t^{\alpha-1} K_t^{1-\alpha} KGP_{t-1}^\beta \tag{6-9}$$

$$r_t = (1-\alpha) \Omega_t L_t^\alpha K_t^{-\alpha} KGP_{t-1}^\beta - \delta_P \tag{6-10}$$

が得られる．なお，δ_P は民間資本の資本減耗率である．(6-8) 式を代入して，

$$w_t = \alpha \frac{Y_t}{L_t} \tag{6-11}$$

$$r_t = (1-\alpha) \frac{Y_t}{K_t} - \delta_P \tag{6-12}$$

が成立する．

3.3 政 府

政府は一般会計部門と公的年金会計部門で構成される．一般会計支出には公的年金を含まない一般政府支出（政府消費と公共投資）と公的年金の国庫負担が含まれる．政府はこれらの支出を，家計に対する課税によって資金調達する．公共投資は生産基盤型公共資本投資とその他の投資に分けられる．公的年金制度は修正積立方式に基づいて勤労世代から社会保険料を徴収し，引退世代へ年金を給付する．

政府は目的関数を持たず，各期のターゲットとなる公債水準を実現するように間接税率を制御する．政府の支出および税率部門は

$$CG_t = r_{CG,t} \cdot Y \tag{6-13}$$

$$IG_t = r_{IG,t} \cdot Y \tag{6-14}$$

$$KGP_t = (1-\delta_G)KGP_{t-1} + r_{IGP,t} \cdot IG_t \tag{6-15}$$

$$GE_t = CG_t + IG_t + \eta_t B_t \tag{6-16}$$

$$\tau_{c,t} = \frac{1}{AC_t}\{GE_t - (\tau_{r,t}r_t TA_t + \tau_{w,t}w_t L_t + \tau_h AH_t) \\ - [D_t^* - (1+r_t)D_{t-1}]\} \tag{6-17}$$

となる．ここで，CG_t，IG_t は政府消費，公共投資を表す．KGP_t は生産基盤型公共資本であり，公共投資のうち生産基盤型の比率が $r_{IGP,t}$ で外生的に与える．公的年金の国庫負担率は公的年金支給総額 B_t の一定割合 η_t とし，それに政府消費と政府投資を加えて一般政府支出 GE_t を算出する．税収については，AC_t，TA_t，AH_t は，それぞれ総消費，課税資産，遺産総額を表し，D_{t-1}，D_t^* がそれぞれ $t-1$ 期末での公債残高と t 期末で実現する公債残高であり，シミュレーションでは公債残高の対総生産比のシナリオだけが与えられ D_t^* の実数は内生的に決まる．

一方，公的年金保険料率は，

$$\tau_{p,t} = \frac{(1-\eta_t)B_t}{w_t L_t} \tag{6-18}$$

で決定され，国庫負担を受けて毎期収支が均衡する．なお，本分析は社会保障部門は公的年金のみで，医療保険，介護保険等は考慮しない．また，年金保険料は所得比例であり，国民年金のような定額拠出とは異なる．また，年金積立金も存在しない．

3.4 市場均衡

t 期の資本市場均衡の条件は，前期の家計の供給する貯蓄総額 A_t が当期の民間資本 K_t と公債残高 D_t および遺産 AH_t によって徴収された相続税の和に等しいという関係から，

$$A_t = K_t + D_{t-1} + \tau_h AH_t \tag{6-19}$$

が得られる．また，労働市場の均衡条件は

$$L_t = \sum_{s=0}^{RH_t-1} e_s(1-l_{s,t})POP_{s,t} \tag{6-20}$$

である．なお，$POP_{s,t}$ は t 時点の s 歳人口である．財市場は民間消費 AC_t と

投資 $K_{t+1}-(1-\delta_P)K_t$ 及び政府支出の和が産出量に等しいので,
$$Y_t = AC_t + (K_{t+1}-(1-\delta_P)K_t) + GE_t \qquad (6\text{-}21)$$
が市場均衡の条件となる.

4. シミュレーション分析

シミュレーション分析で必要となるシナリオデータ, パラメータ値について述べる. データは過去の入手可能な実績値や既存研究で用いられたものを利用し, 将来値などはシナリオとした.

4.1 データ

モデルで外生的に与える必要のある値は人口, 技術水準, 政策変数の3種類である. 特に断りのない限り, 68SNA ベースで各変数の値を求めた Kawade et al. (2005) を踏襲している.

① 人口および技術水準

人口に関する過去の実績値は総務省統計局『人口推計』を用いて, 1965年まで遡って得た. 人口に関するシナリオは, 過去の実績値および国立社会保障・人口問題研究所の『日本の将来推計人口(平成14年1月推計)』の中位推計をベースとして用いる. なお, これらの人口データでは国外との人口移動の要因を排除するため, 生存確率を利用して, 人口移動のない20歳以降の人口を再計算して修正している.

生存確率については『日本の将来推計人口』の将来生命表の2000年部分を用いている. また, 『日本の将来推計人口』は2100年までの推計しか公表していないので, 2100年以降については出生数が入手可能な終端値で一定になると想定してシミュレーションを行っている. なお, シミュレーションで用いた1965年から2050年までの人口は表6-2に示した.

技術水準 Ω_t は Hayashi and Prescott (2002) および Kawade et al. (2005) でも行われた全要素生産性によるカリブレーション値を利用している. なお, 2000年以降は労働生産性が1%毎年上昇すると仮定して, 技術進歩を

表 6-2 シナリオ変数の推移

年	モデル上人口(万人)	技術水準(2005=1)	年金国庫負担率 (%)		公債残高 (対総生産比, %)		
			基準	基礎年金税化	基準	債務削減	再建先送
1965	6217	0.75	29.48	29.48	4.59	4.59	4.59
1970	6988	0.75	29.48	29.48	7.68	7.68	7.68
1975	7568	0.70	29.48	29.48	17.29	17.29	17.29
1980	8007	0.75	29.48	29.48	36.66	36.66	36.66
1985	8464	0.82	29.48	29.48	55.31	55.31	55.31
1990	8959	0.91	29.48	29.48	42.46	42.46	42.46
1995	9521	0.92	29.48	29.48	60.25	60.25	60.25
2000	9899	0.97	29.48	29.48	100.01	100.01	100.01
2005	10122	1.00	29.48	29.48	133.00	132.00	133.00
2010	10184	1.03	33.84	46.90	155.00	149.00	155.00
2015	10135	1.06	33.84	46.90	165.00	154.00	167.00
2020	10017	1.09	33.84	46.90	165.00	149.00	167.00
2025	9831	1.13	33.84	46.90	165.00	144.00	167.00
2030	9563	1.16	33.84	46.90	165.00	139.00	167.00
2035	9229	1.20	33.84	46.90	165.00	135.00	167.00
2040	8849	1.23	33.84	46.90	165.00	135.00	167.00
2045	8451	1.27	33.84	46.90	165.00	135.00	167.00
2050	8051	1.31	33.84	46.90	165.00	135.00	167.00

伸張した．なお，2005年を1とした技術水準が表6-2に示されている．

② 政策変数

　政府は社会厚生に関する目的関数を持たないため，その行動をシナリオとして与える必要がある．モデルでは比率について外生的なシナリオを与え，実額は内生的に決定する．対象となる変数は，公債残高と政府消費の対総生産比である D_t^*/Y_t，CG_t/Y_t，そのほかに政府投資内訳比率 $r_{IGP,t}$，労働所得税率 $\tau_{w,t}$，利子所得税率 $\tau_{r,t}$，相続税率 τ_h，間接税率 $\tau_{c,t}$ である．なお，政府投資・政府消費・各種税収の実額は，内生変数と政府の予算制約式から決定される．公的年金保険料率 $\tau_{p,t}$ も年金の予算制約式から内生的に決まる．

　公債残高の対総生産比は『国民経済計算年報』の中央政府と地方政府の金融純負債を用いて，対総生産比として2000年まで利用した．公債シナリオとしては，2001年以降に総生産比で徐々に増加し，プライマリー収支が2012年に黒字化して定常状態で165%となる「基準シナリオ」を用いている．なお，政

策シミュレーションでは，(1) 2005年から公債残高の増加分を対総生産比1%ずつ削減して定常状態において対総生産比135%にする「政府債務削減シナリオ」(表6-2, 6列目)，(2) プライマリー・バランスの黒字化を基準時よりも1年先延ばしして定常状態で167%とする「財政再建先送シナリオ」を用いる (表6-2, 7列目).

利子所得税率 $\tau_{r,t}$，労働所得税率 $\tau_{w,t}$ は93SNAの『国民経済計算年報』から家計及び民間企業の経常税及び労働報酬と営業余剰と財産所得の和から計算した．なお，相続税率 τ_h は適切なデータがなかったために，3%で固定した．

政府支出は，2004年度まで『国民経済計算年報』の政府最終消費支出および公的固定資本形成の対総生産比率を用い，2005年以降は2004年度の値で一定とした．公共投資内の種別内訳については，社会資本ストックデータを生産基盤，その他に分類し，その内訳から投資の配分比率をそれぞれ35.8%，64.2%とした[2]．公共資本の資本減耗率 δ_G は加藤 (2002) と同じ4.48%とした．なお，政策シミュレーションでは公共投資を対総生産比で1%削減する「公共投資削減シナリオ」を考える．

公的年金部門で必要な変数は年金代替率と公的年金の国庫負担率である．まず，年金代替率 ε_t は各年の社会保険庁『事業年報』から厚生年金の平均年金月額と『毎月勤労統計調査』の月間現金給与額の比を用いた．政策シミュレーションとして，年金代替率を2005年から1割削減する「年金給付削減シナリオ」を設定した．

公的年金の国庫負担割合 η_t は社会保障の国庫負担割合を利用する．ただし，基礎年金部分の国庫負担率が2009年までに1/3から1/2へ上げられると仮定して，2005年から若干の修正を行う．具体的には，2003年の公的年金及び基礎年金の総給付額がそれぞれ44.8兆円，11.7兆円であることと，1999年から2003年までの社会保障財源の税が占める割合の平均が28.1%であることを利用して，基礎年金以外の国庫負担を28.1%のままとおいて，基礎年金部分のみ1/3から1/2に引き上げられるよう案分計算した (表6-2, 3列目)．なお，2005年から2009年の間の上昇分は線形補完を行った．政策シミュレーション

---

[2] 生産基盤型公共資本は，内閣府政策統括官 (2002) における分類のうち道路，港湾，航空，工業用水道の和とした．

表6-3 パラメータ値

α	β	δ	δ_G	δ_P	κ	ξ	ρ
0.66	0.09	-0.035	0.0448	0.05	0.1	0.6	2.5

では2010年から基礎年金部分を国庫負担ですべてまかなう「基礎年金税化シナリオ」を用いる（表6-2, 4列目）．

4.2 パラメータ値

入手可能な実績値以外に経済主体の特徴を表すパラメータが必要となる．本分析では実績値や既存研究から，妥当な値を採用した．なお，表6-3にパラメータの一覧が示してある．

家計の時間選好率 δ，同時点の代替の弾力性 ξ，異時点間の代替の弾力性の逆数 ρ は上村（2002）でサーベイされている値の中からその値または平均値を選んだ．生産関数のパラメータ α, β についてはそれぞれ0.66, 0.09を与えた[3]．民間資本ストック K_t の資本減耗率 δ_P は公共資本ストックの資本減耗率より少し高めの値である0.05とした．

4.3 計算方法

本分析では，各家計は完全予見で行動すると考え，Stack-Time法によってシミュレーション・モデルを解いている[4]．なお，基準シミュレーションは1965年から2364年まで，政策シミュレーションは2005年から解くことにし

---

3) 生産関数のパラメータを求めるために，最小二乗法による回帰分析を行った．データはすべて実質値で，民間資本は内閣府「民間企業資本ストック」における民間企業（取付ベース），労働は「労働力調査」における就業人口と「毎月勤労統計」における総実労働時間指数をかけたもの，生活基盤型公共資本は内閣府政策統括官（2002）から，道路，港湾，航空，工業用水道の和を用いた．推定期間は1987年から1998年である．推定結果は，

$$\ln Y_t/L_t = -4.529 + 0.340 \ln K_{t-1}/L_t + 0.091 \ln KGP_{t-1}$$
$$(-1.783) \quad (1.515) \quad (0.421)$$

であった（括弧内は t 値）．係数の推定値は有意ではなかったが，既存研究の推計値と比較してもおおむね妥当で，かつ吉野・中島（1999）が公共資本の生産性の係数が1971年以降に0.203から低下していると述べていることから，これらの値を用いることにした．

4) Stack-Time法によるForward-Looking型シミュレーションの解法については伴ほか（2002）を参照．なお，シミュレーションにはIntex社のPortable Trollを用いた．

ている．計算には，(1) 初期値を与える，(2) 将来の定常状態を計算する，(3) 移行過程を計算する，ことが必要となる．

(1) では，モデルのラグ変数に当たる公債残高，各世代の貯蓄及び生産基盤型公共資本量などのストック値が初期値が与えられる．それらの初期値は次のような手続によって求めた．まず1965年の世代数，技術水準，公債残高の総生産比が一定の経済を考える．1965年以前はすべての値が一定の定常状態にあったと仮定して，その経済における定常状態を求める．その上で，1965年以降の動学シミュレーションで必要となる初期値をその値で代用する．なお，政策シミュレーションでは初期値となる2004年の値を基準シミュレーションの値で代用した．この初期値を用いることで，2005年に突然政策変更がアナウンスされ，経済主体の行動がその時点以降変化したと考えることができる．

また (2) は，将来消費に影響を与える将来の税率などの終端期の値を与えるために計算される．具体的には，定常状態を初期値の時と同様に，最終期の翌年である2365年に人口構成および諸変数が一定になるとして定常状態の値を求める．そして，モデルの終端期におけるリード変数にそれらの値を代用する．モデルの初期条件および，終端条件が与えられれば，定常状態への移行過程をモデル解として得ることができる．

5. 基準シミュレーション結果と世代間格差

はじめに，基準モデルのシミュレーション結果を考察する．本モデルの特徴は技術進歩をはじめ，多くの政策変数に実績値を用いるなど，現実的情報が多く取り込まれている点にあるだろう．そのため，世代間の受益と負担を考慮することは本モデルの利点とも適合している．モデルシミュレーションの妥当性を考慮しつつ，これらの結果を評価する．

5.1 マクロ変数

基準モデルにおけるシミュレーション（以後，「基準シミュレーション」と呼ぶ）の結果は表6-4に要約されている．なお，表6-4は一部の変数を除いて，内生変数の値を2005年が1になるように基準化して表記している．

表6-4の1列目からは，まず総生産が1965年から一貫して上昇し続け，2020年から2025年頃を頂点として，減少に転じていることがわかる．これは人口構造の高齢化に伴う労働効率低下や引退，および少子化によって，長期的には総生産が減少する可能性を示している．一方，3列目の1人あたり生産が示すように1人あたりの生産量は技術進歩によって成長していることがわかる．ただ，表6-4では1人あたり生産と同じく2005年に1で基準化されている技術水準が2050年において，1.31であるのに対し，1人あたり生産は1.16にとどまっている．公債残高の累増は2010年には終わっていることから，これらの原因は高齢化による資本の取り崩しと労働力の減少が大きな原因であり，人口動態がマクロ経済に影響を与えていることがわかる．なお，2列目は2000年の日本のGDPを1に基準化したものを示している．基準シミュレーションと比較すると国内総生産の実績値をほぼ追った結果になっているといえるだろう．ただし，1965年から1970年あたりはシミュレーション結果が実績値を上回っている．これは初期値を定常状態としておいたことに由来している．1960年代は日本は高度成長期にあったことから，定常状態を仮定しているのは問題はあるといえるが，おおむね結果は実績値を追っていると考えていいだろう．

　4列目に，年齢による生産の効率性も加味した効率単位の労働供給が示されている．総労働供給は1995年あたりを期に減少に転じていることがわかる．生産性プロファイルは引退間際では低下する傾向にあり，団塊世代の引退前からそれらが低下していることを示している．それと同時に賃金率も技術進歩より高く上昇し（技術進歩は表6-2の2列目参照），労働の減少と後に述べる資本増加を受けて利子率は低下していることが6列目からわかる．また，団塊世代の引退やそれ以降の世代の引退に向けた予備的貯蓄の増大により，資本は上昇し続け，2020年代後半に頂点を迎えることが示されている．

　以上のことから，日本経済は労働力が既に減少しはじめているものの，2020年代頃に総生産や資本が頂点を打ち，それから総生産が減少していくことがわかる．また，1人あたり生産も技術進歩により上昇するものの，人口動態の影響も受けて低くとどまることが示されている．

表 6-4 基準シミュレーションの結果

	総生産 (2000=1)	実質GDP (2000=1)	1人あたり生産	効率単位総労働供給	総資本	利子率 (%)	賃金水準	プライマリ収支 (総生産比:%)	国民負担率 (%)	潜在的国民負担率 (%)	年金純受取 (1965=1)	厚生格差 (乖離率:%)
1965	0.46	0.23	0.72	0.79	0.38	4.62	0.56	−4.59	15.58	21.34	1.00	−33.23
1970	0.53	0.39	0.73	0.86	0.47	3.69	0.59	0.00	23.54	23.54	1.46	−27.56
1975	0.54	0.49	0.69	0.90	0.55	2.60	0.57	−2.89	24.30	28.15	1.03	−21.84
1980	0.62	0.60	0.75	0.95	0.59	3.22	0.62	−0.59	28.77	29.53	0.86	−16.64
1985	0.71	0.71	0.82	0.99	0.63	3.76	0.69	−1.62	24.12	26.19	0.85	−12.09
1990	0.84	0.90	0.91	1.01	0.74	3.83	0.80	3.56	30.41	25.91	0.70	−8.15
1995	0.92	0.96	0.93	1.03	0.85	3.44	0.85	−5.26	24.47	31.20	0.39	−4.99
2000	1.00	1.00	0.98	1.02	0.92	3.41	0.93	−5.59	24.95	32.11	−0.02	−2.45
2005	1.05		1.00	1.00	1.00	3.13	1.00	−1.72	31.65	33.86	−0.40	0.00
2010	1.08		1.02	0.96	1.06	2.86	1.07	−0.26	35.89	36.22	−0.73	2.58
2015	1.08		1.03	0.90	1.11	2.57	1.15	4.09	45.00	39.59	−1.11	5.23
2020	1.09		1.06	0.86	1.14	2.42	1.22	3.74	46.60	41.63	−1.49	7.97
2025	1.10		1.08	0.81	1.16	2.33	1.29	3.92	48.02	42.79	−1.77	10.58
2030	1.08		1.10	0.76	1.17	2.22	1.36	4.32	50.13	44.34	−1.93	13.12
2035	1.06		1.11	0.70	1.15	2.12	1.44	4.54	52.61	46.48	−2.01	15.64
2040	1.02		1.12	0.65	1.13	2.04	1.51	4.47	55.51	49.45	−1.97	18.20
2045	0.99		1.13	0.60	1.09	2.07	1.58	4.37	56.97	51.05	−1.91	20.77
2050	0.96		1.16	0.56	1.05	2.15	1.64	4.47	57.81	51.78	−1.85	23.33

注:特に断りがない限り,各変数の値は,2005年の値で基準化(2005年=1)として表記した。また,厚生格差については2005年世代の期待生涯効用からの乖離率を示す。また,年金純受取は各世代の期待受取額について,純受取が黒字となる1965年を1とさらに基準化している。

5.2 財政・年金変数

次に，財政および公的年金に関する変数の推移を見る．表6-4の8列目にはプライマリー収支が示されている．政府は2010年までにプライマリー黒字を達成するとの目標を立てている．本シミュレーションでは2012年から黒字が達成される．公債には利払い費が伴うため，政府は公債残高を対総生産比一定に維持するために少なくともこの利払い費分のプライマリー黒字が必要となる．また，本分析では2020年代以降から総生産は減少に転じており，公債残高を対総生産比で一定に保つためには減債する必要もある．したがって，プライマリー黒字は総生産に伴う減債分も加わることになる．基準シミュレーションでは長期的に約4.5%のプライマリー黒字を出す必要があることが示されている．このことは公債残高を対総生産比で一定にする場合でさえ，非常に大きな財政黒字を続けてゆかねばならないことを示している．なお，本モデルでは直接税率が固定されており，間接税によって各時点の必要な税収を調達している．基準シミュレーションにおける間接税率は表6-7（197頁）の1列目に示されており，長期的には10%以上の増税が必要になることが示されている．

公的年金保険料率は表6-8（198頁）の1列目に示されている．保険料率は2005年には9.8%であったものが，2050年には2倍強の21.4%にまでふくらむことが示されている．本モデルでは基礎年金部分の国庫負担率が2分の1に上昇することを前提としているが，国庫負担を上昇させたとしても保険料負担は大きなものになることがわかる．なお，本モデルでは年金積立金が考慮されていないため，本分析よりも年金保険料率の上昇は小さくなる可能性があるものの，川出（2003）はライフサイクル一般均衡シミュレーションでは，たとえ年金積立金を取り崩しても，その影響が限定的だとしており，大きな抑制効果は期待できないと思われる．

租税負担と公的年金負担を合わせた国民負担率と潜在的国民負担率は表6-4の9列目及び10列目に示されている．通常，国民負担率は租税負担と社会保障負担を国民所得で割った比であるが，本モデルでは租税負担と公的年金負担を総生産から民間資本の減耗と公共資本のうち生産に寄与する生産基盤型公共資本の減耗分を除いたものを国民所得として，その比率を求めた．まず，国民

負担率は 2005 年の 31.7% から 2050 年の 57.8% へと急増してゆくことがわかる．一方，潜在的国民負担率は租税負担と公的年金負担にプライマリー収支を加えたものを本モデル上の国民所得で割って求めた．潜在的国民負担率は 2010 年頃までは国民負担率を上回っているが，それ以降は逆に下回る．これは 2012 年以降プライマリー黒字を出す必要があるからで，財政黒字の存在によって 2050 年の潜在的国民負担率を 50% 程度に抑えるという目標が名目的に達成されたにすぎない．2050 年における実際の国民負担率は 60% に迫っており，国民の公的部門への負担は非常に大きくなることが示されている．

5.3 世代間の受益と負担

世代間の受益と負担の差は近年大きな関心事となっており，税制改革や公的年金改革においてもそれらの是正が重視されることも多い．一方，日本は技術進歩や資本の蓄積により 1960 年代に比べて経済的に豊かになっている．そのため，たとえ年金純受取が負であったとしても，現在の若年世代や将来世代は今後の技術進歩などにより，厚生面では恵まれた生活を送る可能性もある．そこで，本分析では公的年金の純受取と世代間厚生の格差に注目して，それらの評価と比較を行う．まず，各世代の年金純受取額は

$$
NP_g = \sum_{h=40}^{79} \left\{ \prod_{j=1}^{h} [1+(1-\tau_{r,g+j})r_{g+j}] \right\}^{-1} \phi_{h,g+h} \cdot b_{g+h} \cdot POP_{h,g+h}
$$
$$
- \sum_{i=1}^{44} \left\{ \prod_{k=1}^{i} [1+(1-\tau_{r,g+k})r_{g+k}] \right\}^{-1} \phi_{i,g+i} \cdot \tau_{p,g+i} \cdot e_i \cdot w_{g+i} \cdot POP_{i,g+i} \quad (6\text{-}22)
$$
$$
- \tau_{p,g} \cdot e_0 \cdot w_g \cdot POP_{0,g}
$$

で定義する．(6-22) 式の第 1 項は引退後の年金受給で，第 2 項および第 3 項は引退前の年金保険料の拠出である．NP_g は各世代の公的年金生涯純受取を経済登場時点の現在価値で評価したものになっている．$\phi_{h,g+h}$, $\phi_{i,g+i}$ は年金給付開始年齢の変更に伴うスイッチ・パラメータである．したがって，受給開始年齢に合わせて，$\phi_{h,g+h}(\phi_{i,g+i})$ は受給（拠出）時に 1，それ以外の時に 0 をとる（$\phi_{h,g+h}+\phi_{h,g+h}=1$）．

各世代の年金純受取を示したのが表 6-4 の 11 列目である．1965 年世代の年金純受取が正値であることから，これを基準にして，世代間の比較を行った．

表 6-4 は年金の純受取は前半世代が正であり，後半世代が負になることを示している．特に，1970 年世代あたりが純受取が最も高く，それ以降は徐々に低下してゆき，1990 年世代で負に転じてしまう．それ以降の世代は純受取が負となり，世代を経るにしたがってその支払が 2030 年まで増加してゆくことがわかる．なお，本表には示していないものの 1 人あたりの純受取額については 2000 年世代あたりまでは同じような結果であるが，それ以降は経済に登場する人口の減少により，年金の負の受取が拡大し 2050 年には 1965 年世代の年金純受取額のマイナス 4.5 倍程度にまで拡大している．

次に，表 6-4 の 12 列目に 2005 年世代を基準とした期待生涯効用の世代間の相違が示されている．本モデルでは生存確率がすべての世代で同じと仮定しているので，世代間の厚生を比較することができる．表 6-4 では将来世代ほど厚生が高まることが示されている．これは技術進歩の恩恵を将来世代ほど多く受けられるためであり，年金の純受取の結果とは逆転している．したがって，厚生の観点から見れば，公的年金を通じて将来世代が現役及び引退世代に未来からの贈り物として資源を再分配していると考えることもできる．

6. 財政政策と世代間再分配

各世代の厚生に影響を与える財政政策と公的年金政策の変更のシナリオ分析を行う．想定される政策としては，公共投資の削減，公的年金政策の変更，財政再建が挙げられるだろう．そこで，それぞれの政策について影響を評価する．

6.1 公共投資削減の効果

近年，採算のとれない公共施設や当初期待された公共投資による経済的波及効果が得られずに，財政的に苦しむ公共事業や自治体などが数多く報告されている．これらの現実は「公共投資は無駄が多い」という社会の認識をより強めている．そのため小泉内閣による骨太改革においても公共投資の削減が明記されている．公共投資の削減は各世代の厚生にどのような影響を与え，どの程度望ましいのか．それを評価するために，本小節では公共投資削減の効果を評価する．公共投資の削減は政府支出の削減をもたらすが，それらを公債残高の削

減に用いる場合と減税に用いる場合で,その効果も異なると考えられる.したがって,同一期間に対総生産比同一比率の公共投資を削減した際のそれぞれの効果を見て行くことにする.

はじめに,財政赤字の削減とそれに伴う将来負担の軽減が各世代の厚生にどのような影響を与えるかを分析する.財政再建の先送りは現役中高齢世代に,財政再建は若年将来世代にそれぞれ便益があると考えられる.その一方,それらはその他の世代の厚生を悪化させると考えられる.その影響の大きさを見るためには本モデルのような包括的な評価が有効である.そこで,公共投資の削減によって公債残高を削減する,4.1項における「政府債務削減シナリオ」と「公共投資削減シナリオ」を組み合わせたシナリオ(ケースⅠ)を検討する.シミュレーションの結果は表6-5から表6-10の第Ⅰ列に示してある.公共投資と公債の削減は公共資本を減らす負の生産効果の一方で,民間貯蓄を民間資本の代わりに吸収してしまう公債を減らすことによる正の生産効果も持つ.表6-5によればほぼすべての期間で基準シミュレーションよりも生産が小さくなっている.これは公共投資の減少によってもたらされる生産力を弱める効果が公債減少による民間資本の増加効果を上回ることを示している.ただし,表には示されない点として,2050年以降は逆に基準シミュレーションよりも生産が高まる.これは短期的には公共資本が減少するものの,長期的な定常状態では公債の削減が生産の上昇をもたらすことによる.したがって,公共投資削減とそれに伴う公債削減の効果は遠い将来世代に効果があることが示されている.これは表6-9の厚生に関しても同様である.

次に,公共投資削減による減税はどうだろうか.公共投資の削減により余った財源はそのまま減税することが可能である.ただし,公債残高が削減されないため,その効果は限定的であることが予想される.ここでは前項と同じ期間公共投資を減らし,それを減税に回す4.1項の「公共投資削減シナリオ」を検討する(ケースⅡ).シミュレーションの結果は表6-5から表6-10の第Ⅱ列にに示されている.表6-6に国民負担率が示されており,ほぼすべての世代で低下している.しかし,表6-5には公共投資の減少による生産減少が起きており,表6-9でも多くの世代の厚生低下が起きていることがわかる.このことは,国民負担率を下げるための減税は生産および厚生に悪影響を与える可能性がある

ことを示している．

6.2 公的年金政策の評価

公的年金を代表とする社会保障政策は給付と負担の世代間格差を議論する際に大きく注目される分野である．公的年金における受益と負担の世代間格差の解消は経済全体を通じてどのような結果をもたらすのか．本項では公的年金給付の削減と基礎年金制度の間接税化についてシミュレーションを行う．

公的年金の給付と負担の世代間不公平の是正において良く議論される有効な方策として，公的年金給付の削減がある．削減の方法としては給付の削減以外に，2004年度税制改正における公的年金控除や老齢者控除の縮小なども考えられるが，本分析ではより直接的に給付額を1割削減したときの影響を評価する．具体的には，減税を行う4.1項の「年金給付削減シナリオ」を検討する（ケースⅢ）．シミュレーションの結果は表6-5から表6-10の第Ⅲ列に示されている．表6-5によれば，年金給付の削減は生産の増加に寄与していることがわかる．これは表6-8に示される年金保険料率の削減により，労働へのゆがみが軽減され労働供給を増やすことと，年金給付削減に伴ってすべての世代が将来のために貯蓄を増やすことに由来している．表6-6の国民負担率も基準ケースに比べて2%程度軽減されている．表6-10では引退世代の受取過剰や将来世代の過払いが軽減されていることも確認できる．

国民年金の未納問題や国民皆年金の観点から，基礎年金部分の保険方式から税金方式への転換にも関心が持たれている．この場合，年金保険料は引き下げられるが，その保険料をまかなうための税率が上昇することになる．本分析では間接税によってそれらを調達することになるので，年金受給世代の負担が上昇することでの年金純受取の格差是正などにも影響を与えることになる．それらの総合的な影響を分析するため，減税を行う4.1項の「基礎年金税化シナリオ」を検討する（ケースⅣ）．2010年からの基礎年金部分の国庫負担化は年金保険料率の低下（表6-8）による労働供給のゆがみの軽減によって，生産の上昇をもたらす（表6-5）．表6-7によれば間接税は短期的には3%程度，長期的には4.5%程度上昇させなければならないことがわかる．基礎年金部分の国庫負担化は間接税の上昇となって現れるため，引退世代の厚生は悪化し，将来

世代の厚生は上昇する（表6-9）．

6.3　財政再建の効果

　2005年度には国と地方の長期債務残高が770兆円となり，GDP比で1.5倍を超える先進諸外国では類を見ない膨大な負債を抱えている．また，プライマリー・バランスは現在も赤字で，その債務は現在も増加中である．デフォルトに陥らないためには，プライマリー赤字をなくすのはいうまでもなく，利払い費と将来の総生産減に対応する減債分をまかなうだけの十分な黒字が必要となる．この財政再建の中で，政府債務をより一層削減する努力や再建の先送りなどの影響を評価することは重要である．そこで，本項では財政再建政策の影響評価を行う．公共投資による公債残高の削減は6.1項で既に行っているので，ここでは増税による公債残高の削減と財政再建先延ばしの効果を評価した．

　増税による財政再建の効果として，4.1項の「政府債務削減シナリオ」を検討する（ケースV）．表6-5では，増税による財政再建は生産を増加させる効果があることがわかる．これは公債残高の減少により民間資本が増加するためである．また，表6-6からは国民負担率も一時的には上昇するものの1%程度押し下げられる．厚生面では，年金政策の変更の時と同様に，引退世代の厚生が悪化し，将来世代の厚生が上昇する（表6-9）．

　最後に，本シミュレーションでは2012年からプライマリー黒字を実現すると仮定しているが，それを2013年に延ばした際の影響を評価する．そのため，4.1項の「財政再建先送シナリオ」を検討する（ケースVI）．財政再建の先延ばしは短期的な生産をわずかに上昇させるものの，長期的には生産にわずかながらマイナスの効果を与える．このことは財政再建の先延ばしは将来世代の便益にはならず，負担になってしまうことを意味している．これらは厚生の観点でも同様である．なお，他のシミュレーションに比べて，1年分の先延ばしにとどまることから，その影響は限定的である．

6.4　政策の評価——社会厚生関数の応用

　世代間の厚生格差をある程度認めた上で，政府の望ましい政策をどう評価したらよいか．本分析では，ベンサム基準とロールズ基準のそれぞれにおける社

表6-5 総生産の変化（基準からのかい離率：％）

	I	II	III	IV	V	VI
2005	−0.13	−0.02	0.54	−0.13	−0.11	0.01
2010	−0.19	−0.26	0.85	0.19	0.07	0.01
2015	−0.28	−0.49	1.16	0.37	0.21	−0.06
2020	−0.35	−0.69	1.43	0.57	0.34	−0.06
2025	−0.38	−0.86	1.66	0.74	0.49	−0.06
2030	−0.36	−0.99	1.87	0.90	0.64	−0.06
2035	−0.28	−1.15	2.06	1.06	0.88	−0.06
2040	−0.21	−0.06	2.23	1.26	0.86	−0.06
2045	−0.12	−0.97	2.35	1.44	0.86	−0.06
2050	−0.01	−0.87	2.46	1.59	0.87	−0.06

表6-6 国民負担率の変化（基準からのかい離率：％）

	I	II	III	IV	V	VI
2005	0.22	−1.26	−2.07	0.21	1.48	−0.01
2010	−0.21	−1.27	−1.58	−0.92	1.06	0.00
2015	−0.39	−1.32	−1.89	0.12	0.93	0.09
2020	−0.54	−1.35	−2.07	−0.11	0.81	0.06
2025	−0.74	−1.39	−2.17	−0.11	0.64	0.07
2030	−0.99	−1.43	−2.30	−0.11	0.42	0.07
2035	−1.23	0.07	−2.47	−0.11	−1.30	0.08
2040	−1.19	−0.16	−2.70	−0.09	−1.06	0.07
2045	−1.17	−0.15	−2.83	−0.07	−1.03	0.07
2050	−1.18	−0.14	−2.90	−0.05	−1.05	0.07

表6-7 間接税率の推移（基準値，基準からのかい離率：％）

	基準	I	II	III	IV	V	VI
2005	16.79	0.25	−1.91	−1.43	0.28	2.20	−0.01
2010	20.63	−0.37	−1.93	−0.51	1.34	1.60	0.00
2015	29.52	−0.67	−2.10	−0.55	3.10	1.46	0.11
2020	29.13	−0.82	−2.10	−0.68	3.33	1.30	0.07
2025	29.41	−1.02	−2.10	−0.75	3.41	1.09	0.07
2030	30.20	−1.27	−2.09	−0.82	3.53	0.83	0.07
2035	30.87	−1.47	−0.08	−0.90	3.75	−1.39	0.08
2040	31.31	−1.27	−0.25	−1.00	4.13	−1.06	0.07
2045	31.30	−1.14	−0.15	−1.08	4.33	−1.01	0.07
2050	31.34	−1.09	−0.09	−1.12	4.41	−1.01	0.07

表6-8 年金保険料率の推移（基準値，基準からのかい離率：％）

	基準	I	II	III	IV	V	VI
2005	9.81	0.00	0.00	−0.98	0.00	0.00	0.00
2010	10.77	0.00	0.00	−1.08	−2.13	0.00	0.00
2015	13.00	0.00	0.00	−1.30	−2.57	0.00	0.00
2020	14.35	0.00	0.00	−1.44	−2.84	0.00	0.00
2025	15.08	−0.01	0.00	−1.53	−2.99	−0.01	0.00
2030	16.07	−0.01	0.00	−1.63	−3.19	−0.01	0.00
2035	17.47	−0.01	0.00	−1.78	−3.47	−0.01	0.00
2040	19.51	−0.01	0.00	−1.98	−3.87	−0.01	0.00
2045	20.72	−0.01	0.00	−2.10	−4.11	−0.01	0.00
2050	21.39	−0.01	0.00	−2.16	−4.24	−0.01	0.00

表6-9 各世代の厚生変化（基準からのかい離率：％）

	I	II	III	IV	V	VI
1970	−0.11	0.26	−1.21	−0.83	−0.37	0.03
1975	−0.17	0.20	−1.09	−0.88	−0.37	0.03
1980	−0.23	0.14	−0.93	−0.87	−0.37	0.03
1985	−0.29	0.06	−0.74	−0.80	−0.36	0.02
1990	−0.34	−0.01	−0.50	−0.67	−0.34	0.02
1995	−0.36	−0.07	−0.21	−0.48	−0.30	0.02
2000	−0.36	−0.12	0.11	−0.25	−0.24	0.01
2005	−0.33	−0.16	0.43	−0.01	−0.17	0.01
2010	−0.29	−0.25	0.68	0.19	−0.04	0.00
2015	−0.25	−0.32	0.89	0.38	0.07	−0.03
2020	−0.21	−0.37	1.07	0.55	0.16	−0.03
2025	−0.17	−0.41	1.23	0.72	0.24	−0.03
2030	−0.13	−0.44	1.36	0.86	0.30	−0.03
2035	−0.10	−0.46	1.46	0.97	0.36	−0.02
2040	−0.07	−0.42	1.52	1.04	0.34	−0.02
2045	−0.04	−0.38	1.54	1.08	0.33	−0.02
2050	−0.01	−0.34	1.55	1.11	0.32	−0.02

注：各世代の生涯期待効用の変化を，基準シミュレーションにおける2005年世代の生涯期待効用を基準とする比率で示した．

会厚生関数を応用し，政策を順序づけてみる．通常，社会厚生関数は所得格差や厚生格差を含むある時点の経済における社会の厚生を評価する際に用いられることが多い．異時点間の社会厚生関数は重複世代や将来世代をどのように扱うかに関して問題があり，整合的な厚生関数を得ることは難しい[5]．そこで，

表 6-10 各世代の年金純受取額の変化（基準からのかい離率：％）

	I	II	III	IV	V	VI
1970	1.77	0.13	−12.79	1.22	1.65	−0.17
1975	4.42	0.64	−17.55	4.81	3.79	−0.40
1980	5.00	0.96	−10.95	7.99	4.04	−0.37
1985	6.34	1.40	−6.74	13.76	4.92	−0.41
1990	9.49	2.25	−2.46	26.69	7.20	−0.55
1995	12.61	3.07	4.89	45.00	9.45	−0.68
2000	14.32	3.48	13.95	64.91	10.72	−0.75
2005	12.85	2.90	20.11	74.50	9.81	−0.66
2010	11.78	2.30	25.80	87.93	9.32	−0.60
2015	9.59	1.41	26.98	91.44	8.05	−0.48
2020	8.63	0.84	30.72	101.28	7.68	−0.48
2025	8.00	0.48	34.86	112.94	7.45	−0.47
2030	7.26	0.36	36.76	117.56	6.87	−0.43
2035	6.75	0.50	36.93	116.99	6.27	−0.39
2040	6.69	0.85	36.44	114.83	5.89	−0.36
2045	6.55	1.17	34.78	109.69	5.46	−0.33
2050	6.36	1.26	33.13	105.02	5.18	−0.31

注：各世代の公的年金の生涯期待純受取額の変化を，基準シミュレーションの1965年世代の純受取額（黒字）を基準とする比率で示した．

ここではある特定の世代を平等に評価すると仮定して，アドホックではあるが政策の順序づけを試みる．

社会厚生を構成する経済主体は1965年から2064年の100年の間に経済に登場する世代である．また，これらは政府が世代における時間的な違いを無差別に評価し，社会厚生の対象とならない世代の厚生は全く考慮しない．かなり強い仮定による便宜的な手段といえるが，特定の世代における短期的な政策の序列化には有効な手段と考えられるだろう．そのため，この方法を政策評価の本分析の指標として利用する．また，社会厚生を評価する基準として功利主義に基づくベンサム基準とロールズ基準を用いることにする．ベンサム基準は各世代の生涯期待効用と人口の積の和（$\sum_{i=0}^{99} POP_{0,1965+i} \cdot E[V_{i+1965}]$）で求める．また，ロールズ基準では最も低い世代の効用（$\min E[V_{1965}], E[V_{1966}], \cdots, E[V_{2064}]$）を用いる．

---

5) 世代間衡平性の評価に関する諸問題の概観は鈴村（2006）を参照．

表 6-11　厚生基準別の政策順位

基準	I	II	III	IV	V	VI
ベンサム基準	3	7	4	2	6	5	1
ロールズ基準	3	4	1	7	6	5	2

　このような方法で得られた各政策シミュレーションの政策順位が表 6-11 に示されている．表 6-11 では厚生基準によらず，基準シミュレーションが 7 つのシミュレーションのうち第 3 位に位置している．これは基準ケースが現状の政策の中である程度望ましい政策であることを示唆している．一方，財政の健全化である公債残高と公共投資の削減（ケース I）や増税による財政再建（ケース V），年金改革で注目されている基礎年金国庫負担化（ケース IV）などは，どの基準で見ても基準ケースを下回っている．これは公債残高と公共投資削減がかなり遠い将来の世代の厚生改善にしか寄与しないこと，増税による財政再建や基礎年金国庫負担化で厚生が悪化する 1965 年あたりの世代の人口が多いことが大きな原因である．一方，財政再建先送り（ケース VI）はその逆の論理で基準ケースよりも望ましいことになる．また，公共投資削減と減税（ケース II）は将来の公共資本の削減が減税につながるため，効用の低い 1965 年あたりの世代が利益を受けることでロールズ基準からは望ましいが，全体的な観点を含んだベンサム基準からは望ましくないことがわかる．また，年金給付削減（ケース III）は効用の低い 1965 年世代の厚生を悪化させるのでロールズ基準では最も望ましくないが，貯蓄の増加や年金保険料率の減少を通じた生産性の上昇が多くの世代に便益を与えるため，ベンサム基準では財政再建の先送り（ケース VI）の次に望ましいものとなる．

　本分析の評価は一部の世代の厚生というかなり強い仮定ではあるが，各政策シミュレーションの順位づけを行い，マクロ面での影響では十分に捉えきれない財政再建および公的年金政策の望ましさを考察した．その結果，効用が他の世代より低い一方で人口の多い 1965 年あたりの世代の存在によって，公債残高と公共投資の削減，増税による財政再建および基礎年金国庫負担化といった世代間不公平の是正政策が，逆に社会厚生面では劣位に立たされるという逆転現象が示唆された．これらは世代間の厚生が技術進歩や各世代の人口規模など複雑な要因で決まっていて，単純には判断できないことを物語る．本分析はあ

くまでも強い仮定を置いた評価であり，これらをより正確に評価するための世代間の社会厚生基準に関する議論の進展が期待される．

7. おわりに

公的資本および技術進歩といった生産面の影響に加え，公的年金や公債残高を導入したライフサイクル一般均衡モデルを構築し，それらを数値的に解くことで，膨大な政府債務と高齢化を抱える日本経済の将来的な推移と世代毎の厚生や年金純受取の差を評価した．本分析はライフサイクル一般均衡モデルを基盤としているので，時点内及び異時点間の諸経済効果が組み込まれている．また，実績値や諸研究で一般的に用いられている値を変数に採用することで，理論的基盤と現実的な性質を合わせた分析を行うことができた．このような評価は日本経済の先行きを見る上で有益な方法だといえるだろう．その上で，今後の想定される財政再建および公的年金政策についてシミュレーションを行い，経済や厚生への影響を評価と比較を試みた．

基準シミュレーションでは，2020年代後半まで総生産量が増加するものの，それ以降は減少に転じることが示されている．これは人口減少による総生産の減少という，戦後日本で経験したことのない現象が到来することを示唆している．また，公的年金の純受取は1995年世代あたりでマイナスに転じており，世代間の年金受取の格差が存在していることも確認された．国民負担率も2050年には60%に迫るところまで一貫して上昇することが示されており，厳しい公的負担が将来に起こりうることを示している．一方で，1人あたり生産や世代ごとの家計厚生は将来ほど高く，必ずしも将来が悲観的なものとはいえないことも示された．この結果は公的負担や純受取といった要因以外に，経済の成長とそれに伴う厚生も将来の経済を評価する際に重要であることを示している．将来世代が現役世代に比べ厚生面で豊かであるとすれば，場合によっては未来からの移転としての異時点間の政府再分配が行われていると考えることもできる．

一方，政策シミュレーションでは各政策オプションの効果を数量的に評価した．その結果，財政再建や年金改革は生産を押し上げ，国民負担を押し下げる

という一般的な見解に沿った結果を得た．ただし，公共投資の削減では，減税で還元するならば，国民負担を押し下げるものの生産も押し下げてしまうこと，公債残高の削減につなげてもその恩恵は遠い将来世代の便益になるにすぎないとの結果を得た．これらは公共投資の削減やそれに伴う公債残高の削減が経済成長率を押し上げるという一般的見解と合致する効果を，ただちにもたらすわけではないことを示している．また，厚生面で見ても，公共投資削減や年金改革，財政再建は将来世代の厚生を改善するが，同時に現役引退世代の厚生を悪化させるため，パレート改善にはならないという問題も確認され，基準シミュレーションで他の世代に比べて厚生が低いとされた現役引退世代の厚生の悪化をどう捉えるのかという難しい問題も存在することが示唆される．

　これは，本分析での社会厚生評価でも裏付けられている．この社会厚生評価は強い仮定に基づいているものの，どのような基準で考えても，基準ケースが他の政策の中で，比較的望ましいだけでなく，財政再建先送りの方が財政再建より望ましいという，想定される結果と逆の結果となった．これらは世代間の厚生を等しく，評価することに基づいている．そして，引退世代が厚生面で劣っていたり，他の世代に比べて多数であったりするためにこのような結果がもたらされた．当然，公共投資については多くの無駄が指摘されるにもかかわらず，本モデルではすべてが効率的という仮定となっているので，その分の留保が必要である．また，政府は受益と負担の均一化という規範的な観点で政策運営を行うべきという考え方もある．「公的支出と最適負担に関する国民の意識調査」でも，受益と負担の一致を求める要望が強いことが示されている．ただ，政府が各時点で共存するすべての家計の厚生格差にも関心を持つならば，再分配という議論は避けられない．これらの問題をどのように考えるかは世代にまたがる垂直的及び水平的公平性の観点も含めて，今後一層の検討が必要である．

〈参考文献〉

麻生良文・吉田浩（1996）「世代会計からみた世代別の受益と負担」『フィナンシャル・

レビュー』第 39 号.

岩本康志（1990）「年金政策と遺産行動」『季刊社会保障研究』第 25 巻第 4 号：388-411 頁.

上村敏之（2001）「公的年金の縮小と国民負担の経済厚生分析」『日本経済研究』第 42 号：205-227 頁.

上村敏之（2002）「社会保障のライフサイクル一般均衡分析——モデル・手法・展望」『経済論集』第 28 巻 1 号：15-36 頁.

岡本章（2000）「労働異質性と高齢化社会における税制改革」『岡山大学経済学会雑誌』32(1)：1-48 頁.

加藤竜太（2002）「高齢化社会における財政赤字・公共投資・社会資本」，井堀利宏・加藤竜太・中野英夫・土居丈朗・中里透・近藤広紀・佐藤正一編著『財政赤字と経済活動：中長期的視点からの分析』経済分析（内閣府経済社会総合研究所）163 号，第 1 章：7-70 頁.

川出真清（2003）「世代間格差と再分配——日本におけるシミュレーションモデルによる評価」PRI Discussion Paper Series（内閣府経済社会総合研究所）03A-26.

鈴村興太郎（2006）「世代間衡平性の厚生経済学」鈴村興太郎編『世代間衡平性の論理と倫理』第 1 章，東洋経済新報社.

土居丈朗（2000）「我が国における国債の持続可能性と財政運営」井堀利宏・加藤竜太・中野英夫・土居丈朗・中里透・佐藤正一編著『財政赤字の経済分析：中長期的視点からの考察』経済分析——政策研究の視点シリーズ 16（経済企画庁経済研究所），第 1 章.

内閣府政策統括官（経済財政・経済社会システム担当）（2002）「日本の社会資本世代を超えるストック」財務省印刷局.

八田達夫・小口登良（1999）『年金改革論 積立方式に移行せよ』日本経済新聞社.

伴金美・渡邊清實・松谷萬太郎・中村勝克・新谷元嗣・井原剛志・川出真清・竹田智哉（2002）「東アジアリンクモデルの構築とシミュレーション分析」経済分析（内閣府経済社会総合研究所）164 号.

本間正明・跡田直澄・岩本康志・大竹文雄（1987）「年金：高齢化社会と年金制度」浜田・堀内・黒田編『日本経済のマクロ分析』東京大学出版会，第 6 章：149-175 頁.

宮里尚三・金子能宏（2000）「一般均衡マクロ動学モデルによる公的年金改革の経済分析」『季刊社会保障研究』第 37 巻第 2 号：174-182 頁.

吉田浩（1998）「世代会計による日本の政府債務」『経済研究』第 49 号第 4 巻：327-335 頁.

吉野直行・中島隆信編（1999）『公共投資の経済効果』日本評論社.

Altig, D., A. Auerbach, L. Kotlikoff, K. Smetters, and J. Walliser (2001) "Simulating Fundamental Tax Reform in the United States," *American Economic Review* 91(3) : pp. 574-595.

Aschauer, D. (1989) "Public Expenditure Productive?," *Journal of Monetary Economics* 23 : pp. 177-200.

Auerbach, A., L. Kotlikoff, and J. Skinner (1983) "The Efficiency Gains from Dynamic Tax Reform," *International Economic Review* 24 : pp. 81-100.

Auerbach, A. and L. Kotlikoff (1987) *Dynamic Fiscal Policy*, Cambridge : Cambridge University Press.

Auerbach, A., L. Kotlikoff, and W. Leibfritz (1999) *Generational Accounting Around the World*, University of Chicago Press.

Auerbach, A., J. Gokhale, and L. Kotlikoff (1991) "Generational Accounts A Meaningful Alternative to Deficit Accounting," *National Bureau of Economic Research Working Paper* : 3589.

Hayashi, F. and E. Prescott (2002) "The 1990s in Japan : A Lost Decade," *Review of Economic Dynamics* 5(1) : pp. 206-235.

Kato, R. R. (2002) "Government Deficit, Public Investment, and Public Capital in the Transition to an Aging Japan," *Journal of the Japanese and International Economies* 16(4) : pp. 462-491.

Kawade, M., Bessho S. and Kato R. (2005) "Public Capital and Government Deficits in an Aging Japan : Simulation Analysis," *CRR Working Papers*, No. A-5, Shiga University.

Ihori, T., Kato R., Kawade, M. and Bessho S. (2006) "Public Debt and Economic Growth in an Aging Japan," Kaizuka and Krueger eds., *Tackling Japan's Fiscal Challenges : Strategies to Cope with High Public Debt and Population Aging*, Chapter 3. Palgrave Macmillan.

Sadahiro, A. and Shimasawa M. (2003) "The Computable Overlapping Generations Model with an Endogenous Growth Mechanism," *Economic Modelling* Vol. 20. No. 1 : pp. 1-24.

7章 家計行動と公共政策の効果
―― 構造パラメータの検証と推定

畑農　鋭矢・山田　昌弘

1. シミュレーション分析と実証分析の隔絶

1.1　問題の所在

　ライフサイクル一般均衡モデル（以後，「一般均衡モデル」）により現実の経済に即した分析を行うためには，多くのパラメータについて適切な設定を行うことが不可欠である．とりわけ，家計の選好に関わる構造パラメータ群はモデル内で最も重要な位置を占め，政策評価を行うためのシミュレーション結果に大きな影響を及ぼすため，その設定にあたっては細心の注意が必要であることは論を待たない．実際，わが国の一般均衡モデル分析の端緒である本間ほか（1987a）は，その中でパラメータの推定にも労力を割いている．しかしながら，その試みは必ずしも成功せず，得られた推定値は経済理論の予測する範囲を大きく外れ，パラメータの設定は海外の研究と経済理論に依拠せざるを得なかった．さらに不幸なことに，これ以降，一般均衡モデルを用いた研究の多くはパラメータ設定に関して先行研究に倣う方針を採用し，パラメータ値の妥当性に関する積極的な評価はほとんどなされなかった（表7-1）．

　そのような問題意識からパラメータの推定に取り組んだ稀有な例は上村（1997）に限られる．むろん，そのほかにも数多の研究者が効用関数のパラメータ推定に挑んだが，それらの研究成果が一般均衡モデルの研究に反映される

表 7-1　一般均衡モデルの先行研究におけるパラメータ設定

		時間選好率	代替の弾力性 異時点間	同時点内	余暇 ウェイト
米国	Altig et al. (2001)	0.004	0.25	0.8	1.0
	Auerbach and Kotlikoff (1987)	0.015	0.25	0.8	1.5
日本	Okamoto (2005a, b)	−0.022	0.2	—	—
	木村ほか (2004)	−0.121	0.3	—	—
	金子・中田・宮里 (2003)	−0.05	0.9	—	—
	川出 (2003a, 2003b)	0.02	0.3	0.6	0.1
	貞廣・島澤 (2002)	0.015〜0.02	1/1.2	—	—
	上枝 (2001)	−0.042	1/3	—	—
	上村 (2001b) 第6章	−0.055	0.5	0.6	0.1
	上村 (2001b) 第7章	−0.01	0.5	0.6	0.1
	上村 (2001a)	−0.01	0.5	0.6	0.1
	上村 (2000)	−0.02	0.2	0.6	0.1
	岩本ほか (1991)	0.01	0.3	—	—
	岩本 (1990)	0.01	0.3	0.6	0.1
	本間ほか (1987a, b)	0.01	0.3	0.6	0.1

ことはなかったと言っても過言ではないだろう．海外においては，Altig et al. (2001) の例に見られるように，さまざまな研究成果および現実経済の変化を考慮してパラメータの設定に少しずつ変更が加えられるのとは対照的である．このような点で，これまでの日本の一般均衡モデルを用いた研究の姿勢には問題があると言わざるを得ない．

　このような現況を鑑みて，本研究では一般均衡モデルにおける利用可能性を念頭に，家計の選好に関わるパラメータの再検討を行うことを企図した．より具体的には，代表的家計の効用関数の構造を明らかにすることが目的であり，主要な分析対象となるのは，異時点間および同時点内の代替の弾力性，時間選好率，余暇ウェイトである．これらのパラメータの値が明らかになることにより，一般均衡モデル研究の一助となることが期待される．

1.2　2つの接近方法

　現実の経済と整合的なパラメータを探索するための方法としては，①計量経済学的手法に基づくパラメータ推定，②カリブレーションによる一般均衡モデルの予測値の評価，の2つが考えられる．第1の方法はこれまでの正統な流れ

であり,初期の研究としてHansen and Singleton (1982) やMankiw, Rotemberg and Summers (1985) が挙げられる.いずれも家計の動学的最適化の一階条件であるオイラー方程式を直接的に推定しようという試みで,ミクロ的基礎付けを有したマクロ経済分析として注目を浴びた.このアプローチは,多くの研究において採用される推定方法である一般化積率法(Generalized Method of Moments,以下GMM)の発展に伴い,急速な広がりを見せ,多くの後続の研究が出現している[1].しかしながら,これまでの研究成果は確定的な結論を打ち出すには至っていない.使用するデータや推定期間によって結果が著しく不安定になる傾向が見られ,一般的なコンセンサスが得られていないのである.

カリブレーションを用いた第2の方法は,近年の数値解析手法の大幅な発展に伴って急速に利用が拡大した.このアプローチは,一般均衡モデルに外生的にパラメータを与えて計算された結果を現実経済の動きと比較することにより,パラメータの妥当性を評価するというものである.単一方程式のみに依存せず,一般均衡モデル全体の制約を背景としている点で経済理論により忠実であると言えるものの,計量経済分析が得意とする統計的仮説検定を行えないという欠点を有する[2].

一般均衡モデルに基づく分析・評価は他章で行われていることもあり,本章では第1の接近方法,すなわち計量経済学的手法に基づくパラメータ推定を行う.基礎となるモデルは第2節で紹介されるが,この分野の代表的な研究と大きく異なる点はない.本研究のスタンスが多くの既存研究と最も異なるのは,一般均衡モデルの設定と整合性を図るためにデータ加工に工夫を凝らした点にある.この点については第3節で詳述する.また,データ加工の手続きによって推定結果が受ける影響については第4節で実証的に検討を加える.

---

1) オイラー方程式を用いた研究の概観には,貯蓄に焦点を絞ったBrowning and Lusardi (1996) や金融的側面を重視したCampbell (1999) などが有用である.日本の研究のサーベイとして羽森(1996)や祝迫(2001)を参照されたい.
2) 阿部・山田(2005)で議論されるように,カリブレーションと統計的仮説検定の長所を併せ持つ手法として「構造推定」がある.今後の発展が注目される.

表 7-2 既存研究における異時点間の代替の弾力性

国	データ種	研究	異時点間の代替の弾力性	推定期間	備考
米国	集計	Ogaki and Renhart (1998)	0.270～0.766	1929～90年	耐久財を考慮
		Ogaki and Park (1997)	0.060～0.511	1947I～89IV	
		Atkeson and Ogaki (1996)	0.40	1929～88年	
		単純平均値	0.401		
	個票	Imai and Keane (2004)	3.820	1979年	
		Beine et al. (2001)	0.249	1984～86年	パネル
		Atkeson and Ogaki (1996)	0.50～0.80	1976～81年	パネル
		Altonji (1986)	0.37～0.88	1979年	
		単純平均値	1.336		
			0.508 (Imai and Keane を除いた場合)		
日本	集計	Fuse (2004)	3.723～4.758	1970I～98IV	耐久財を考慮
		Okubo (2003)	1.64～5.29	1971I～97II	
		上村 (1997)	0.063～0.252	1953～95年	世代別
		Hamori (1996)	1.037～2.096	1955～93年	所得階級別
		赤木 (1995)	0.45～1.1	1970～90年	
		金子 (1991)	0.483～0.812	1974～84年	世代別, 都道府県別
		本間ほか (1987a)	(負値)	1970II～84IV	
		単純平均値	1.809		
	個票	阿部・山田 (2005)	1.50～1.78	2001.8～02.12	パネル

注:推定期間における年号後のローマ数字は四半期を,ドット後の算用数字は月を表す.
単純平均値は,各研究の下限値と上限値の平均を対象に計算したものである.

1.3 既存研究の推定値

ここで検討の対象となる家計の選好パラメータのうち,余暇ウェイトについて一般均衡モデルの参考となるような値を推定した研究は存在しない.残りの異時点間の代替の弾力性,同時点内の代替の弾力性および時間選好率のうち,最も注意が払われ,かつ一般均衡モデルの分析結果に大きな影響を及ぼすと考えられるのは異時点間の代替の弾力性である.そこで,既存研究における異時点間の代替の弾力性に関する推定値について考察しておこう.

表7-2は,代表的な既存研究における弾力性の推定値をまとめたものである.一見して,日本では個票データによる分析が少ないこと,推定値のバラツキが

大きいことなどがわかる．それに対して，アメリカでは，Imai and Keane (2004) が人的資本を考慮しない推定値には下方バイアスが生じるとして，比較的大きな値を報告しているのを例外とすれば，概ね狭い範囲に推定値が集まっている[3]．Imai and Keane を除けば，集計データと個票データの差もあまり顕著でないことは，両者の単純平均値を比較すればわかるだろう．このようにバラツキの大きな日本の研究成果は信頼性に乏しい可能性があるものの，敢えて日米の単純平均値を比較してみると，集計データでも，個票データでも日本の推定結果の方が高い値を示していることがわかる．

さらに，表 7-1 と比較すると，一般均衡モデルに適用されている異時点間の代替の弾力性は明らかに小さすぎるということを指摘できる．とりわけ，このことは日本について顕著である．集計データの分析結果に注目すると，アメリカでは推定値の平均が 0.401 のところ，一般均衡モデルの設定では 0.25 でやや小さい程度であるのに対して，日本では平均値が 1.809 のところ，多くの研究では 0.3 か 0.5 という設定である．金子・中田・宮里 (2003) や貞廣・島澤 (2002) を除けば，あまりにも低い値に愕然とするばかりである．一般均衡モデル研究の大勢を見渡す限り，日本のパラメータ推定に関する既存研究の成果は無視されていると断じても差し支えないだろう．

2．家計行動の分析モデル

代表的家計にとっての t 期における通時的な期待効用を U_t としよう．U_t は，割引率等のパラメータを考慮した上で各期の瞬時的効用 $u(\cdot)$ の総和として表される．ここでは，t 期の瞬時的効用が t 期の私的消費 c_t と t 期の余暇 l_t に依存するものと考える．いま，時間選好率を δ，異時点間の代替の弾力性を γ

---

[3] ほかにも推定バイアスの可能性として weak instruments を指摘できる．しかしながら，weak instruments が推定値に上方バイアスをもたらすのか，下方バイアスをもたらすのかについてはコンセンサスが得られているとは言えない．たとえば，Yogo (2004) は先進 11 カ国のマクロデータを用いて，weak instruments が下方バイアスを発生させていると主張した．しかし，個票パネルを用いた Lee (2001) は，伝統的な推定による値が 0 ～0.2 であるのに対して，weak instruments によるバイアスを修正すると 0.5 程度という値が得られると報告している．

として，通時的な期待効用 U_t が，

$$U_t = \frac{1}{1-1/\gamma} \sum_{s=t}^{\infty} \delta^{s-t} u(c_s, l_s)^{1-1/\gamma} \tag{7-1}$$

のように表現されるものとする．いわゆる相対的危険回避度一定と呼ばれる形状の効用関数であり，異時点間の代替の弾力性 γ が相対的危険回避度の逆数と等しくなることが知られている．

次に，A_t を t 期初の資産，r_t を t 期の名目利子率，w_t を t 期の名目賃金，p_t を t 期の消費財価格（物価）とし，自由な意思決定の対象となる総時間（選択可能時間）が外生的に T で与えられるものとすると，t 期における予算制約は，

$$A_{t+1} = (1+r_t)A_t + w_t(T-l_t) - p_t c_t \tag{7-2}$$

のように書ける．この (7-2) 式を基に異時点間の予算制約を考慮し，横断条件の成立を仮定すると，消費と余暇の選択に迫られている代表的家計にとって (7-1) 式を最大化するための条件は，

$$\frac{\partial U_t/\partial c_t}{\partial U_t/\partial l_t} \cdot \frac{w_t}{p_t} = 1 \tag{7-3a}$$

$$\frac{\partial U_t/\partial c_{t+1}}{\partial U_t/\partial c_t} \cdot \frac{p_t(1+r_t)}{p_{t+1}} = 1 \tag{7-3b}$$

$$\frac{\partial U_t/\partial l_{t+1}}{\partial U_t/\partial l_t} \cdot \frac{w_t(1+r_t)}{w_{t+1}} = 1 \tag{7-3c}$$

の3式で表される．1つめの (7-3a) は消費と余暇の限界効用の関係を表している．また，(7-3b) は t 期の消費と $t+1$ 期の消費の限界効用の関係を表しており，(7-3c) は t 期の余暇と $t+1$ 期の余暇の限界効用の関係を表している．

最後に，ρ を同時点内の代替の弾力性，α を（私的財に対する）余暇のウェイトとして，t 期の瞬時的効用を，

$$u_t = \left(c_t^{1-1/\rho} + \alpha l_t^{1-1/\rho}\right)^{\frac{1}{1-1/\rho}} \tag{7-4}$$

のように特定化しよう．(7-3a) ～ (7-3c) 式を基に (7-4) 式の情報を加味すると，最適条件は，

$$\frac{1}{\alpha}\left(\frac{c_t}{l_t}\right)^{-1/\rho}\frac{w_t}{p_t} = 1 \tag{7-5a}$$

$$\hat{\delta}\left(\frac{c_{t+1}}{c_t}\right)^{-1/\tau}\left(\frac{1+\alpha^\rho (w_{t+1}/p_{t+1})^{1-\rho}}{1+\alpha^\rho (w_t/p_t)^{1-\rho}}\right)^{\frac{1/\rho-1/\tau}{1-1/\rho}}\frac{p_t(1+r_t)}{p_{t+1}} = 1 \quad (7\text{-}5\text{b})$$

$$\hat{\delta}\left(\frac{l_{t+1}}{l_t}\right)^{-1/\tau}\left(\frac{1+\alpha^{-\rho} (w_{t+1}/p_{t+1})^{\rho-1}}{1+\alpha^{-\rho} (w_t/p_t)^{\rho-1}}\right)^{\frac{1/\rho-1/\tau}{1-1/\rho}}\frac{w_t(1+r_t)}{w_{t+1}} = 1 \quad (7\text{-}5\text{c})$$

の3式となる.

3. データ加工と一般均衡モデルへの接近

3.1 データ加工の重要性と単位の選定

　前章までの分析で活用される一般均衡モデルは，多くの単純化を施されている．また，現実経済では一般的とは言えない想定を行っていることもある．本章で行う推定作業の結果を一般均衡モデルに適用する場合には，一般均衡モデルの想定する経済と現実経済の対応関係に注意を払い，可能であれば一般均衡モデルの想定に近いデータ加工を施した上で実証分析を実施すべきである．そこで，本節ではデータを加工する上で注意しなければならない問題について議論するとともに，一般均衡モデルとの対応関係について考察する．

　まず，データの単位選定問題について簡潔に触れておこう．前節のモデルを前提にすると，分析対象となるデータは消費 c，余暇 l，賃金 w，物価 p，名目利子率 r である．推定の対象となる (7-5a)～(7-5c) を見ると，(7-5b) および (7-5c) における消費 c，余暇 l，賃金 w，物価 p の各変数は今期と来期の比となっていることが多く，単位について留意する必要はあまりない．利子率についても，年次や月次といったデータの期種との対応関係が整っていれば問題ない．したがって，推定式のうち単位の設定について考察する必要性が高いのは (7-5a) 式ということになる．仮に単位の設定が適切でない場合には，α の推定値にしわ寄せがくることは容易に想像できよう．ポイントは2点ある．1つは余暇と賃金の対応関係である．余暇の単位が時間であれば賃金は時給で，余暇が日単位で計測されていれば日給で計測すべきである．入手可能性等を重視して，安易に賃金指数などを利用すべきではない[4]．さらに，物価についても指数の利用は本来は望ましくない．基準時点の取り方によって α の推定値

が影響を受けるからである.しかし,物価については指数を利用せざるを得ないので,実際上は基準時点の変更に対する感度分析を行う必要があるだろう.

3.2 労働時間の計測

余暇時間を特定化するためには労働時間の計測が必要であるが,そのデータ選択が余暇ウェイト α に影響を及ぼすであろうことは容易に想像できる.既存研究を参考にすれば,Auerbach and Kotlikoff (1987) は,1年あたりの選択可能時間を5,000時間とし,このうち40%を労働に費やすとすると,1年あたり2,000時間働くことになるので,週あたりでは約40時間働くことになると考えた.さらに,カリブレーションに基づくと,労働に費やす割合を40%にするためには $\alpha=1.5$ 程度が適当であるというのが余暇ウェイト設定の根拠となっている.同様の根拠に従い,Altig et al. (2001) では $\alpha=1.0$ を採用している.同じことを3章のモデルで確認すると,日本では現実の労働時間がやや長いものの,$\alpha=1.0$ 程度が妥当であると考えられ,日本の一般均衡モデルの研究において長年の間 $\alpha=0.1$ という非常に低い値が用いられてきたことには驚きを禁じ得ない.

しかしながら,上記のような単純なカリブレーションは一般均衡モデルと現実経済の対応関係を詳細に検討しておらず,甚だ不十分なものである.たとえば,(われわれのモデルも含めて)通常の一般均衡モデルは,失業者や家事専従者などの非就業者が存在することを想定していない.言うまでもなく,この仮定は非現実的なものである.しかし,ここで議論すべきことは一般均衡モデルの非現実性ではない.議論すべきことは,一般均衡モデルに適用可能なパラメータの推定値を得るために,非就業者の存在をどのように扱うべきなのかということである.

非就業者を含めると,週あたりの平均労働時間は40時間よりもかなり短くなる.たとえば,総務省統計局『社会生活基本調査』の2001(平成13)年データを利用して,

---

4) 本間ほか(1987a)では賃金指数が用いられている.

$$\text{労働時間割合} = \frac{\text{労働時間}}{24 - \text{選択不能時間}}$$

のような計算をしてみよう．ここで，選択不能時間とは睡眠や食事のように選択の自由に直面していないと想定される時間のことである．仮に睡眠のみを選択不能時間とした場合に労働時間割合は 0.3 強，一次活動すべてを選択不能時間とした場合でも 0.37～0.38 にとどまる[5]．

それでは，われわれが推定を行う際，非就業者を含めて余暇時間および労働時間を計測すべきであろうか．それとも余暇と労働の意思決定に現実に直面している就業者のデータを利用すれば十分であろうか．このことを考える際には，一般均衡モデルにおいて，すべての労働は市場取引の対象であり，家事等の家庭内生産のための労働は存在しないという点に留意すべきである．換言すると，われわれの一般均衡モデルにおいて，すべての家事サービスは市場で供給され対価を得ている．つまり，一般均衡モデルの労働には（現実にはその多くが市場取引されていないような）家事労働が含まれているはずである．

このようにモデルを解釈すると，家事を行わない完全な非就業者は存在しないから，余暇時間と労働時間の計測において非就業者を排除すべきでないことがわかる[6]．また，労働時間に家事等の時間を加える必要がある．そこで，仕事時間だけでなく，家事・介護・育児・買物などを含む「二次活動」を労働時間として先ほどと同様の計算を行ってみた．この計算によると，睡眠のみを選択可能時間に含めない場合で労働時間割合は 0.5 強，一次活動をすべて選択可能時間に含めない場合で労働時間割合は 0.6 強という結果となる．したがって，（労働時間割合が高くなるように）余暇ウェイト α の値を 1 よりもいくらか低く設定する必要があることになる．

---

5) 一次活動とは「食事」や「身の回りの用事」など生理的に生活に必要な活動を指す．
6) 同じように土曜日・日曜日は基本的に休日であり，労働の意思決定に直面していないため，選択可能時間から除くべきであるという指摘も可能である．しかし，非就業者の問題と同様に，このような加工も適切でないことは容易に理解できる．ただし，ここでの議論は，一般均衡モデルが退職年齢を設定していることと整合的でない．家事労働を含めると，多くの人々は「退職」しないはずだからである．

表 7-3 選択可能時間の計測 (単位:時間.分)

	控除対象		
	睡眠	一次活動	一次活動＋家事等
1976 年	15.55	13.18	11.11
1981 年	16.03	13.16	11.05
1986 年	16.13	13.35	11.22
1991 年	16.18	13.35	11.24
1996 年	16.16	13.28	11.19
2001 年	16.18	13.26	11.15

注:家事等は家事,介護,看護,育児,買い物.
資料:総務省統計局『社会生活基本調査』.

3.3 選択可能時間の設定と余暇時間の計測

　労働時間を測定できたとしても,自由な意思決定の対象となる選択可能な時間の設定如何で余暇時間は変わってしまう.Mankiw, Rotemberg and Summers (1985) は 16 時間/日を選択可能時間としたが,Auerbach and Kotlikoff (1987) の想定では約 14 時間/日であるし,本間ほか (1987a) は 12 時間/日としている.どのような設定が妥当なのであろうか.そこで,社会生活基本調査を基に 3 種類の選択可能時間を計算してみた結果が表 7-3 に示してある.これを見ると,16 時間/日が妥当なのは睡眠のみを除いた場合であり,睡眠に加えて食事時間なども控除すると約 14 時間/日があてはまる.また,睡眠や食事に加えて家事等を控除したときに,はじめて 12 時間/日が妥当となることがわかる.

　前の議論によると,われわれの一般均衡モデルの労働には家事労働が含まれるので,16 時間/日か 14 時間/日が妥当であると考えられる.しかし,実証分析を行う際には追加的な問題が発生する.毎年の家事労働時間のデータを入手することが難しいのである.したがって,労働時間として家事労働時間を含めない市場労働時間を用いざるを得ない.この場合,選択可能時間から家事労働時間を除かないと,余暇時間に家事労働が含まれてしまうことになる.そこで,本研究では選択可能時間を,24 時間から一時活動と家事等の時間を除いたものと考え,基本的に 12 時間/日と設定することとする.

3.4 世帯単位と個人単位

われわれが直面するデータ加工上の大きな障害はいま1つ残っている．世帯単位と個人単位の混在である．本間ほか（1987a）では，消費が世帯単位で測られているのに対して，余暇時間は個人単位で測られているため，両者の間の整合性がとれていない．世帯単位と個人単位のいずれに統一すべきなのかは理論モデルの考え方に依存すると考えられるが，われわれが依拠する一般均衡モデルは代表的家計を前提としていることから，本章では余暇時間を世帯単位で計測するように修正を試みる．まず，

$$\text{選択可能時間} \times 365 \times 15\text{歳以上人口} \qquad (7\text{-A})$$

として選択可能時間の国民総計を計算する．次に，

$$\text{就業者1人当たり年間労働時間} \times \text{就業者数} \qquad (7\text{-B})$$

として労働時間の国民総計を計算する．最後に（7-A）から（7-B）を差し引いて世帯数で除す．こうして得られた世帯あたりの余暇時間には，非就業者の余暇時間も含まれることになる点に注意されたい．

3.5 基礎データ

データ加工のために利用した基礎データの出所は以下のとおりである．

まず，消費については国民経済計算の暦年の名目民間消費を世帯数（1人あたりの場合は15歳以上人口）で除した．単位は円/世帯（円/人）である．世帯数は自治省行政局振興課『全国人口・世帯数表』より，15歳以上人口は総務省統計局『人口推計』より得た．

賃金は，国民経済計算の暦年の家計可処分所得を就業者数×年間労働時間で除した．ただし，家計可処分所得からネットの財産所得は控除した．単位は円/時間である．就業者数は総務省統計局『労働力調査』，年間労働時間は厚生労働省『毎月勤労統計』の月間労働時間に12を掛け合わせて得た．年収は家計可処分所得を就業者数で除した．単位は円/年である．

余暇時間は，前項の説明のように「選択可能時間×365×15歳以上人口」から「就業者1人あたり年間労働時間×就業者数」を差し引き，世帯数（1人あたりの場合は15歳以上人口）で除したものである．個人単位のケースでは，

「選択可能時間×365−就業者1人あたり年間労働時間」として計算した．各データは既出の統計より得た．

物価データとしては，国民経済計算の民間消費デフレータを採用し，基準年で1となるように調整した．また，原データの基準年は1990年であるが，実証分析の際には基準年を変更したケースについても検討する．

最後に，利子率については国債の東証上場利回りを用いた．以上のすべての系列を確保できた期間は1966年から1998年までであり，次節ではこの期間について年次データによる推定を試みる．

4. 構造パラメータの推定

4.1 データの定常性

家計の行動が前節で導出された最適条件に従っているとすれば，(7-5a)〜(7-5c)式を同時方程式体系として推定することによりパラメータを特定化できるはずである．本研究では(7-5a)〜(7-5c)式を非線形のままでGMMにより推定するアプローチを採用するが，このとき問題になるのが時系列データの定常性である．効用関数パラメータの推定にGMMを最初に応用したHansen and Singleton (1982) によれば，対象となるデータは厳格な定常性を有することが必要であり，時系列データに対する適用可能性は著しく制限されてきた．その後の研究で，確定的トレンドや確率的トレンドを持つ場合にもGMMを含む非線形推定法を適用できる可能性が指摘され，GMMの応用の幅は大きく広がりつつあるものの，GMMを適用する際にはデータの定常性について事前に検討しておくことが望まれる[7]．

詳細な議論は省くが，定常性の検証に関して，ここでは以下の3つの方針に基づいて作業を進める．第1に，トレンド定常も含めて，データが定常過程に従う場合にはGMMの適用は基本的に許容される．第2に，ある方程式に出

---

7) 確定的トレンドのケースについてはAndrews and McDermott (1995)，確率的トレンドのケースについてはPark and Phillips (2001)，Kitamura and Phillips (1997)，Phillips and Hansen (1990) などを参照されたい．

現する各データが非定常でも，データ間に共和分関係が存在する場合にはレベルのままで GMM を適用する．第 3 に，データが非定常で，かつ共和分関係が確認できない場合には階差をとってから GMM を適用する．

ただし，一般に定常性を検証する手法である単位根検定の検出力はあまり高くない上に，ここで用いるような年次データではサンプル数が少ないために断定的な結論を導き出すことは難しい．そこで，以下では定常性に関する疑義が比較的弱いと考えられる (7-5b) および (7-5c) 式については検討対象からはずし，(7-5a) 式に表れる変数のみを検証する．なぜなら，Hansen and Singleton (1982) と同様に，(7-5b) や (7-5c) 式では，多くの変数が対前期上昇率の形式をとっており，非定常系列である可能性が高いレベル変数の推定を巧妙に避けることができるからである[8]．

いま，(7-5a) 式の両辺で自然対数をとると，

$$-\ln\alpha - \frac{1}{\rho}\ln\left(\frac{c_t}{l_t}\right) + \ln\left(\frac{w_t}{p_t}\right) = 0 \qquad (7\text{-}5\mathrm{a})'$$

が得られる．そこで，まず $\ln(c_t/l_t)$ と $\ln(w_t/p_t)$ について単位根検定（Augmented Dickey-Fuller 検定および Phillips-Perron 検定）を適用した．前節で議論したように，世帯単位か個人単位かといったデータ加工上のヴァリエーションに応じて何種類かの系列が存在するが，いずれのケースについても単位根を持つという帰無仮説はまったく棄却できなかった．また，この結果は定数項の有無やトレンドの有無にも影響を受けなかった．階差をとった場合には，データ加工のパターンによって結果が変わり，いくつかのケースについては単位根の存在が棄却された．したがって，$\ln(c_t/l_t)$ と $\ln(w_t/p_t)$ はともに少なくとも I(1) であり，このまま GMM を適用することはできない．

そこで，次に $\ln(c_t/l_t)$ と $\ln(w_t/p_t)$ の間に共和分関係が成立しているか否かを Johansen 検定でテストした．この場合にも，単位根検定と同様にデータ加工のパターンによって，いくつかの異なる系列が存在するが，次項以降で GMM を適用する組み合わせすべてについて検証した．すると，いずれのケー

---

[8] 厳密に言えば，対前期上昇率にしても一部の変数はトレンドを有している可能性があり，Hansen and Singleton の分析においても定常性の仮定は十全に満たされているわけではない．

表 7-4　GMM 推定①：賃金の単位，世帯単位と個人単位

| データの定義 | | | 割引率 δ | 異時点間弾力性 γ | 同時点内弾力性 ρ | 余暇ウェイト α | 過剰識別制約 χ^2 | 自由度 |
消費	賃金	余暇						
世帯	年収	個人	1.0030 (0.042)	29.8523 (4.639)	0.7309 (0.056)	96.014 (75.42)	10.47 (0.727)	14
世帯	時給	個人	0.9860 (0.001)	7.5400 (0.472)	0.6645 (0.013)	0.0152 (0.003)	10.52 (0.723)	14
個人	時給	個人	0.9804 (0.005)	0.6280 (0.042)	0.8384 (0.020)	1.8238 (0.354)	9.61 (0.790)	14
世帯	時給	世帯	0.9988 (0.002)	1.8653 (0.145)	0.8533 (0.024)	0.8767 (0.192)	9.79 (0.777)	14

注1：パラメータ推定値の下段カッコ内は漸近的標準誤差．カイ二乗値の下段カッコ内はP値．
注2：選択可能時間は 12 時間．物価指数の基準時点は 1990 年．

スでも共和分ベクトルが0個であるという帰無仮説は1% 有意水準で棄却されたのに対して，共和分ベクトルが1個以下であるという帰無仮説は10% 有意水準でも棄却されなかった．したがって，データ加工の方法と関係なく，$\ln(c_t/l_t)$ と $\ln(w_t/p_t)$ の間には1つの共和分ベクトルが存在するという結論が得られる．結局，単位根検定はパスしなかったものの，共和分関係が確認できたので，以下では (7-5a) 式または (7-5a)′ 式をレベルのまま GMM で推定することとする．

4.2　GMM による推定結果

GMM による推定を行う際には操作変数を決めなければならない．ここでは，c_t/c_{t-1}, l_t/l_{t-1}, w_t/w_{t-1}, p_t/p_{t-1}, r_{t-1} の5つを操作変数とした．いずれの推定においても過剰識別制約の検定で問題は見出されなかったことから，操作変数の設定に大きな誤りはないと考えられる．

表 7-4 は，先行研究との比較を想定して，賃金の単位，世帯単位と個人単位の比較検討を試みたものである．第1に，理論モデルに反して年収を用いると，余暇ウェイトが非常に大きな値となってしまうが，統計的に有意な結果が得られない．第2に，世帯単位と個人単位の整合性が取れていないと，余暇ウェイ

表 7-5　GMM 推定②：選択可能時間の設定

選択可能時間	割引率 δ	異時点間弾力性 γ	同時点内弾力性 ρ	余暇ウェイト α	過剰識別制約 χ^2	自由度
12 時間	0.9988 (0.002)	1.8653 (0.145)	0.8533 (0.024)	0.8767 (0.192)	9.79 (0.777)	14
16 時間	0.9996 (0.002)	1.0487 (0.079)	0.8865 (0.023)	1.8048 (0.330)	9.80 (0.777)	14
データ	0.9997 (0.002)	1.8557 (0.202)	0.7966 (0.020)	0.4548 (0.097)	9.83 (0.774)	14

注：消費，余暇は世帯単位．賃金は時給．物価指数の基準時点は 1990 年．

トが小さく推定される．第 3 に，個人単位で揃える場合に比べて，世帯単位で整合性をとった場合の方が余暇ウェイトは明らかに小さくなるが，異時点間の代替の弾力性は高めに推定される．個人単位の結果を信じるにしても，世帯単位の結果を信じるにしても，これまでの一般均衡モデルのパラメータ設定には問題があると言えるだろう．とりわけ，余暇ウェイトと異時点間の代替の弾力性については，もっと高めの値が望ましいと考えられる．

次に，選択可能時間の変更を行った結果が表 7-5 である．ここでは，基準ケースとして 12 時間を採用し，16 時間とした場合，社会生活基本調査のデータから算出した値を用いた場合を比較した[9]．明らかに選択可能時間が長いほど，異時点間の代替の弾力性は小さくなり，余暇ウェイトは大きくなる．その差は無視できるものではなく，妥当なパラメータ値の設定にあたっては，いくらかの幅をもって考えることが必要である．しかし，いずれにしても，これまでの一般均衡モデルのパラメータ設定では，異時点間の代替の弾力性も余暇ウェイトも過小であるという基本的な結論は変わらない．

最後に，合理的な単位の設定が困難である物価指数について検討しよう．ここでは，物価指数の基準時点を 1990 年，1966 年（推定期間の初期），1998 年（推定期間の終期）に設定した場合を比較検討した．すると，1966 年を基準時

---

[9] 24 時間から一次活動と家事等の時間を控除した値であり，概ね 11 時間強である（表 7-3 参照）．ただし，調査は 5 年毎なので，データのない時点については線形補完した．また，統計のない 1975 年以前については 1976 年調査の値をあてはめた．

表 7-6　GMM 推定③：物価指数の基準時点

基準時点	割引率 δ	異時点間弾力性 γ	同時点内弾力性 ρ	余暇ウェイト α	過剰識別制約 χ^2	自由度
1990年	0.9988 (0.002)	1.8653 (0.145)	0.8533 (0.024)	0.8767 (0.192)	9.79 (0.777)	14
1966年	0.9893 (0.002)	1.3382 (0.187)	0.8467 (0.021)	0.2737 (0.051)	9.30 (0.811)	14
1998年	0.9991 (0.002)	1.7035 (0.132)	0.8550 (0.024)	0.9615 (0.212)	9.79 (0.777)	14

注：消費，余暇は世帯単位．賃金は時給．選択可能時間は12時間．

点にしたケースでは余暇ウェイトが小さくなり，異時点間の代替の弾力性も小さくなった．1966年を基準時点にした場合の余暇ウェイトの低下は甚だしいが，この値を採用するとしても，これまでの一般均衡モデルの余暇ウェイトは小さすぎることになる．この 0.2737 という値が下限であると考えると，やはり余暇ウェイトはもっと高く設定されるべきであると考えられる．

5. 推定結果の含意

5.1　構造パラメータの設定に対する含意

　本章では，一般均衡モデルにおける家計の選好に関わるパラメータ設定の再検討を試みた．これまでの一般均衡モデルのパラメータ設定は先行研究の方法に無批判でありすぎたというのが筆者達の見解である．計量経済分析のフィールドを見渡せば，家計行動に関わるパラメータを推定した研究がいくつも存在し，しかも一般均衡モデルのパラメータ設定と整合的でない結果を得ているにもかかわらず，盲目的に先行研究の値に囚われることは望ましくない．3章で見たように，パラメータの設定が一般均衡モデルの分析結果に無視できない影響をもたらすとすればなおさらである．

　このことは，本章の推定結果からも再確認された．われわれの得た結果のうち，特に次の2点は強調していいだろう．第1に，異時点間の代替の弾力性は

先行する一般均衡モデル研究の想定よりもかなり高い．多くの一般均衡モデルでは 0.3 程度であるが，ここでの推定によると 1.0 を超える水準が妥当と言える．その点，金子・中田・宮里（2003）や貞廣・島澤（2002）が高い弾力性を与えていることは特筆すべきである．第 2 に，これまで根拠なく設定されてきた余暇ウェイトの値は大幅に引き上げられるべきである．データ加工の違いによって推定値が大きく変動するものの，これまで主流であった 0.1 ではなく，Altig et al.（2001）の値 1.0 に近い数字が妥当であると考えられる．

5.2 公共政策の評価に対する含意

最後に，3 章の成果と関連付けながら，家計行動に関わるパラメータ設定が公共政策の効果とその評価に対して及ぼす影響について考察しておこう．異時点間の代替の弾力性や余暇ウェイトを過小に評価した場合，公共政策の評価は以下の 2 点において重大な影響を受けることになる．

1 つは，資本蓄積の重要性が軽視されるため，資本蓄積を促進するような政策が相対的に不利な扱いを受けるということである．たとえば，3 章の分析結果によると，異時点間の弾力性が低いケースでは社会保障の財源調達手段として社会保険料よりも利子所得税の方が相対的に望ましくなる．しかし，本章で得られたパラメータ値に従えば，結論は完全に逆になるのである．

2 つ目に，高齢化等の外生的ショックに対して労働供給の反応が鈍くなるため，高齢化の進行に伴う所得の減少も過小に評価される．また，国民負担率の視点から見れば，高齢化に伴う労働供給の減少が小幅で済むため，社会保険料率の上昇を抑制することができ，その分だけ国民負担率も低くなる．言うまでもなく，本章で得られたパラメータ値に従えば，国民負担率の上昇はより急速であると予想され，高齢化時代の政府の姿は異なった様相を見せるはずである．

〈参考文献〉

阿部修人・山田知明（2005）「消費関数の構造推計——家計調査に基づく緩衝在庫調整

モデルと予備的貯蓄に関する実証分析」『経済研究』第 56 巻 3 号: 248-265 頁.
赤木博文 (1995)「効用関数のパラメータ推定について——生活関連の社会資本を含むケースについて」『オイコノミカ』第 31 巻 2・3・4 号: 365-374 頁.
祝迫得夫 (2001)「資産価格モデルの現状:消費と資産価格の関係をめぐって」『現代ファイナンス』第 9 号: 3-39 頁.
岩本康志 (1990)「年金政策と遺産行動」『季刊社会保障研究』第 25 巻 4 号: 388-401 頁.
岩本康志・加藤竜太・日高政浩 (1991)「人口高齢化と公的年金」『季刊社会保障研究』第 27 巻 3 号: 285-294 頁.
上枝朱美 (2001)「高齢者介護と持家資産——ライフサイクル一般均衡モデルによる分析」『社会科学ジャーナル』第 47 号: 85-112 頁.
上村敏之 (1997)「ライフサイクル消費行動と効用関数の推計——異時点間消費の代替の弾力性と時間選好率」『産研論集 (関西学院大学)』第 24 号: 91-115 頁.
上村敏之 (2000)「公的年金の財源調達と世代間の経済厚生——人口構成の高齢化に関する一般均衡シミュレーション分析」『産研論集 (関西学院大学)』第 27 号: 29-42 頁.
上村敏之 (2001a)「公的年金の縮小と国庫負担の経済厚生分析」『日本経済研究』第 42 号: 205-227 頁.
上村敏之 (2001b)『財政負担の経済分析——税制改革と年金政策の評価』関西学院大学出版会.
金子能宏 (1991)「資本所得課税の分析とわが国における世代別家計の消費の異時点間弾力性」『フィナンシャル・レビュー』第 20 号: 34-52 頁.
金子能宏・中田大悟・宮里尚三 (2003)「年金と財政——基礎年金の国庫負担水準の影響」『季刊家計経済研究』第 60 号: 20-28 頁.
川出真清 (2003a)「高齢化社会における財政政策——世代重複モデルによる長期推計」PRI Discussion Paper Series (財務省財務総合政策研究所) 03A-25.
川出真清 (2003b)「世代間格差と再分配——日本におけるシミュレーションモデルによる評価」PRI Discussion Paper Series (財務省財務総合政策研究所) 03A-26.
木村真・北浦義朗・橋本恭之 (2004)「日本経済の持続可能性と家計への影響」『大阪大学経済学』第 54 巻 2 号: 122-133 頁.
貞廣彰・島澤諭 (2002)「人口減少下における内政的経済成長に関する分析:日本の場合——世代重複モデルによるシミュレーション分析」『国民経済』第 165 号: 22-38 頁.
羽森茂之 (1996)『消費者行動と日本の資産市場』東洋経済新報社.

本間正明・跡田直澄・岩本康志・大竹文雄 (1987a)「ライフサイクル成長モデルによるシミュレーション分析――パラメターの推定と感度分析」『大阪大学経済学』第36巻3・4号:99-109頁.

本間正明・跡田直澄・岩本康志・大竹文雄 (1987b)「年金:高齢化社会と年金制度」,浜田宏一・黒田昌裕・堀内昭義編『日本経済のマクロ分析』東京大学出版会, 第6章:149-175頁.

Altig, D., A. J. Auerbach, L. J. Kotlikoff, K. A. Smetters and J. Walliser (2001) "Simulating Fundamental Tax Reform in the United States," *American Economic Review* 91 : pp. 574-595.

Altonji, J. G. (1986) "Intertemporal Substitution in Labor Supply : Evidence from Micro Data," *Journal of Political Economy* 94 : pp. S176-215.

Andrews, D. W. K. and C. J. McDermott (1995) "Nonlinear Econometric Models with Deterministically Trending Variables," *Review of Economic Studies* 62 : pp. 343-360.

Atkeson, A. and M. Ogaki (1996) "Wealth-varying Intertemporal Elasticities of Substitution : Evidence from Panel and Aggregate Data," *Journal of Monetary Economics* 38 : pp. 507-534.

Auerbach, A. J. and L. J. Kotlikoff (1987) *Dynamic Fiscal Policy*, Cambridge : Cambridge University Press.

Beine, M., F. Bismans, F. Docquier and S. Laurent (2001) "Life-cycle Behaviour of US Households : A Nonlinear GMM Estimation on Pseudopanel Data," *Journal of Policy Modeling* 23 : pp. 713-729.

Browning, M. and A. Lusardi (1996) "Household Saving : Micro Theories and Micro Facts," *Journal of Economic Literature* 34 : pp. 1797-1855.

Campbell, J. Y. (1999) "Asset Prices, Consumption, and the Business Cycle," in Taylor and Woodford ed., *Handbook of Macroeconomics* Volume 1C, North-Holland, Elsevier.

Fuse, M. (2004) "Estimating Intertemporal Substitution in Japan," *Applied Economics Letters* 11 : pp. 267-269.

Hamori, S. (1996) "Consumption Growth and the Intertemporal Elasticity of Subsitution : Some Evidence from Income Quintile Groups in Japan," *Applied Economics Letters* 3 : pp. 529-532.

Hansen, L. P. and K. Singleton (1982) "Generalized Instrumental Variables Estimation of Nonlinear Rational Expectations Models," *Econometrica* 50 : pp. 1269-1286.

Imai, S. and M. P. Keane (2004) "Intertemporal Labor Supply and Human Capital Accumulation," *International Economic Review* 45 : pp. 601-641.

Kato, R. R. (2002) "Government Deficit, Public Investment, and Public Capital in the Transition to an Aging Japan," *Journal of the Japanese and International Economies* 16 : pp. 462-491.

Kitamura, Y. and P. C. B. Phillips (1997) "Fully Modified IV, GIVE and GMM Estimation with Possibly Non-stationary Regressors and Instruments," *Journal of Econometrics* 80 : pp. 85-123.

Lee, C. (2001) "Finite Sample Bias in IV Estimation of Intertemporal Labor Supply Models : Is the Intertemporal Substitution Elasticity Really Small?" *Review of Economics and Statistics* 83 : pp. 638-646.

Mankiw, N. G., J. J. Rotemberg and L. H. Summers (1985) "Intertemporal Substitution in Macroeconomics," *Quarterly Journal of Economics* 100 : pp. 225-251.

Ogaki, M. and J. Y. Park (1997) "A Cointegration Approach to Estimating Preference Parameters," *Journal of Econometrics* 82 : pp. 107-134.

Ogaki, M. and C. M. Renhart (1998) "Intertemporal Substitution and Durable Goods : Long-run Data," *Economics Letters* 61 : pp. 85-90.

Okamoto, A. (2005a) "Simulating Progressive Expenditure Taxation in an Aging Japan," *Journal of Policy Modeling* 27 : pp. 309-325.

Okamoto, A. (2005b) "Simulating Fundamental Tax Reforms in an Aging Japan," *Economic Systems Research* 17 : pp. 163-185.

Okubo, M. (2003) "Intratemporal Substitution between Private and Government Consumption : The Case of Japan," *Economics Letters* 79 : pp. 75-81.

Park, J. Y. and P. C. B. Phillips (2001) "Nonlinear Regressions with Integrated Time Series," *Econometrica* 69 : pp. 117-161.

Phillips, P. C. B. and B. E. Hansen (1990) "Statistical Inference in Instrumental Variables Regression with I (1) Processes," *Review of Economic Studies* 57 : pp. 99-125.

Yogo, M. (2004) "Estimating the Elasticity of Intertemporal Substitution When Instruments are Weak," *Review of Economics and Statistics* 86 : pp. 797-810.

終章 国民の受益・厚生と「大きな政府」の意味

橘木　俊詔

　本書の目的は，わが国の社会保障制度を長期間にわたって安定的に保持するために，政府はどのような政策を行えばよいかを議論することであった．主とした関心は公的年金制度に向けられたが，年金制度は他の社会保障制度である医療保険や介護保険といった制度との関係も配慮しなければならないので，社会保障制度全体をどうすればよいか，という点にも関心を寄せた．

　社会保障制度を健全に運営するには，どのように給付の財源を調達するかが問われる．日本の財政は巨額の赤字を抱えており，それとの関係において社会保障の財源をどう調達するかを本書の重要なテーマとした．税，社会保険料の双方から財源調達を行う場合，その比率をどうするのか，さらに税にあっても課税ベースをどこに求めるかを，主要な関心事として分析した．

　社会保障給付の便益を受けるのは当然国民であるが，負担をするのも国民である．国民が給付と負担をどのように理解しているのかについては興味の持たれる点なので，国民へのアンケートによって知ろうとした．国民はどのような社会保障制度のあり方を望んでいるのか，政府に何を期待しているのか，本当に負担を嫌っているのか，どのような負担の方法であれば負担を嫌う程度も和らぐのか，という観点に注目した．

　私たち経済学者の役割は，経済政策の効果を数量的に，すなわち具体的に国民に対して知らせることである．社会保障制度の改革を実行すると，国民にとって利益となるのか，それとも苦痛を与えることになるのかを，科学的な分析

に基づいて，偏見にとらわれずに中立の立場から国民に示す必要がある．本書ではその作業を，公共部門と社会保障に関して提示したつもりである．

私たちの得た学問的な結論は，国民へのアンケートから得られた国民の望んだ姿と，異なる点も生じている．その乖離をどう捉えたらよいのか，本書ではそのことも含めて議論した．

本章での結論の記述にあっては，各章の分析結果を個々にかつ忠実に要約することを避け，本書全体から得られた結論を中心に述べる．したがって，章によって要約の濃度が異なるが，各章それぞれの結果に興味のある方は，それぞれの章を詳しく読んでいただきたい．

まず，国民へのアンケート調査から得られた結果を大胆に要約すると次のようになる．人々は公共支出への多大な期待はない．すなわち国民はそれほど大きな政府を希望していない．しかし，社会保障制度への期待度は相当に高く，特に年金，医療保険といった制度の充実を望んでいる．

しかし，その財源としては保険料方式への支持が高く，消費税による財源調達方法を嫌っていると言える．この財源に対する国民の選好は，自己の利益となる社会保障制度を望むし，その負担を自己の保険料で賄う方式が良いと考えているのである．すなわち，自己の負担と受益・給付が直接結びつくように，言い換えればあたかも自分の勘定内で完結するような方式を望んでいる．税のように，他人との間で移転が発生する方式を好んでいないのである．

ところで，こうした国民の選好は，アンケートに答えている人々の性，年齢，教育，所得階級によってかなり異なっていることが1章で示されている．ここではその具体的な差異について再述を避けるが，記憶していいことは，女性よりも男性において，高所得者よりも低所得者において，より充実した社会保障制度を望んでいることである．

序章では，ここで示された国民の選好結果に基づいて，公共哲学・倫理学の立場から日本人の国民性を評価した．それによると，日本人は公共性に大きな信頼をおいていないと判断された．倫理学からすると，リベラリズムよりもリバタリアニズムやコミュニタリアニズムへの親近感が強い国民であると解釈された．家族構成員の間での相互経済支援に依存してきたのが日本の福祉の特徴であるが，家族の変容が見られる現状からすると，このリバタリアニズムやコ

ミュニタリアニズムといった倫理観が，果たして日本人全体の幸福を保持できるかどうか不透明になっている．

2章と3章は社会保障の財源調達をどうしたらよいのか分析した．マクロ経済の見地からすると，国民から多額の保険料や税を徴収すると，資本や労働の資源配分をゆがめることになるので，経済効率性の点で犠牲を生むことになる．つまり国民負担率が高ければ，経済効率性が阻害され，結果として経済成長率は低くなる．日本における多くの実証研究にあっては，このことが確認されていて，税や社会保険料の国民負担率をなるべく低くすることが望ましいと主張されてきた．

私たちはこれら多くの実証研究の方法に疑問を感じた．なぜならば，国民は年金，医療，介護といった社会保障制度により，ベネフィット（受益あるいは便益）を受けていることが確実だからである．受益を無視して経済分析を行えば，税や社会保険料の負担増加が経済にマイナスの効果を生むのは至極当然であるが，本来ならばそれらの負担による見返り分も考慮に入れるべきと確信したのである．負担があるから受益もあるわけで，経済モデルの解析に際してその両者を考慮する必要がある．今までの研究では負担のみを考慮して，受益を無視してきたのである．

私たちの今回のモデル分析の独創性は，この負担と受益の双方を同時に考慮した点にある，と言っても過言ではない．この負担と受益の同時分析は，社会保障制度に限らず，教育や公共事業といった公共支出全般に関しても，同様に考慮したのである．

さらに加えれば，財源の調達に際しても，税でするのか，税であっても所得税か，法人税か，消費税かといったように課税ベースの違いをモデルに取り込んでいるし，当然のことながら社会保険料による徴収方法も組み込んでいる．年金，医療，介護といった各社会保障制度の細かい仕組みにまで配慮した分析を行って，制度に忠実なモデル分析を行ったのである．

モデル分析の中心は，ライフサイクル一般均衡モデルに依存している．本書におけるもう1つの独創性は，代表的家計で示されるような，所得階級の存在しない1つの家計のみのモデルではなく，低・中・高の3所得階級から成る家計部門を考慮している点にある．代表的家計モデルであれば，分配の平等・不

平等問題を分析することが不可能であるが，本書のモデルでは3つの所得階級が存在するので，分配について分析可能となっている．いわば，経済効率性と公平性（あるいは平等性）の関係を分析可能とした点を強調しておきたい．

2章と3章ではモデルの内容自体が異なるが，得られた結果に共通のものが多いので，その結果を要約しておこう．

第1に，2章の結果によると，最適な国民負担率（すなわち税と社会保険料）は50％を超すことになる．ここで最適とは，国民の厚生が最大になることを意味している．ちなみに，その際は消費税率は30％を少し超えた数字になる．すなわち，私たちの分析によると，国民の望む政府の規模より大きく，しかも消費税率は高いことを示唆している．

第2に，医療や介護といった細かい制度を別個に考慮した3章の分析結果によると，社会保障の財源を社会保険料や利子所得税で調達するよりも，消費税で調達する方が，より高い厚生が得られた．消費税による調達は，資本蓄積の面から効率的であり，したがって経済成長率を高める効果があることに起因している．これも国民の意識と異なっていることがわかる．

4章以下は，2章と3章の分析を補完するものである．わが国ではスウェーデン型の年金改革案への支持が高い．2004年の改革もスウェーデン型の精神を一部導入したと言えるほどである．4章においてもスウェーデン型年金制度（すなわち基礎年金制度の廃止，最低保障年金制度の導入と所得比例型年金の併用）をできるだけモデルに組み入れ，シミュレーションを行った．それによると，消費税型がやはり一番好ましく，かつ所得階級別にみても低所得階級が最も厚生が高いという結果が得られた．日本においてスウェーデン型モデルは評価できるのである．

日本において基礎年金制度の部分を，完全な所得比例方式に変更させる案がよく主張されるが，5章の結果は，その変更は人々の社会厚生を低めることにつながる，ということを示している．4章と5章の結果は，ともに日本において最低保障年金部分を保持することの重要性を主張しており，これは本書全体におけるメッセージの1つと理解されたい．

6章は，これまでの章の成果に，新しい視点を加えて，それらを補完したものである．すなわち，公共資本や技術資本が生産活動に貢献する部分を，モデ

ル解析の中に組み入れたものである．両者の効果を考慮すると，人口減少に起因する生産の減少を招く程度が予想より小さくなることがわかった．ここでも政府支出の便益（受益）を考慮すれば，従来の認識，すなわち公共支出は低ければ低いほどよいという認識と，異なる場合がありうる，と示されている．

　7章は，2章と3章でのモデル分析において重要なパラメータの値を指定したが，その値の根拠を確固たるものにするために，別個に学術研究を行ったものである．具体的には，家計の効用関数において，代替の弾力性，時間選好率，余暇ウェイトを，日本のデータを用いて正確に推定したものである．研究方法は専門的な計量経済学に基づいているし，本書の主題と直接関係ないので要約を避ける．ただし，ここでの成果は今後のモデル解析に貴重な資料となるので，価値が高いことを述べておきたい．

　最後に，本書での結論の意義を再び議論しておこう．私たちの行った国民へのアンケート結果からは，国民が政府に大きな規模を期待していないこと（40％強の国民負担率までなら容認），しかし年金制度や医療保険の充実への期待は高いこと，さらにそれらの財源として消費税への支持は低いことがわかった．

　一方，私たちの作成したライフサイクル一般均衡モデルによると，最適な国民負担率は50％を超え，それが国民にとって最高の厚生を生むし，最適な消費税率も30％前後になる．しかも，負担を所得税や社会保険料に頼るよりも，消費税に依存する方策がベストであると示された．

　このように，国民の選好と，科学的な経済分析による主張との間に，かなり大きな乖離のあることが判明した．すなわち，学問的かつ科学的な分析によると，年金や医療などの社会保障制度の規模をこれまで以上に大きくすることが，国民にとって究極の利益となる．しかも，その負担を消費税で賄うことが経済成長率を高める，つまり経済効率を高めるのに寄与するのである．もとより国民一般は経済学の分析など全く知らない世界におり，直感でアンケートに回答している．国民の素直な直感はきわめて重要であるし，それを尊重した上で公共政策の立案にあたる必要がある．

　しかし，経済の専門家として，私たちの研究でわかったことを国民に啓蒙していく必要性があることも事実である．国民にわかりやすい口調で，しかも論理的にここでの研究成果を説明して，消費税の増税が国民にとって究極的には

利益になることをわかってもらえるように，これからも努力したい．その一端は橘木（2005）によって，既になされていることを述べて，本書の結びとしたい．

〈参考文献〉

橘木俊詔（2005）『消費税 15％ による年金改革』東洋経済新報社．

〈資　料〉

公共支出と最適負担に関する国民の意識調査　概要と調査票
（調査票の内容は表現を一部省略・修正している）

■調査概要

・方法および対象
　　株式会社インテージに委託．全国の20歳以上男女個人，1,500人．国勢調査の県別・性別・年齢構成比に準拠した割り当て抽出法に基づき，同社のアドホックモニター（全国約23万人登録，モニター属性50以上，年1回属性を更新）を使用．郵送配布，郵送回収．
・有効回収数　1,320人（有効回答率　88.0％）．
・調査時期　2005年12月

■調査票

問1：公共部門の大きさについて，どの程度の関心がありますか．
　　1・非常に関心がある
　　2・まあ関心がある
　　3・あまり関心がない
　　4・まったく関心がない
　　5・わからない

問2：A～Eの5つの項目に対する政府支出は，今よりも増やすべきだと思いますか，それとも減らすべきだと思いますか．
　　A・社会保障
　　B・公共事業
　　C・文教および科学振興
　　D・防衛
　　E・治安

　　1・今より増やすべきだ

2・どちらかといえば今より増やすべきだ
3・今と同じぐらいがよい
4・どちらかといえば今より減らすべきだ
5・今より減らすべきだ
6・わからない

問3-a：A～Fの6つの公共政策や公共サービスに対する政府の関わり方について，1～6のどの意見に近いですか．
  A・貧富の差の是正
  B・年金
  C・医療
  D・介護
  E・社会資本整備
  F・教育

  1・今は過小であり，政府がより積極的に行うべきだ
  2・今はやや過小で，政府がより積極的に行うべきだ
  3・どちらともいえない
  4・今はやや過剰であり，政府は積極的に行わなくてもよい
  5・今は過剰であり，政府は積極的に行わなくてもよい
  6・わからない

問3-b：上記のA～Fの公共政策や公共サービスについて，どの程度満足していますか．
  1・大いに満足
  2・どちらかといえば満足
  3・どちらともいえない
  4・やや不満
  5・大いに不満
  6・わからない

問4：2004年の年金改革の内容をご存知でしたか（厚生年金の保険料率を毎年引き上げ，給付水準は現役世代の平均月収の50％を確保）．
  1・知っていた
  2・ある程度知っていた

3・あまり知らなかった
4・知らなかった

問5：2004年の年金改革の内容を踏まえ，仮に年金の給付水準が現役世代の平均年収の50％を下回りそうな状況になった場合，給付水準と保険料負担のあり方についてどう考えますか．以下の中から一つ選んでください．
1・給付水準を維持するために，保険料負担が増えることもやむを得ない
2・保険料負担が増えるのはやむを得ないが，保険料の引き上げはなるべく抑えるため，給付水準をある程度引き下げるのがよい
3・保険料負担は低いのが望ましく，そのためには給付水準を引き下げるのもやむを得ない
4・その他
5・わからない

問6：年金保険料負担についてどう考えますか．以下の中から選んでください．
1・保険料負担はすべて税負担と同じである．
2・給付として返ってくると予想される分は負担ではないが，返ってこない分は税負担と同じである
3・保険料負担はそもそも老後保障のために必要な出費であり，税負担とは異なる
4・その他
5・わからない

問7：仮に，年金の保険料負担と給付額が等しい年金制度が設立され，そのような年金制度に変更された場合，勤労意欲を阻害されずに年金保険料を払いますか．
1・勤労意欲を阻害されずに年金保険料を払う
2・勤労意欲を阻害されないとはいえない
3・わからない

問8-a：民間の医療保険（生命保険の特約も含む）に加入している場合，加入する理由は何ですか．
1・公的医療保険の将来に不安があるから
2・公的医療保険で賄えない高度な医療や投薬を受けるかもしれないから
3・公的医療保険の自己負担分を賄うため

4・家族や知人などに勧められたから
5・勧誘されたから
6・その他

問8-b：民間の医療保険（生命保険の特約も含む）に加入していない場合，加入しない理由は何ですか．
1・公的医療保険で十分だから
2・健康に自信があるから
3・民間の医療保険は保険料が高いから
4・どのような保険がよいのかわからないから
5・お金が無いから
6・その他

問9-a：民間の介護保険（生命保険の特約も含む）に加入している場合，加入する理由は何ですか．
1・公的介護保険の将来に不安があるから
2・公的介護保険だけでは介護費用を賄えないから
3・公的介護保険で基本的な部分は賄えると思うが，よりよいサービスを受けたいから
4・家族に迷惑をかけたくないから
5・家族や知人に勧められたから
6・勧誘されたから
7・その他

問9-b：民間の介護保険（生命保険の特約も含む）に加入していない場合，加入しない理由は何ですか．
1・公的介護保険で十分だから
2・民間の介護保険は高いから
3・公的介護保険で基本的な部分は賄えると思うから
4・家族が介護してくれるから
5・お金が無いから
6・その他

問10：社会保障のA～Cの分野について，国営か，民営か，両者による混合運営か，

どのような形が望ましいと思いますか.
　　　A：年金
　　　B：医療
　　　C：介護

　　　1・すべて国が運営すべきだ
　　　2・国が主に運営し，民間は補助的に関わるべきだ
　　　3・どちらともいえない
　　　4・民間が主に運営し，国は補助的に関わるべきだ
　　　5・すべて民間が運営すべきだ
　　　6・わからない

問11：社会的な施設（社会資本）の維持整備には，国民が費用を負担する必要がありますが，以下のA～Gの項目について，国民負担が増えても維持整備すべきかどうか，お考えをお答えください.
　　　A・学校
　　　B・下水道
　　　C・賃貸住宅
　　　D・水道
　　　E・公園
　　　F・社会教育
　　　G・廃棄物処理

　　　1・負担がある程度増えても，早急に維持整備する
　　　2・現状の負担で，これまで通り維持整備を進める
　　　3・負担が増えるなら，ある程度維持整備が遅れてもやむをえない
　　　4・一概には言えない

問12：社会的な施設の整備費用については，大きく分けて「主として施設の利用者が負担する」方法と「税金の形で国民全体が負担する」方法の二つがあります．基本的にどちらがいいと思いますか．
　　　1・利用者（受益者）が負担すべきである
　　　2・どちらかといえば，利用者（受益者）負担が望ましい
　　　3・どちらかといえば，税金による負担が望ましい

4・税金によって負担すべきである
5・その他
6・どちらともいえない

問13：2005年度の潜在的な国民負担率は44.8％（租税負担分21.5％，社会保険料負担分14.4％，財政赤字分8.9％）になると予想されています．1人当たりの負担額に直すと約130万円です．この負担率についてどの程度知っていましたか．
1・よく知っていた
2・ある程度知っていた
3・あまり知らなかった
4・まったく知らなかった

問14：日本の潜在的国民負担率は，現在はアメリカよりも高く，イギリスやドイツなどよりは低くなっています．2025年になると，日本の潜在的国民負担率は約56％になると予想されています．あなたはどの程度の国民負担率なら許容できますか．一つ選んでください．
1・30％以下
2・30～40％
3・40～50％
4・50～60％
5・60～70％
6・70％以上
7・わからない

問15：国民負担のあり方で以下のA～Dの項目について，賛成か反対か1～5までででお答えください．
A・政府の無駄な出費が多く，公共サービスは非効率である
B・政府に頼らず自分のことは自分で行う
C・社会保障制度を維持する必要がある
D・公共サービスには安心感がある

1・大いに賛成
2・どちらかといえば賛成
3・どちらともいえない

4・どちらかといえば反対
5・大いに反対

問16：社会保障のA～Cの分野を維持するための財源について，最も望ましいと思う徴収方法を1～5の中から選んでください．
A・年金
B・医療
C・介護

1・社会保険料
2・所得税
3・消費税
4・法人税
5・わからない

●──索 引

■あ行■

安心感　47
遺産行動　70, 96
遺産動機　72, 96, 125, 146, 178
一次活動　211
一般化積率法（GMM）　205, 214-216
医療保険　39-42
オイラー方程式　179, 205
大きな政府　24, 54

■か行■

介護保険　39-42
格差原理　7
確定拠出（型の）年金　155, 156, 159
確定的トレンド　214
確率的トレンド　214
家計の選好　203
過剰識別制約　216
家事労働　211, 212
稼得能力　70, 99, 106, 123
カリブレーション　182, 204, 210
間接税　175, 189
　　──率　179
完全予見　74, 76, 82, 85, 86, 127, 128, 145, 185
基準時点　210, 214, 221
基礎年金　72, 102, 107, 122, 125, 129, 131-147, 163, 167, 184, 189, 193, 198
期待生涯効用　73, 180
基本的自由の原理　7
教育　34
共和分　215, 216
拠出と給付の一対一対応　156, 157, 161
均衡条件　104
公　12, 13, 19
公共財　1, 12, 71
公共事業　32, 33, 116, 191
公共性　1, 3, 12, 13, 16, 17, 19, 21
公共政策への評価　32
公共選択学派　5, 15
公共哲学　1, 13
公共投資　173, 184, 191-193, 199, 200
公債残高　183, 184, 186-188, 192-194, 198, 199
公的医療保険料率　99
公的介護保険料率　99
公的年金（制度）　56, 101, 175, 184, 191, 199
公的年金保険料率　99, 189
公的領域　15
功利主義→ユーティリタリアニズム
高齢化　109, 111, 173, 174
国民医療費　115, 118
国民負担　31, 45, 96, 110, 118

国民負担率　32, 67-69, 75-77, 81, 85, 86, 88, 89, 94, 152, 192, 201, 219, 226
　　潜在的（な）――　31, 45, 46, 63, 69, 83, 190
国庫負担　101-103, 108-111, 118, 181, 185, 193
　　――率　181, 184
個票データ　49, 206
コミュニタリアニズム（共同体主義）　2, 4, 9, 224
固有ショック　162
固有値　49, 51, 56, 59, 64, 65
　　――分解　64

■さ行■

財源の徴収方法　47
財産所有制民主主義　8
財政再建　198, 199
最大多数の最大幸福　2, 7
最低保障年金　122, 129, 131-144, 146, 157, 158, 170
私　12, 13, 19
GMM→一般化積率法
時間選好率　178, 204, 206
自己負担率　99, 108, 118
私的財　12
私的領域　15
自動均衡機能　159
シナリオ　175, 182, 192
資本所得税率　179
市民的公共性　14
社会契約主義　4
社会厚生　112, 168, 197
　　――関数　73, 102, 196

　　――基準　176, 199
社会資本　44, 61
　　――への評価　43
社会的厚生関数　7
社会的領域　15
社会的連帯　18, 19, 21
社会保険料　111-114, 223
社会保障の運営　42
社会保障負担率　75, 81-83
集計データ　207
自由至上主義→リバタリアニズム
受給開始年齢　101, 108
主成分　48, 49, 53-61
　　――得点　49-51, 55, 60, 61, 66
　　――分析　48, 49, 56, 60, 63-65
寿命の不確実性　96
消費税　48, 76, 101, 107, 109-114, 132-134, 138, 143, 146, 147, 226-228
所得再分配効果　26
所得代替率　74, 76-78, 80, 81-83, 87, 160
所得比例（型の）年金　72, 122, 125, 129, 131-142, 146, 147, 156-158
所得変動のリスク　168
人口成長率　98
人口要因変化率　160
スウェーデン　45, 121, 122, 155-159
生活基盤型社会（公共）資本　44, 96, 176
生産基盤型社会（公共）資本　96, 175, 176, 180, 181, 185, 187
生活保護　170
生存確率　160, 161, 178
政府債務　173
政府支出の便益評価　95-97, 113
セーフティ・ネット　7, 11, 18, 57, 58

政府への期待　46
世代会計　176
世代間格差　156, 175
世代内の再分配機能　161
選択可能時間　212, 217
全要素生産性　86, 182
相続税　72, 101, 107, 125
相対的危険回避度　71, 208
租税負担率　68, 75, 81, 83

■た行■

代替の弾力性　115, 204
　　異時点間の――　71, 98, 105, 185, 206, 207, 217, 218
　　同時点内の――　105, 185, 206, 208
代表的家計　204, 207
対話的合理性　14
単位根検定　215
単位選定問題　209
単一的平等　10
治安　32
賃金再評価率　160
賃金スライド　179
定常状態　73, 105, 112, 187
定常性　214
動学的最適化　205
動的計画法　163-164
匿名性　19
　　非――　19
トレンド定常　214

■な・は行■

長生きのリスク　63, 156, 161
二次活動　211

2004年の年金改革　36, 159
日本の将来推計人口　182
年金の保険料負担　37
非就業者　210, 213
標準報酬年額　179
比例税　72, 101, 107, 125
貧富の差の是正　34
賦課方式　72, 81, 101, 125, 160
複合的平等　10
福祉国家　1, 23, 24, 25
　　非――　23, 25
福祉国家的資本主義　8
福祉の民営化　24
負の所得税　6
プレミアム年金　156
ベーシック・インカム　6
ベンサム基準　194, 197, 198
報酬比例部分　102, 108, 167
保険料固定方式　159
保険料率　74, 108, 189

■ま・や・ら・わ行■

マクロ経済スライド　122, 160
マルクシズム　2
満足度　35
ミクロ的基礎付け　95, 205
みなし確定拠出年金制度　156
有効消費　98
ユーティリタリアニズム（功利主義）　2, 4, 7
要介護確率　106, 115, 116
余暇（の/に対する）ウェイト　105, 112, 204, 206, 208, 216-218
余暇時間　179, 210-212

ライフサイクル一般均衡モデル　68, 69,
　73, 75, 86, 95, 122, 123, 126, 175, 176, 199,
　203, 225
利子所得税　71, 72, 99, 101, 107, 109-113,
　125, 145, 179, 219
リバタリアニズム（自由至上主義）　2, 4,
　5, 24, 224
リベラリズム（ユニバーサリズム）　2, 4,
　6, 224
　進歩的——　4

政治的——　4
倫理学　1
累進支出税　76
累進税　101, 107, 125
労働時間　210
労働所得税　72, 77, 99, 101, 107, 179
労働生産性　162
ロールズ基準　194, 197, 198
ワーク・フェア　6

〈編者・執筆者紹介〉

[編者]

橘木俊詔(たちばなき・としあき) 同志社大学経済学部教授

1943年生まれ ジョンズ・ホプキンス大学大学院博士課程修了. Ph.D. 京都大学大学院経済学研究科教授をへて2007年4月より現職.
主要著書:『日本の貧困研究』(共著, 東京大学出版会, 2006), 『格差社会:何が問題なのか』(岩波新書, 2006), 『アメリカ型不安社会でいいのか』(朝日新聞社, 2006), ほか英文・和文著書多数.

[執筆者]

岡本章(おかもと・あきら) 岡山大学大学院社会文化科学研究科准教授

1964年生まれ. 京都大学大学院経済学研究科博士後期課程中途退学. 博士(経済学, 2004年, 京都大学).
主要著書・論文:*Tax Policy for Aging Societies : Lessons from Japan*, Springer, 2004. "Simulating Progressive Expenditure Taxation in an Aging Japan," *Journal of Policy Modeling* 27 (3): pp.309-325, 2005. "Optimal Tax Combination in an Aging Japan," *International Economic Journal* 21 (1): pp.91-114, 2007.

畑農鋭矢(はたの・としや) 明治大学商学部准教授

1966年生まれ. 一橋大学大学院経済学研究科博士課程単位取得退学. 博士(経済学, 2004年, 一橋大学).
主要論文:「異時点間の課税原理と財政赤字」野口悠紀雄編『公共政策の新たな展開』第2章, 東京大学出版会, 2005年.「財政赤字の評価指標」貝塚啓明・財政総合政策研究所編『財政赤字と日本経済』第7章, 有斐閣, 2005年.

宮里尚三(みやざと・なおみ) 日本大学経済学部専任講師

1971年生まれ. 東京大学大学院経済学研究科博士課程単位取得退学.
主要論文:"Pension Reform in Sweden and Implications for Japan," The Japanese Journal of Social Security Policy, vol.3, No.1, pp.10-16, 2004.「社会保障の個人勘定化がもたらすもの——リスクシェアリングとしての公的年金」白波瀬佐和子編『変化する社会の不平等——少子高齢化にひそむ格差』第7章, 東京大学出版会, 2006年.

川出真清（かわで・ますみ）　新潟大学経済学部准教授

1973 年生まれ．東京大学大学院経済学研究科博士課程単位取得退学．

主要論文：「財政赤字と将来負担」井堀利宏編『日本の財政赤字』岩波書店，第 6 章，2004 年（共著）．"Public Debt and Economic Growth in an Aging Japan," Kaizuka and Krueger eds., *Tackling Japan's Fiscal Challenges : Strategies to Cope with High Public Debt and Population Aging*, Palgrave Macmillan, Chapter 3, 2006（共著）．

島俊彦（しま・としひこ）　東京大学大学院経済学研究科博士課程

1977 年生まれ．東京大学大学院経済学研究科修士課程修了．

石原章史（いしはら・あきふみ）　London School of Economics and Political Science 博士課程

1981 年生まれ．東京大学大学院経済学研究科修士課程修了．

山田昌弘（やまだ・まさひろ）　University of Maryland, Department of Economics 博士課程

1981 年生まれ．東京大学大学院経済学研究科修士課程修了．

政府の大きさと社会保障制度

2007年6月13日　初　版

［検印廃止］

編　者　橘木俊詔(たちばなき　としあき)

発行所　財団法人　東京大学出版会

代表者　岡本　和夫

113-8654　東京都文京区本郷 7-3-1 東大構内
http://www.utp.or.jp/
電話 03-3811-8814　Fax 03-3812-6958
振替 00160-6-59964

印刷所　大日本法令印刷株式会社
製本所　牧製本印刷株式会社

ⓒ2007　Toshiaki Tachibanaki *et al*
ISBN 978-4-13-040232-3　Printed in Japan

R 〈日本著作権センター委託出版物〉
本書の全部または一部を無断で複写複製（コピー）することは，著作権法上での例外を除き，禁じられています．本書からの複写を希望される場合は，日本複写権センター（03-3401-2382）にご連絡ください．

橘木俊詔・浦川邦夫	日本の貧困研究	A5判 3,200円
橘木俊詔 編	戦後日本経済を検証する	A5判 5,600円
岡本英男	福祉国家の可能性	A5判 6,400円
浜田・黒田・堀内 編	日本経済のマクロ分析	A5判 3,500円
塚原康博	高齢社会と医療・福祉政策	A5判 4,800円
国立社会保障・人口問題研究所 編	社会保障制度改革 日本と諸外国の選択	A5判 3,800円
小塩・田近・府川 編	日本の所得分配 格差拡大と政策の役割	A5判 3,800円
野口悠紀雄 編	公共政策の新たな展開 転換期の財政運営を考える	A5判 4,800円

ここに表示された価格は本体価格です．御購入の際には消費税が加算されますので御了承下さい．